OEUVRES COMPLÈTES

DE

BOILEAU-DESPREAUX

POISSY. — TYPOGRAPHIE ARBIEU.

ŒUVRES COMPLÈTES

DE

BOILEAU-DESPREAUX

NOUVELLE ÉDITION

ACCOMPAGNÉE DE NOTES POUR L'INTELLIGENCE DU TEXTE ET PRÉCÉDÉE D'UNE NOTICE
HISTORIQUE SUR LA VIE ET LES ÉCRITS DE L'AUTEUR,

AVEC GRAVURES.

PARIS
RUEL AINÉ, LIBRAIRE-ÉDITEUR
8, RUE LARREY, 8

1854

NOTICE SUR BOILEAU-DESPRÉAUX.

BOILEAU-DESPRÉAUX (Nicolas), né le 1er novembre 1636, à Crosne, près Villeneuve-saint-Georges, suivant Louis Racine, et, suivant d'autres, à Paris, près de la Sainte-Chapelle, dans la chambre où la satyre Ménippée fut écrite. Nicolas Boileau était le onzième enfant de Gilles Boileau, *ce greffier doux et pacifique*, dont il nous a laissé le portrait. A l'âge d'un an, il perdit sa mère; il commençait ses études au collége d'Harcourt, lorsqu'il fallut le tailler : l'opération, très mal faite, lui laissa une incommodité pour le reste de ses jours, et si l'on en croit une anecdote rapportée par Helvétius, un coq d'Inde l'avait déjà mutilé au berceau. Tant qu'il habita la maison paternelle, il n'eut pour logement qu'un étroit cabinet au-dessus du grenier; ensuite on l'installa dans le grenier même; ce qu'il rappelait en disant : *J'ai commencé ma fortune par descendre au grenier.* Triste et silencieux, l'enfant ne laissait échapper aucun indice de ce qu'il devait être. On connaît l'horoscope que le père tirait de ses trois fils : « Gilot est un glorieux, Jacot un débau-« ché, pour Colin, c'est un bon garçon, qui ne dira jamais de mal « de personne. » Or, Colin fut le poète satyrique, Jacot devint chanoine, Gilot fit partie de l'Académie française vingt-cinq ans avant Nicolas. Jaloux du talent longtemps inaperçu de son jeune frère, Gilles Boileau vit avec chagrin la publication de ses premières satyres : *Ce petit drôle,* s'écriait-il, *s'avise de faire des vers!* Le chanoine, Jacques Boileau, aimait à rire et à faire rire. « Mon frère, disait « Despréaux, ne pouvait manquer d'être docteur : s'il ne l'avait « pas été de Sorbonne, il aurait pu l'être de la comédie Italienne. »

Un professeur de troisième au collége de Beauvais devina l'instinct poétique du jeune Despréaux, qui passait les jours et les nuits à lire des vers et des romans, et qui, dès cette époque, avait fait une tragédie; tout ce dont il se souvenait plus tard, c'est que la pièce commençait par une querelle entre trois géants, et qu'un quatrième survenait pour les mettre d'accord. Comme on le pense bien, ce début n'eut pas de suite. Au sortir du collége, le poète tragique alla s'enfermer chez son beau-frère Dongois, greffier au parlement; mais ce dernier, ne lui trouvant aucune disposition pour la procédure, prononça sans hésiter qu'il serait un sot toute sa vie. Reçu avocat, il déserta le barreau pour la Sorbonne; enfin, également rebuté de la théologie et de la chicane, il se livra tout entier à sa vocation : seulement, en passant par la Sorbonne, pour se rendre au Parnasse, il avait obtenu de la cour de Rome le prieuré de Saint-Paterne, qui lui valut huit cents livres de rente; et qu'il rendit huit ou neuf ans après avec tout ce qu'il en avait reçu : alors mademoiselle Poucher de Bretonville, qu'il aimait, se faisait religieuse, et cette restitution servit à la doter.

Les sept premières satyres, précédées du discours au roi, parurent en 1666; elles eurent un succès prodigieux, « non pas, dit « la Harpe, parce que c'étaient des satyres, mais parce que personne « n'avait encore si bien écrit en vers. » Dans les douze années qui suivirent, Boileau composa ses plus belles épîtres, *l'Art poétique* et *le Lutrin*. Seize années s'écoulèrent ensuite sans qu'il reprît la plume : c'est par la Satyre des Femmes qu'il rouvrit sa seconde carière, dans laquelle on admire encore l'épître *à son jardinier*, mais qui se termine par la Satyre sur *l'honneur* et sur *l'équivoque*, tristes rechutes d'un penchant de jeunesse, dont cependant le but avait changé : au lieu de s'attaquer aux personnes, la colère du poète, moins âpre, mais aussi moins ingénieuse, ne s'en prenait plus qu'aux choses.

Telles furent, avec la traduction du *Traité du Sublime*, et quelques opuscules de poésie et de prose, les occupations d'une vie de soixante-quinze ans, remplie exclusivement par les lettres. Tels sont les titres d'une renommée qui, jusqu'à présent, a marché de pair avec celles de Racine, de Molière et de La Fontaine. Dans la querelle des anciens et des modernes, les partisans de ces derniers opposaient le nom seul de Boileau aux noms réunis d'Horace, de Juvénal et de Perse. La Bruyère lui-même à dit, dans un morceau qui contient du reste une excellente appréciation littéraire : « Ce- « lui-ci (Boileau) passe Juvénal, atteint Horace, semble créer les « pensées d'autrui et se rendre propre à tout ce qu'il manie; il a, « dans ce qu'il emprunte des autres, toutes les grâces de la nou- « veauté et tout le mérite de l'invention; ses vers, forts et harmo- « nieux, faits de génie, quoique travaillés avec art, pleins de traits « et de poésie, seront lus encore quand la langue aura vieilli, en « seront les derniers débris : On y remarque une critique sûre, ju- « dicieuse et innocente, s'il est permis du moins de dire de ce qui « est mauvais, qu'il est mauvais. » Nous l'avons déclaré déjà, la question de prééminence entre les grands poètes, les grands écrivains, les grands artistes, nous semble l'une des plus vaines que l'on puisse agiter. Nous n'examinerons donc pas si Boileau *passe* Juvénal, *atteint* Horace : nous nous bornerons à croire que, s'il égale le prmier, il demeure bien au-dessous du second. Toujours préoccupé du mécanisme de son art, Boileau n'écrit pas en vers sans se rappeler qu'il est poète, et sans en faire souvenir le lecteur : On sait que le même travers le suivait à la ville et à la cour. Dans la seule ode qu'il ait composée, le poète satyrique reparaît à la dernière strophe, et l'ode eût-elle été d'ailleurs excellente, ce trait aurait suffi pour la gâter. Une autre fois, mais avec plus de convenance et d'à-propos, Boileau s'était lui-même produit sur la scène, lors qu'à la fin de *l'Art poétique*, après avoir réchauffé par une véhémente apostrophe, les transports des auteurs que quatre chants de poésie critique auraient pu glacer, il ajoutait d'un ton modeste :

> Pour moi, qui, jusqu'ici nourri dans la satyre,
> N'ose encor manier la trompette et la lyre,
> Vous me verrez pourtant, dans ce champ glorieux,
> Vous exciter du moins de la voix et des yeux,
> Vous offrir ces leçons que ma muse au Parnasse
> Rapporta, jeune encor, du commerce d'Horace;
> Seconder votre ardeur, échauffer vos esprits,
> Et vous montrer de loin la couronne et le prix.
> Mais aussi pardonnez, si plein de ce beau zèle,
> De tous vos pas fameux, observateur fidèle,
> Quelquefois du bon or je sépare le faux,
> Et des auteurs grossiers j'attaque les défauts :
> Censeur un peu fâcheux, mais souvent nécessaire,
> Plus enclin à blâmer que savant à bien faire.

Il y a dans ce morceau plus que de la modestie; il y a de la vérité. Boileau s'y est représenté tel que nous le montrent ses ouvrages, avec cette seule réserve que, dans ses bonnes satyres, son talent égale sa malice, et qu'il n'est pas moins *savant à bien faire* qu'*enclin à blâmer*.

Quand les amis de Boileau le virent embrasser le genre satyrique, ils lui parlèrent des représailles auxquelles il s'exposait de la part de ceux qu'atteignait sa plume : « Je serai honnête homme leur dit-« il, je n'aurai rien à craindre de leurs attaques. Il tint parole. sans jamais attirer la censure, sa vie a plus d'une fois mérité l'éloge. « Boileau, disait Madame de Sévigné, n'est cruel qu'en vers. » On sait qu'il acheta la bibliothèque de Patru, et lui en laissa la jouissance. La pension de Corneille ayant été supprimée, Boileau courut chez le roi le supplier de la rétablir. Il offrit même de renoncer à celle dont il jouissait lui-même, disant qu'il ne pouvait sans honte recevoir une pension, tandis qu'un homme tel que Corneille en était privé.

Boileau et Racine furent nommés historiographes de France, et suivirent le roi à l'armée en cette qualité. Cependant, il ne reste de leur travail que quelques fragments informes. « Quand je faisais le « métier de satyrique, que j'entendais assez bien, disait Boileau, on

« m'accablait d'injures et de menaces ; on me paie bien cher au-
« jourd'hui pour faire le métier d'historiographe que je n'entends
« pas. » Ce fut Boileau qui vint apprendre à Louis XIV la mort de
Racine : le monarque l'écouta avec attendrissement et lui dit : « Mon-
« sieur Boileau, j'aurai toujours une heure par semaine à vous
« donner. » Boileau, cependant, ne revint plus à la cour. « Qu'i-
rai-je y faire ? disait-il, je ne sais plus louer. » Ce mot est caracté-
ristique ; il peint les relations des princes et des hommes de lettres
dans le grand siècle.

L'art poétique et le Lutrin avaient paru depuis plusieurs années,
et Boileau n'était point encore de l'Académie Française ; il n'y fut
reçu que le 3 juillet 1784. La traduction de Longin lui ouvrit les
portes de l'Académie des Inscriptions. Racine expirant lui avait dit :
« Toute ma consolation est de mourir avant vous. » Après avoir
souffert plusieurs années, et survécu à un grand nombre de ses amis,
Boileau mourut d'une hydropisie de poitrine, laissant presque tous
ses biens aux pauvres. Il répétait souvent dans les derniers temps de
sa vie : « C'est une grande consolation pour un poète qui va mourir,
« que de n'avoir jamais offensé les mœurs. »

La Harpe, dans son cours de littérature, n'a rien laissé à dire sur
l'influence exercée par Boileau : seulement, en sa qualité de critique, il n'en voit que les avantages ; il est permis aujourd'hui de
croire qu'elle a eu quelques inconvénients. Un jeune écrivain s'ex-
prime ainsi sur Malherbe : « Chez lui la critique raisonnée ne laisse
« nulle place aux inspirations naïves, et la première leçon qu'il
« donna à notre muse au berceau consista presque dans ce seul
« mot, *abstiens-toi*, dont elle s'est longtems souvenue (1). » Elle
s'en souvient encore, parce que jamais elle n'oubliera entièrement
les leçons qu'elle a reçues de Boileau, et que Boileau, comme nous
l'avons indiqué d'abord, fut spécialement chargé de continuer celles
de Malherbe.

(1) A. Sainte-Beuve, *Tableau historique de la révolution française.*

ŒUVRES
DE
BOILEAU DESPRÉAUX.

DISCOURS AU ROI.

Jeune et vaillant héros, dont la haute sagesse
N'est point le fruit tardif d'une lente vieillesse,
Et qui seul, sans ministre, à l'exemple des dieux,
Soutiens tout par toi-même, et vois tout par tes yeux,
GRAND ROI, si jusqu'ici, par un trait de prudence,
J'ai demeuré pour toi dans un humble silence,
Ce n'est pas que mon cœur, vainement suspendu,
Balance pour t'offrir un encens qui t'est dû :
Mais je sais peu louer ; et ma muse tremblante
Fuit d'un si grand fardeau la charge trop pesante,
Et, dans ce haut éclat où tu te viens offrir,
Touchant à tes lauriers, craindrait de les flétrir.
   Ainsi, sans m'aveugler d'une vaine manie,
Je mesure mon vol à mon faible génie :
Plus sage en mon respect que ces hardis mortels
Qui d'un indigne encens profanent tes autels,
Qui, dans ce champ d'honneur où le gain les amène,
Osent chanter ton nom, sans force et sans haleine ;
Et qui vont tous les jours, d'une importune voix,
T'ennuyer du récit de tes propres exploits.
   L'un, en style pompeux habillant une églogue (1),

---

(1) Charpentier avait fait en ce temps-là une églogue pour le roi en vers magnifiques, intitulée *Églogue royale*.

De ses rares vertus te fait un long prologue,
Et mêle, en se vantant soi-même à tout propos,
Les louanges d'un fat à celles d'un héros.
 L'autre, en vain se lassant à polir une rime,
Et reprenant vingt fois le rabot et la lime,
Grand et nouvel effort d'un esprit sans pareil!
Dans la fin d'un sonnet te compare au soleil.
 Sur le haut Hélicon leur veine méprisée
Fut toujours des neuf sœurs la fable et la risée.
Calliope jamais ne daigna leur parler,
Et Pégase pour eux refuse de voler.
Cependant à les voir, enflés de tant d'audace,
Te promettre en leur nom les faveurs du Parnasse,
On dirait qu'ils ont seuls l'oreille d'Apollon,
Qu'ils disposent de tout dans le sacré vallon :
C'est à leurs doctes mains, si l'on veut les en croire,
Que Phébus a commis tout le soin de sa gloire;
Et ton nom, du midi jusqu'à l'ourse vanté,
Ne devra qu'à leurs vers son immortalité.
Mais plutôt sans ce nom dont la vive lumière
Donne un lustre éclatant à leur veine grossière,
Ils verraient leurs écrits, honte de l'univers,
Pourrir dans la poussière à la merci des vers.
A l'ombre de ton nom ils trouvent leur asile,
Comme on voit dans les champs un arbrisseau débile,
Qui, sans l'heureux appui qui le tient attaché,
Languirait tristement sur la terre couché.
 Ce n'est pas que ma plume, injuste et téméraire,
Veuille blâmer en eux le dessein de te plaire ;
Et, parmi tant d'auteurs, je veux bien l'avouer,
Apollon en connaît qui te peuvent louer :
Oui, je sais qu'entre ceux qui t'adressent leurs veilles,
Parmi les Pelletiers on compte des Corneilles.
Mais je ne puis souffrir qu'un esprit de travers,
Qui, pour rimer des mots pense faire des vers,
Se donne en te louant une gêne inutile:
Pour chanter un Auguste, il faut être un Virgile ;
Et j'approuve les soins du monarque (1) guerrier
Qui ne pouvait souffrir qu'un artisan grossier
Entreprît de tracer, d'une main criminelle,
Un portrait réservé pour le pinceau d'Apelle.
 Moi donc, qui connais peu Phébus et ses douceurs,
Qui suis nouveau sevré sur le mont des neuf sœurs,
Attendant que pour toi l'âge ait mûri ma muse,
Sur de moindres sujets je l'exerce et l'amuse :
Et, tandis que ton bras, des peuples redouté

---

(1) Alexandre-le-Grand.

AU ROI.

Va, la foudre à la main, rétablir l'équité,
Et retient les méchants par la peur des supplices,
Moi, la plume à la main, je gourmande les vices
Et, gardant pour moi-même une juste rigueur,
Je confie au papier les secrets de mon cœur.
Ainsi, dès qu'une fois ma verve se réveille,
Comme on voit au printemps la diligente abeille
Qui du butin des fleurs va composer son miel,
Des sottises du temps je compose mon fiel :
Je vais de toutes parts où me guide ma veine,
Sans tenir en marchant une route certaine ;
Et, sans gêner ma plume en ce libre métier,
Je la laisse au hasard courir sur le papier.

Le mal est qu'en rimant ma muse un peu légère
Nomme tout par son nom, et ne saurait rien taire.
C'est là ce qui fait peur aux esprits de ce temps,
Qui, tout blancs au-dehors, sont tout noirs au-dedans :
Ils tremblent qu'un censeur que sa verve encourage
Ne vienne en ses écrits démasquer leur visage,
Et, fouillant dans leurs mœurs en toute liberté,
N'aille du fond du puits tirer la vérité (1).
Tous ces gens, éperdus au seul nom de satire,
Font d'abord le procès à quiconque ose rire :
Ce sont eux que l'on voit, d'un discours insensé,
Publier dans Paris que tout est renversé,
Au moindre bruit qui court qu'un auteur les menace
De jouer des bigots (2) la trompeuse grimace ;
Pour eux un tel ouvrage est un monstre odieux,
C'est offenser les lois, c'est s'attaquer aux cieux.
Mais, bien que d'un faux zèle ils masquent leur faiblesse,
Chacun voit qu'en effet la vérité les blesse :
En vain d'un lâche orgueil leur esprit revêtu
Se couvre du manteau d'une austère vertu,
Leur cœur qui se connaît, et qui fuit la lumière,
S'il se moque de Dieu, craint Tartuffe et Molière.

Mais pourquoi sur ce point sans raison m'écarter?
GRAND ROI, c'est mon défaut, je ne saurais flatter :
Je ne sais point au ciel placer un ridicule,
D'un nain faire un Atlas, ou d'un lâche un Hercule,
Et, sans cesse en esclave à la suite des grands,
A des dieux sans vertu prodiguer mon encens :
On ne me verra point d'une veine forcée,
Même pour te louer déguiser ma pensée ;
Et, quelque grand que soit ton pouvoir souverain,

---

(1) Démocrite disait que la vérité était dans le fond d'un puits, et que personne ne l'en avait encore pu tirer.

(2) Molière, vers ce temps-là, fit jouer son *Tartuffe*.

Si mon cœur en ces vers ne parlait par ma main,
Il n'est espoir de biens, ni raison, ni maxime,
Qui pût en ta faveur m'arracher une rime.
 Mais lorsque je te vois, d'une si noble ardeur,
T'appliquer sans relâche aux soins de ta grandeur,
Faire honte à ces rois que le travail étonne,
Et qui sont accablés du faix de leur couronne ;
Quand je vois ta sagesse, en ses justes projets,
D'une heureuse abondance enrichir tes sujets,
Fouler aux pieds l'orgueil et du Tage et du Tibre,
Nous faire de la mer une campagne libre ;
Et tes braves guerriers, secondant ton grand cœur,
Rendre à l'Aigle éperdu sa première vigueur (1) ;
La France sous tes lois maîtriser la Fortune ;
Et nos vaisseaux, domptant l'un et l'autre Neptune,
Nous aller chercher l'or, malgré l'onde et le vent,
Aux lieux où le soleil le forme en se levant :
Alors, sans consulter si Phébus l'en avoue,
Ma muse tout en feu me prévient et te loue.
 Mais bientôt la raison arrivant au secours
Vient d'un si beau projet interrompre le cours,
Et me fait concevoir, quelque ardeur qui m'emporte,
Que je n'ai ni le ton, ni la voix assez forte.
Aussitôt je m'effraie ; et mon esprit troublé
Laisse là le fardeau dont il est accablé ;
Et, sans passer plus loin, finissant mon ouvrage,
Comme un pilote en mer qu'épouvante l'orage,
Dès que le bord paraît, sans songer où je suis,
Je me sauve à la nage, et j'aborde où je puis.

---

(1) Le roi se fit faire satisfaction dans ce temps-là des deux insultes faites à ses ambassadeurs à Rome et à Londres ; et ses troupes envoyées au secours de l'empereur défirent les Turcs sur les bords du Raab.

DISCOURS

SUR LA SATIRE (1).

Quand je donnai la première fois mes satires au public, je m'étais bien préparé au tumulte que l'impression de mon livre a excité sur le Parnasse. Je savais que la nation des poètes, et surtout des mauvais poètes (2), est une nation farouche qui prend feu aisément, et que ces esprits avides de louanges ne digéreraient pas facilement une raillerie, quelque douce qu'elle pût être. Aussi oserai-je dire à mon avantage, que j'ai regardé avec des yeux assez stoïques les libelles diffamatoires qu'on a publiés contre moi. Quelques calomnies dont on ait voulu me noircir, quelques faux bruits qu'on ait semés de ma personne, j'ai pardonné sans peines ces petites vengeances au déplaisir d'un auteur irrité qui se voyait attaqué par l'endroit le plus sensible d'un poète, je veux dire par ses ouvrages.

Mais j'avoue que j'ai été un peu surpris du chagrin bizarre de certains lecteurs, qui, au lieu de se divertir d'une querelle du Parnasse dont ils pouvaient être spectateurs indifférents, ont mieux aimé prendre parti et s'affliger avec les ridicules, que de se réjouir avec les honnêtes gens. C'est pour les consoler que j'ai composé ma neuvième satire, où je pense avoir montré assez clairement que, sans blesser l'état ni sa conscience, on peut trouver des méchants vers méchants, et s'ennuyer de plein droit à la lecture d'un sot livre. Mais puisque ces messieurs ont parlé de la liberté que je me suis donnée de nommer, comme d'un attentat inouï et sans exemples, et que des exemples ne se peuvent pas mettre en rimes, il est bon d'en

---

(1) Ce discours parut pour la première fois en 1666, avec la satire IX.
(2) Ceci regarde particulièrement Cotin, qui avait publié une satire contre l'auteur.

dire ici un mot, pour les instruire d'une chose qu'eux seuls veulent ignorer, et leur faire voir qu'en comparaison de tous mes confrères les satiriques, j'ai été un poëte fort retenu.

Et pour commencer par Lucilius, inventeur de la satire, quelle liberté ou plutôt quelle licence ne s'est-il point donnée dans ses ouvrages? Ce n'étaient point seulement des poëtes et des auteurs qu'il attaquait; c'étaient des gens de la première qualité de Rome; c'étaient des personnes consulaires. Cependant Scipion et Lélius ne jugèrent pas ce poëte, tout déterminé rieur qu'il était, indigne de leur amitié : et vraisemblablement, dans les occasions, ils ne lui refusèrent pas leurs conseils sur ses écrits, non plus qu'à Térence. Ils ne s'avisèrent point de prendre le parti de Lupus et de Métellus, qu'il avait joués dans ses satires; et ils ne crurent pas lui donner rien du leur en lui abandonnant tous les ridicules de la république :

> Num Lælius, et qui
> Duxit ab oppressa meritum Carthagine nomen,
> Ingenio offensi, aut læso dolore Metello,
> Famosisve Lupo cooperto versibus ?
> *Horat. sat. I, lib. II, v.* 65.

En effet Lucilius n'épargnait ni petits ni grands; et souvent, des nobles et des praticiens, il descendait jusqu'à la lie du peuple.

> Primores populi arripuit, populumque tributim.
> *Ibidem.*

On me dira que Lucilius vivait dans une république, où ces sortes de libertés peuvent être permises. Voyons donc Horace, qui vivait sous un empereur, dans les commencements d'une monarchie, où il est bien plus dangereux de rire qu'en un autre temps. Qui ne nomme-t-il point dans ses satires? et Fabius le grand causeur, et Tigellius le fantasque, et Nosidiénus le ridicule, et Nomentanus le débauché, et tout ce qui vient au bout de sa plume. On me répondra que ce sont des noms supposés. Oh! la belle réponse! comme si ceux qu'il attaque n'étaient pas des gens connus d'ailleurs : comme si l'on ne savait pas que Fabius était un chevalier romain qui avait composé un livre de droit; que Tigellius fut en son temps un musicien chéri d'Auguste; que Nasidiénus Rufus était un ridicule célèbre dans Rome; que Cassius Nomentanus était un des plus fameux débauchés de l'Italie. Certainement, il faut que ceux qui parlent de la sorte n'aient pas fort lu les anciens, et ne soient pas fort instruits des affaires de la cour d'Auguste : Horace ne se contente pas d'appeler les gens par leur nom ; il a si peur qu'on ne les méconnaisse, qu'il a soin de rapporter jusqu'à leur surnom, jusqu'au métier qu'ils faisaient, jusqu'aux charges qu'ils avaient exercées. Voyez, par exemple, comme il parle d'Aufidius Luscus, prêteur de Fondi :

> Fundos, Aufidio Lusco prætore, libenter
> Linquimus, insani ridentes præmia scribæ,
> Prætextam, et latum clavum, etc.
> *Sat. V, lib. I, v. 35.*

« Nous abandonnâmes, dit-il, avec joie le bourg de Fondi, dont
« était préteur un certain Aufidius Luscus ; mais ce ne fut pas sans
« avoir bien ri de la folie de ce préteur, auparavant commis, qui
« faisait le sénateur et l'homme de qualité. »

Peut-on désigner un homme plus précisément ? et les circonstances seules ne suffisaient-elles pas pour le faire reconnaître ? On me dira peut-être qu'Aufidius était mort alors : mais Horace parle là d'un voyage fait depuis peu. Et puis, comment mes censeurs répondront-ils à cet autre passage ?

> Turgidus Alpinus jugulat dum Memnona, dumque
> Diffingit Rheni luteum caput, hæc ego ludo.
> *Sat. X, lib. I, v. 36.*

« Pendant, dit Horace, que ce poëte enflé d'Alpinus égorge
« Memnon dans son poëme, et s'embourbe dans la description du
« Rhin, je me joue en ces satires. »

Alpinus vivait donc du temps qu'Horace se jouait en ces satires ; et si Alpinus en cet endroit est un nom supposé, l'auteur du poème de Memnon pouvait-il s'y méconnaître ? Horace, dira-t-on, vivait sous le règne du plus poli de tous les empereurs : mais vivons-nous sous un règne moins poli ? et veut-on qu'un prince qui a tant de qualités communes avec Auguste soit moins dégoûté que lui des méchants livres, et plus rigoureux envers ceux qui les blâment ?

Examinons pourtant Perse, qui écrivait sous le règne de Néron. Il ne raille pas simplement les ouvrages des poëtes de son temps :

il attaque les vers de Néron même. Car enfin tout le monde sait, et toute la cour de Néron le savait, que ces quatre vers, « *Torva Mimalloneis*, etc., » dont Perse fait une raillerie si amère dans sa première satire, étaient des vers de Néron. Cependant on ne remarque point que Néron, tout Néron qu'il était, ait fait punir Perse ; et ce tyran, ennemi de la raison, et amoureux, comme on sait, de ses ouvrages, fut assez galant homme pour entendre raillerie sur ses vers, et ne crut pas que l'empereur, en cette occasion, dût prendre les intérêts du poète.

Pour Juvénal, qui florissait sous Trajan, il est un peu plus respectueux envers les grands seigneurs de son siècle. Il se contente de répandre l'amertume de ses satires sur ceux du règne précédent; mais à l'égard des auteurs, il ne les va point chercher hors de son siècle. A peine est-il entré en matière, que le voilà en mauvaise humeur contre tous les écrivains de son temps. Demandez à Juvénal ce qui l'oblige de prendre la plume. C'est qu'il est las d'entendre et la Théséide de Codrus, et l'Oreste de celui-ci, et le Téléphe de cet autre, et tous les poètes enfin, comme il dit ailleurs, qui récitaient leurs vers au mois d'août, « *et augusto recitantes mense poetas.* » Tant il est vrai que le droit de blâmer les auteurs est un droit ancien, passé en coutume parmi tous les satiriques, et souffert dans tous les siècles.

Que s'il faut venir des anciens aux modernes, Regnier, qui est presque notre seul poète satirique, a été véritablement un peu plus discret que les autres. Cela n'empêche pas néanmoins qu'il ne parle hardiment de Gallet, ce célèbre joueur, « qui assignait ses créanciers sur sept et quatorze; » et du sieur de Provins, « qui avait changé son balandrin (1) en manteau court; et du cousin, « qui abandonnait sa maison de peur de la réparer; » et de Pierre du Puis, et de plusieurs autres.

Que répondront à cela mes censeurs? Pour peu qu'on les presse, ils chasseront de la république des lettres tous les poètes satiriques, comme autant de perturbateurs du repos public. Mais que diront-ils de Virgile, le sage, le discret Virgile, qui, dans une épilogue (2), où il n'est pas question de satire, tourne d'un seul vers deux poètes de son temps en ridicule?

Qui Bavium non odit, amet tua carmina, Mævi,

---

(1) Casaque de campagne.
(2) Églog. III, v. 90.

dit un berger satirique dans cette églogue. Et qu'on ne me dise point que Bavius et Mævius en cet endroit sont des noms supposés, puisque ce serait donner un trop cruel démenti au docte Servius, qui assure positivement le contraire. En un mot, qu'ordonneront mes censeurs de Catulle, de Martial, et de tous les poëtes de l'antiquité, qui n'en ont pas usé avec plus de discrétion que Virgile? Que penseront-ils de Voiture, qui n'a point fait conscience de rire aux dépens du célèbre Neuf-Germain, quoiqu'également recommandable par l'antiquité de sa barbe et par la nouveauté de sa poésie? Le banniront-ils du Parnasse, lui et tous les poëtes de l'antiquité, pour établir la sûreté des sots et des ridicules? Si cela est, je me consolerai aisément de mon exil : il y aura du plaisir à être relégué en si bonne compagnie. Raillerie à part, ces Messieurs veulent-ils être plus sages que Scipion et Lélius, plus délicats qu'Auguste, plus cruels que Néron? Mais eux qui sont si rigoureux envers les critiques, d'où vient cette clémence qu'ils affectent pour les méchants auteurs? Je vois bien ce qui les afflige; ils ne veulent point être détrompés. Il leur fâche d'avoir admiré sérieusement des ouvrages que mes satires exposent à la risée de tout le monde, et de se voir condamnés à oublier dans leur vieillesse ces mêmes vers qu'ils ont autrefois appris par cœur comme des chefs-d'œuvre de l'art. Je les plains sans doute : mais quel remède? Faudra-t-il, pour s'accommoder à leur goût particulier, renoncer au sens commun? Faudra-t-il applaudir indifféremment à toutes les impertinences qu'un ridicule aura répandues sur le papier? Et au lieu qu'en certains pays (1) on condamnait les méchants poëtes à effacer leurs écrits avec la langue, les livres deviendront-ils désormais un asile inviolable où toutes les sottises auront droit de bourgeoisie, où l'on n'osera toucher sans profanation.

J'aurais bien d'autres choses à dire sur ce sujet; mais comme j'ai déjà traité de cette matière dans ma neuvième satire, il est bon d'y renvoyer le lecteur.

---

(1) Dans le temple qui est aujourd'hui l'abbaye d'Ainay, à Lyon.

SATIRES.

SATIRE PREMIÈRE.

Damon (1), ce grand auteur dont la muse fertile
Amusa si longtemps et la cour et la ville;
Mais qui, n'étant vêtu que de simple bureau,
Passe l'été sans linge, et l'hiver sans manteau;
Et de qui le corps sec et la mine affamée
N'en sont pas mieux refaits pour tant de renommée;
Las de perdre en rimant et sa peine et son bien,
D'emprunter en tous lieux, et de ne gagner rien,
Sans habits, sans argent, ne sachant plus que faire,
Vient de s'enfuir, chargé de sa seule misère;
Et, bien loin des sergents, des clercs et du palais.
Va chercher un repos qu'il ne trouva jamais;
Sans attendre qu'ici la justice ennemie
L'enferme en un cachot le reste de sa vie,
Ou que d'un bonnet vert (2) le salutaire affront
Flétrisse les lauriers qui lui couvrent le front.
  Mais le jour qu'il partit, plus défait et plus blême
Que n'est un pénitent sur la fin d'un carême,
La colère dans l'âme et le feu dans les yeux,
Il distilla sa rage en ces tristes adieux :
  Puisqu'en ce lieu, jadis aux muses si commode,
Le mérite et l'esprit ne sont plus à la mode;
Qu'un poète, dit-il, s'y voit maudit de Dieu,
Et qu'ici la vertu n'a plus ni feu ni lieu;
Allons du moins chercher quelque antre ou quelque roche,
D'où jamais ni l'huissier ni le sergent s'approche;
Et, sans lasser le ciel par des vœux impuissants,
Mettons-nous à l'abri des injures du temps,

---

(1) J'ai eu en vue Cassandre, celui qui a traduit la *Rhétorique* d'Aristote.

(2) Du temps que cette satire fut faite, un débiteur insolvable pouvait sortir de prison en faisant cession, c'est-à-dire en souffrant qu'on lui mit en pleine rue un bonnet vert sur la tête.

Tandis que, libre encor malgré les destinées,
Mon corps n'est point courbé sous le faix des années,
Qu'on ne voit point mes pas sous l'âge chanceler,
Et qu'il reste à la parque encor de quoi filer :
C'est là dans mon malheur le seul conseil à suivre.
Que George vive ici, puisque George y sait vivre,
Qu'un million comptant, par ses fourbes acquis,
De clerc, jadis laquais, a fait comte et marquis :
Que Jaquin vive ici, dont l'adresse funeste
A plus causé de maux que la guerre et la peste ;
Qui de ses revenus écrits par alphabet
Peut fournir aisément un calepin complet ;
Qu'il règne dans ces lieux ; il a droit de s'y plaire.
Mais moi, vivre à Paris ! Eh ! qu'y voudrais-je faire ?
Je ne sais ni tromper, ni feindre, ni mentir ;
Et, quand je le pourrais, je n'y puis consentir.
Je ne sais point en lâche essuyer les outrages
D'un faquin orgueilleux qui vous tient à ses gages,
De mes sonnets flatteurs lasser tout l'univers,
Et vendre au plus offrant mon encens et mes vers :
Pour un si bas emploi ma muse est trop altière.
Je suis rustique et fier, et j'ai l'âme grossière :
Je ne puis rien nommer, si ce n'est par son nom ;
J'appelle un chat un chat, et Rolet (1) un fripon.
De servir un amant, je n'en ai pas l'adresse ;
J'ignore ce grand art qui gagne une maîtresse ;
Et je suis, à Paris, triste, pauvre, et reclus,
Ainsi qu'un corps sans âme, ou devenu perclus.
 Mais pourquoi, dira-t-on, cette vertu sauvage
Qui court à l'hôpital, et n'est plus en usage ?
La richesse permet une juste fierté ;
Mais il faut être souple avec la pauvreté :
C'est par là qu'un auteur que presse l'indigence
Peut des astres malins corriger l'influence,
Et que le sort burlesque, en ce siècle de fer,
D'un pédant, quand il veut, sait faire un duc et pair (1)
Ainsi de la vertu la fortune se joue :
Tel aujourd'hui triomphe au plus haut de sa roue,
Qu'on verrait, de couleurs bizarrement orné,
Conduire le carrosse où l'on le voit traîné,
Si dans les droits du roi sa funeste science
Par deux ou trois avis n'eût ravagé la France.
Je sais qu'un juste effroi l'éloignant de ces lieux
L'a fait pour quelques mois disparaître à nos yeux !

---

(1) Procureur très décrié, qui a été dans la suite condamné à faire amende honorable, et banni à perpétuité.

(2) L'abbé de la Rivière, dans ce temps-là, fut fait évêque de Langres. Il avait été régent dans un collége.

SATIRE I.

Mais en vain pour un temps une taxe l'exile;
On le verra bientôt pompeux en cette ville
Marcher encor chargé des dépouilles d'autrui,
Et jouir du ciel même irrité contre lui;
Tandis que Colletet (1), crotté jusqu'à l'échine,
S'en va chercher son pain de cuisine en cuisine,
Savant en ce métier, si cher aux beaux-esprits,
Dont Montmaur (2) autrefois fit leçon dans Paris.
  Il est vrai que du roi la bonté secourable
Jette enfin sur la muse un regard favorable;
Et, réparant du sort l'aveuglement fatal,
Va tirer désormais Phébus de l'hôpital (3).
On doit tout espérer d'un monarque si juste :
Mais, sans un Mécénas, à quoi sert un Auguste?
Et fait comme je suis, au siècle d'aujourd'hui,
Qui voudra s'abaisser à me servir d'appui?
Et puis, comment percer cette foule effroyable
De rimeurs affamés dont le nombre l'accable;
Qui, dès que sa main s'ouvre, y courent les premiers,
Et ravissent un bien qu'on devait aux derniers :
Comme on voit les frelons, troupe lâche et stérile,
Aller piller le miel que l'abeille distille?
Cessons donc d'aspirer à ce prix tant vanté
Que donne la faveur à l'importunité.
Saint-Amand (4) n'eut du ciel que sa veine en partage :
L'habit qu'il eut sur lui fut son seul héritage;
Un lit et deux placets composaient tout son bien,
Ou, pour en mieux parler, Saint-Amand n'avait rien.
Mais quoi! las de traîner une vie importune,
Il engagea ce rien pour chercher la fortune,
Et, tout chargé de vers qu'il devait mettre au jour,
Conduit d'un vain espoir, il parut à la cour (5).
Qu'arriva-t-il enfin de sa muse abusée?
Il en revint couvert de honte et de risée;
Et la fièvre, au retour, terminant son destin,
Fit par avance en lui ce qu'aurait fait la faim.
Un poète à la cour fut jadis à la mode;
Mais des fous aujourd'hui c'est le plus incommode :
Et l'esprit le plus beau, l'auteur le plus poli,

---

(1) Fameux poëte fort gueux, dont on a encore plusieurs ouvrages.

(2) Célèbre parasite, dont Ménage a écrit la vie.

(3) Le roi, en ce temps-là, à la sollicitation de M. Colbert, donna plusieurs pensions aux gens de lettres.

(4) On a plusieurs ouvrages de lui où il y a beaucoup de génie. Il ne savait pas le latin, et était fort pauvre.

(5) Le poëme qu'il y porta était intitulé le *Poëme de la Lune;* et il y louait le roi, surtout de savoir bien nager.

SATIRE I.

N'y parviendra jamais au sort de l'Angéli (1).
    Faut-il donc désormais jouer un nouveau rôle!
Dois-je, las d'Apollon, recourir à Barthole?
Et, feuilletant Louet alongé par Brodeau (2),
D'une robe à longs plis balayer le barreau?
Mais à ce seul penser je sens que je m'égare.
Moi! que j'aille crier dans ce pays barbare,
Où l'on voit tous les jours l'innocence aux abois
Errer dans les détours d'un dédale de lois,
Et, dans l'amas confus des chicanes énormes,
Ce qui fut blanc au fond rendu noir par les formes;
Où Patru gagne moins qu'Huot et le Mazier,
Et dont les Cicérons se font chez Pé-Fournier (3)
Avant qu'un tel dessein m'entre dans la pensée,
On pourra voir la Seine à la Saint-Jean glacée;
Arnaud à Charenton devenir huguenot,
Saint-Sorlin janséniste, et Saint-Pavin bigot.
    Quittons donc pour jamais une ville importune
Où l'honneur a toujours guerre avec la fortune;
Où le vice orgueilleux s'érige en souverain,
Et va la mitre en tête et la crosse à la main;
Où la science, triste, affreuse, délaissée,
Est partout des bons lieux comme infâme chassée;
Où le seul art en vogue est l'art de bien voler;
Où tout me choque; enfin, où... Je n'ose parler.
Et quel homme si froid ne serait plein de bile
A l'aspect odieux des mœurs de cette ville?
Qui pourrait les souffrir? et qui, pour les blâmer,
Malgré Muse et Phébus n'apprendrait à rimer?
Non, non, sur ce sujet pour écrire avec grace
Il ne faut point monter au sommet du Parnasse;
Et, sans aller rêver dans le double vallon,
La colère suffit, et vaut un Apollon.
    Tout beau, dira quelqu'un, vous entrez en furie.
A quoi bon ces grands mots? doucement, je vous prie,
Ou bien montez en chaire; et là, comme un docteur,
Allez de vos sermons endormir l'auditeur :
C'est là que bien ou mal on a droit de tout dire.
    Ainsi parle un esprit qu'irrite la satire,
Qui contre ses défauts croit être en sûreté
En raillant d'un censeur la triste austérité ;
Qui fait l'homme intrépide, et, tremblant de faiblesse,

---

(1) Célèbre fou que M. le Prince avait amené avec lui des Pays-Bas, et qu'il donna au roi.

(2) Brodeau a commenté Louet.

(3) Célèbre procureur. Il s'appelait Pierre Fournier; mais les gens de palais, pour abréger, l'appelaient Pé-Fournier.

Attend pour croire en Dieu que la fièvre le presse
Et, toujours dans l'orage au ciel levant les mains.
Dès que l'air est calmé, rit des faibles humains.
Car de penser alors qu'un Dieu tourne le monde,
Et règle les ressorts de la machine ronde,
Ou qu'il est une vie au-delà du trépas,
C'est là, tout haut du moins, ce qu'il n'avouera pas.
 Pour moi, qu'en santé même un autre monde étonne,
Qui croit l'âme immortelle, et que c'est Dieu qui tonne,
Il vaut mieux pour jamais me bannir de ce lieu.
Je me retire donc. Adieu, Paris, adieu !

SATIRE II.

A M. DE MOLIÈRE.

 Rare et fameux esprit, dont la fertile veine
Ignore en écrivant le travail et la peine ;
Pour qui tient Apollon tous ses trésors ouverts,
Et qui sait à quel coin se marquent les bons vers :
Dans les combats d'esprit savant maître d'escrime,
Enseigne-moi, Molière, où tu trouves la rime.
On dirait, quand tu veux, qu'elle te vient chercher :
Jamais au bout du vers on ne te voit broncher ;
Et, sans qu'un long détour t'arrête ou t'embarrasse,
A peine as-tu parlé, qu'elle-même s'y place.
Mais moi, qu'un vain caprice, une bizarre humeur,
Pour mes péchés, je crois, fit devenir rimeur,
Dans ce rude métier où mon esprit se tue,
En vain, pour la trouver, je travaille et je sue.
Souvent j'ai beau rêver du matin jusqu'au soir :
Quand je veux dire blanc, la quinteuse dit noir ;
Si je veux d'un galant dépeindre la figure,
Ma plume pour rimer trouve l'abbé de Pure ;
Si je pense exprimer un auteur sans défaut,
La raison dit Virgile, et la rime Quinaut :
Enfin, quoique je fasse ou que je veuille faire,
La bizarre toujours vient m'offrir le contraire.
De rage quelquefois, ne pouvant la trouver,
Triste, las et confus, je cesse d'y rêver ;
Et, maudissant vingt fois le démon qui m'inspire,
Je fais mille serments de ne jamais écrire.
Mais quand j'ai bien maudit et Muses et Phébus,
Je la vois qui paraît quand je n'y pense plus :
Aussitôt, malgré moi, tout mon feu se rallume ;

Je reprends sur-le-champ le papier et la plume,
Et, de mes vains serments perdant le souvenir,
J'attends de vers en vers qu'elle daigne venir.
Encor si pour rimer, dans sa verve indiscrète,
Ma muse au moins souffrait une froide épithète,
Je ferais comme un autre ; et, sans chercher si loin,
J'aurais toujours des mots pour les coudre au besoin :
Si je louais Philis en MIRACLES FÉCONDE,
Je trouverais bientôt, A NULLE AUTRE SECONDE ;
Si je voulais vanter un objet NOMPAREIL,
Je mettrais à l'instant, PLUS BEAU QUE LE SOLEIL ;
Enfin, parlant toujours d'ASTRES et de MERVEILLES,
De CHEFS-D'ŒUVRE DES CIEUX, DE BEAUTÉS SANS PAREILLES,
Avec tous ces beaux mots, souvent mis au hasard,
Je pourrais aisément, sans génie et sans art,
Et transposant cent fois et le nom et le verbe,
Dans mes vers recousus mettre en pièces Malherbe.
Mais mon esprit, tremblant sur le choix de ses mots,
N'en dira jamais un, s'il ne tombe à propos,
Et ne saurait souffrir qu'une phrase insipide
Vienne à la fin d'un vers remplir la place vide :
Ainsi, recommençant un ouvrage vingt fois,
Si j'écris quatre mots, j'en effacerai trois.

Maudit soit le premier dont la verve insensée
Dans les bornes d'un vers enferma sa pensée,
Et, donnant à ses mots une étroite prison,
Voulut avec la rime enchaîner la raison!
Sans ce métier fatal au repos de ma vie,
Mes jours pleins de loisir couleraient sans envie :
Je n'aurais qu'à chanter, rire, boire d'autant,
Et, comme un gras chanoine, à mon aise et content,
Passer tranquillement, sans souci, sans affaire,
La nuit à bien dormir, et le jour à rien faire.
Mon cœur exempt de soins, libre de passion,
Sait donner une borne à son ambition ;
Et, fuyant des grandeurs la présence importune,
Je ne vais point au Louvre adorer la fortune ;
Et je serais heureux, si, pour me consumer,
Un destin envieux ne m'avait fait rimer.

Mais depuis le moment que cette frénésie
De ses noires vapeurs troubla ma fantaisie,
Et qu'un démon jaloux de mon contentement
M'inspira le dessein d'écrire poliment,
Tous les jours, malgré moi, cloué sur un ouvrage,
Retouchant un endroit, effaçant une page,
Enfin passant ma vie à ce triste métier,
J'envie, en écrivant, le sort de Pelletier (1).

---

(1) Poëte du dernier ordre, qui faisait tous les jours un sonnet.

Bienheureux Scudéri (1), dont la fertile plume
Peut tous les mois sans peine enfanter un volume !
Tes écrits, il est vrai, sans art et languissants,
Semblent être formés en dépit du bon sens :
Mais ils trouvent pourtant, quoi qu'on en puisse dire,
Un marchand pour les vendre, et des sots pour les lire.
Et quand la rime enfin se trouve au bout des vers,
Qu'importe que le reste y soit mis de travers?
Malheureux mille fois celui dont la manie
Veut aux règles de l'art asservir son génie !
Un sot, en écrivant, fait tout avec plaisir :
Il n'a point en ses vers l'embarras de choisir ;
Et, toujours amoureux de ce qu'il vient d'écrire,
Ravi d'étonnement, en soi-même il s'admire.
Mais un esprit sublime en vain veut s'élever
A ce degré parfait qu'il tâche de trouver ;
Et, toujours mécontent de ce qu'il vient de faire,
Il plaît à tout le monde, et ne saurait se plaire :
Et tel, dont en tous lieux chacun vante l'esprit,
Voudrait pour son repos n'avoir jamais écrit.
 Toi donc, qui vois les maux où ma muse s'abîme,
De grâce, enseigne-moi l'art de trouver la rime :
Ou, puisqu'enfin tes soins y seraient superflus,
Molière, enseigne-moi l'art de ne rimer plus.

SATIRE III.

 Quel sujet inconnu vous trouble et vous altère ?
D'où vous vient aujourd'hui cet air sombre et sévère,
Et ce visage enfin plus pâle qu'un rentier
A l'aspect d'un arrêt (2) qui retranche un quartier ?
Qu'est devenu ce teint dont la couleur fleurie
Semblait d'ortolans seuls et de bisques nourrie,
Où la joie en son lustre attirait les regards,
Et le vin en rubis brillait de toutes parts ?
Qui vous a pu plonger dans cette humeur chagrine ?
A-t-on par quelque édit réformé la cuisine ?
Ou quelque longue pluie inondant vos vallons
A-t-elle fait couler vos vins et vos melons ?
Répondez donc enfin, ou bien je me retire.

---

(1) C'est le fameux Scudéri, auteur de beaucoup de romans, et frère de la fameuse mademoiselle de Scudéri.
(2) Le roi, en ce temps-là, avait supprimé un quartier des rentes.

Ah! de grâce, un moment, souffrez que je respire.
Je sors de chez un fat qui, pour m'empoisonner,
Je pense, exprès chez lui m'a forcé de dîner.
Je l'avais bien prévu. Depuis près d'une année
J'éludais tous les jours sa poursuite obstinée.
Mais hier il m'aborde, et, me serrant la main :
Ah! monsieur, m'a-t-il dit, je vous attends demain.
N'y manquez pas au moins. J'ai quatorze bouteilles
D'un vin vieux... Boucingo (1) n'en a point de pareilles :
Et je gagerais bien que, chez le commandeur,
Villandri (2) priserait sa sève et sa verdeur.
Molière avec Tartuffe (3) y doit jouer son rôle ;
Et Lambert (4), qui plus est, m'a donné sa parole.
C'est tout dire, en un mot, et vous le connaissez.
Quoi! Lambert? Oui, Lambert : à demain. C'est assez.

 Ce matin donc, séduit par sa vaine promesse,
J'y cours, midi sonnant, au sortir de la messe.
A peine étais-je entré, que, ravi de me voir,
Mon homme, en m'embrassant, m'est venu recevoir :
Et montrant à mes yeux une allégresse entière :
Nous n'avons, m'a-t-il dit, ni Lambert ni Molière ;
Mais puisque je vous vois, je me tiens trop content.
Vous êtes un brave homme : entrez ; on vous attend.

 A ces mots, mais trop tard, reconnaissant ma faute,
Je le suis en tremblant dans une chambre haute
Où, malgré les volets, le soleil irrité
Formait un poêle ardent au milieu de l'été.
Le couvert était mis dans ce lieu de plaisance,
Où j'ai trouvé d'abord, pour toute connaissance,
Deux nobles campagnards, grands lecteurs de romans,
Qui m'ont dit tout Cyrus (5) dans leurs longs compliments.
J'enrageais. Cependant on apporte un potage.
Un coq y paraissait en pompeux équipage,
Qui, changeant sur ce plat et d'état et de nom,
Par tous les conviés s'est appelé chapon.
Deux assiettes suivaient, dont l'une était ornée
D'une langue en ragoût, de persil couronné ;
L'autre, d'un godiveau tout brûlé par dehors,
Dont un beurre gluant inondait tous les bords.

---

(1) Fameux marchand de vin.

(2) Homme de qualité qui allait fréquemment dîner chez le commandeur de Souvré.

(3) *Le Tartuffe*, en ce temps-là, avait été défendu, et tout le monde voulait avoir Molière pour le lui entendre réciter.

(4) Lambert, le fameux musicien, était un fort bon homme, qui promettait à tout le monde de venir, mais qui ne venait jamais.

(5) Roman de dix tomes de mademoiselle de Scudéri.

On s'assied : mais d'abord notre troupe serrée
Tenait à peine autour d'une table carrée,
Où chacun, malgré soi, l'un sur l'autre porté,
Faisait un tour à gauche, et mangeait de côté.
Jugez en cet état si je pouvais me plaire,
Moi qui ne compte rien ni le vin ni la chère,
Si l'on n'est plus au large assis en un festin,
Qu'aux sermons de Cassagne, ou de l'abbé Cotin.
   Notre hôte cependant s'adressant à la troupe :
Que vous semble, a-t-il dit, du goût de cette soupe?
Sentez-vous le citron dont on a mis le jus
Avec des jaunes d'œufs mêlés dans du verjus?
Ma foi, vive Mignot et tout ce qu'il apprête!
Les cheveux cependant me dressaient à la tête :
Car Mignot, c'est tout dire, et dans le monde entier
Jamais empoisonneur ne sut mieux son métier.
J'approuvais tout pourtant de la mine et du geste,
Pensant qu'au moins le vin dût réparer le reste.
Pour m'en éclaircir donc, j'en demande : et d'abord
Un laquais effronté m'apporte un rouge-bord
D'un auvernat fumeux qui, mêlé de lignage (1),
Se vendait chez Crenet (2) pour vin de l'ermitage,
Et qui, rouge et vermeil, mais fade et doucereux,
N'avait rien qu'un goût plat, et qu'un déboire affreux.
A peine ai-je senti cette liqueur traîtresse,
Que de ces vins mêlés j'ai reconnu l'adresse.
Toutefois avec l'eau que j'y mets à foison
J'espérais adoucir la force du poison.
Mais, qui l'aurait pensé! pour comble de disgrace,
Par le chaud qu'il faisait nous n'avions point de glace.
Point de glace, bon Dieu! dans le fort de l'été!
Au mois de juin! Pour moi, j'étais si transporté,
Que, donnant de fureur tout le festin au diable,
Je me suis vu vingt fois prêt à quitter la table;
Et, dût-on m'appeler et fantasque et bourru,
J'allais sortir enfin quand le rôt a paru.
   Sur un lièvre flanqué de six poulets étiques,
S'élevaient trois lapins, animaux domestiques,
Qui, dès leur tendre enfance élevés dans Paris,
Sentaient encor le chou dont ils furent nourris.
Autour de cet amas de viandes entassées,
Régnait un long cordon d'alouettes pressées,
Et sur les bords du plat six pigeons étalés
Présentaient pour renfort leurs squelettes brûlés.
A côté de ce plat paraissaient deux salades,

---

(1) Deux fameux vins du terroir d'Orléans.
(2) Fameux marchand de vin, logé à la Pomme-de-Pin.

L'une de pourpier jaune, et l'autre d'herbes fades,
Dont l'huile de fort loin saisissait l'odorat,
Et nageait dans les flots de vinaigre rosat.
Tous mes sots à l'instant changeant de contenance,
Ont loué du festin la superbe ordonnance ;
Tandis que mon faquin, qui se voyait priser,
Avec un ris moqueur les priait d'excuser.
Surtout certain hableur, à la gueule affamée,
Qui vint à ce festin conduit par la fumée,
Et qui s'est dit profès dans l'ordre des coteaux (1),
A fait en bien mangeant l'éloge des morceaux.
Je riais de le voir, avec sa mine étique,
Son rabat jadis blanc, et sa perruque antique,
En lapins de garenne ériger nos clapiers,
Et nos pigeons cochois en superbes ramiers ;
Et, pour flatter notre hôte, observant son visage,
Composer sur ses yeux son geste et son langage ;
Quand notre hôte charmé, m'avisant sur ce point :
Qu'avez-vous donc, dit-il, que vous ne mangez point ?
Je vous trouve aujourd'hui l'âme tout inquiète,
Et les morceaux entiers restent sur votre assiette.
Aimez-vous la muscade ? on en a mis partout.
Ah ! monsieur, ces poulets sont d'un merveilleux goût !
Ces pigeons sont dodus, mangez, sur ma parole.
J'aime à voir aux lapins cette chair blanche et molle.
Ma foi, tout est passable, il le faut confesser,
Et Mignot aujourd'hui s'est voulu surpasser.
Quand on parle de sauce, il faut qu'on y raffine ;
Pour moi, j'aime surtout que le poivre y domine :
J'en suis fourni, Dieu sait ! et j'ai tout Pelletier
Roulé dans mon office en cornets de papier.
A tous ces beaux discours j'étais comme une pierre,
Ou comme la statue est au festin de Pierre ;
Et, sans dire un seul mot, j'avalais au hasard
Quelque aile de poulet dont j'arrachais le lard.
    Cependant mon hableur, avec une voix haute,
Porte à mes campagnards la santé de notre hôte,
Qui tous deux pleins de joie, en jetant un grand cri,
Avec un rouge-bord acceptent son défi.
Un si galant exploit réveillant tout le monde,
On a porté partout des verres à la ronde,
Où les doigts des laquais, dans la crasse tracés,
Témoignaient par écrit qu'on les avait rincés.
Quand un des conviés, d'un ton mélancolique,

---

(1) Ce nom fut donné à trois grands seigneurs tenant table, qui étaient partagés sur l'estime qu'on devait faire des vins des coteaux des environs de Reims : ils avaient chacun leurs partisans.

Lamentant tristement une chanson bachique,
Tous mes sots à la fois, ravis de l'écouter,
Détonnant de concert, se mettent à chanter.
La musique sans doute était rare et charmante!
L'un traîne en longs fredons une voix glapissante
Et l'autre, l'appuyant de son aigre fausset,
Semble un violon faux qui jure sous l'archet.
   Sur ce point un jambon d'assez maigre apparence
Arrive sous le nom de jambon de Mayence.
Un valet le portait, marchant à pas comptés,
Comme un recteur suivi des quatre facultés.
Deux marmitons crasseux, revêtus de serviettes,
Lui servaient de massiers (1), et portaient deux assiettes,
L'une de champignons avec des ris de veau,
Et l'autre de pois verts qui se noyaient dans l'eau.
Un spectacle si beau surprenant l'assemblée,
Chez tous les conviés la joie est redoublée;
Et la troupe à l'instant, cessant de fredonner,
D'un ton gravement fou s'est mise à raisonner.
Le vin au plus muet fournissant des paroles,
Chacun a débité ses maximes frivoles,
Réglé les intérêts de chaque potentat,
Corrigé la police, et réformé l'État;
Puis de là s'embarquant dans la nouvelle guerre,
A vaincu la Hollande (2) ou battu l'Angleterre.
   Enfin, laissant en paix tous ces peuples divers,
De propos en propos on a parlé de vers.
Là, tous mes sots enflés d'une nouvelle audace,
Ont jugé les auteurs en maîtres du Parnasse.
Mais notre hôte surtout, pour la justesse et l'art,
Élevait jusqu'au ciel Théophile et Ronsard;
Quand un des campagnards, relevant sa moustache
Et son feutre à grands poils ombragé d'un panache,
Impose à tous silence, et, d'un ton de docteur:
Morbleu! dit-il, la Serre (3) est un charmant auteur!
Ses vers sont d'un beau style, et sa prose est coulante,
La Pucelle est encore une œuvre bien galante,
Et je ne sais pourquoi je bâille en la lisant.
Le Pays (4), sans mentir, est un bouffon plaisant:
Mais je ne trouve rien de beau dans ce Voiture.
Ma foi, le jugement sert bien dans la lecture.

---

(1) Le recteur, quand il va en procession, est toujours accompagné de deux massiers.

(2) L'Angleterre et la Hollande étaient alors en guerre, et le roi avait envoyé du secours aux Hollandais.

(3) Écrivain célèbre pour son galimatias.

(4) Écrivain estimé chez les provinciaux à cause d'un livre qu'il a fait, intitulé: *Amitiés, Amours et Amourettes*.

A mon gré, le Corneille est joli quelquefois.
En vérité, pour moi j'aime le beau françois.
Je ne sais pas pourquoi l'on vante l'Alexandre :
Ce n'est qu'un glorieux qui ne dit rien de tendre.
Les héros chez Quinaut parlent bien autrement,
Et jusqu'à : Je vous hais, tout s'y dit tendrement.
On dit qu'on l'a drapé dans certaine satire ;
Qu'un jeune homme... Ah ! je sais ce que vous voulez dire,
A répondu notre hôte : « Un auteur sans défaut,
« La raison dit Virgile, et la rime Quinaut. »
Justement. A mon gré, la pièce est assez plate.
Et puis, blâmer Quinaut !... Avez-vous vu l'Astrate ?
C'est là ce qu'on appelle un ouvrage achevé.
Surtout l'Anneau Royal me semble bien trouvé.
Son sujet est conduit d'une belle manière ;
Et chaque acte, en sa pièce, est une pièce entière.
Je ne puis plus souffrir ce que les autres font.
 Il est vrai que Quinaut est un esprit profond,
A repris certain fat qu'à sa mine discrète
Et son maintien jaloux j'ai reconnu poète :
Mais il en est pourtant qui le pourraient valoir.
Ma foi, ce n'est pas vous qui nous le ferez voir,
A dit mon campagnard avec une voix claire,
Et déjà tout bouillant de vin et de colère.
Peut-être, a dit l'auteur pâlissant de courroux :
Mais vous, pour en parler, vous y connaissez-vous ?
Mieux que vous mille fois, dit le noble en furie.
Vous ? mon Dieu ! mêlez-vous de boire, je vous prie,
A l'auteur sur-le-champ aigrement reparti.
Je suis donc un sot, moi ? vous en avez menti,
Reprend le campagnard ; et, sans plus de langage,
Lui jette pour défi son assiette au visage.
L'autre esquive le coup ; et l'assiette volant
S'en va frapper le mur, et revient en roulant.
A cet affront l'auteur, se levant de la table,
Lance à mon campagnard un regard effroyable ;
Et, chacun vainement se ruant entre deux,
Nos braves s'accrochant se prennent aux cheveux.
Aussitôt sous leurs pieds les tables renversées
Font voir un long débris de bouteilles cassées :
En vain à lever tout les valets sont fort prompts,
Et des ruisseaux de vin coulent aux environs.
 Enfin, pour arrêter cette lutte barbare,
De nouveau l'on s'efforce, on crie, on les sépare ;
Et, leur première ardeur, passant en un moment,
On a parlé de paix et d'accommodement.
Mais, tandis qu'à l'envi tout le monde y conspire,
J'ai gagné doucement la porte sans rien dire,
Avec un bon serment que si, pour l'avenir
En pareille cohue on me peut retenir

Je consens de bon cœur, pour punir ma folie,
Que tous les vins pour moi deviennent vins de Brie;
Qu'à Paris le gibier manque tous les hivers,
Et qu'à peine au mois d'août on mange des pois verts.

SATIRE IV.

A M. L'ABBÉ LE VAYER.

D'où vient, cher Le Vayer, que l'homme le moins sage,
Croit toujours seul avoir la sagesse en partage,
Et qu'il n'est point de fou qui, par belles raisons,
Ne loge son voisin aux petites-maisons?
Un pédant, enivré de sa vaine science,
Tout hérissé de grec, tout bouffi d'arrogance,
Et qui, de mille auteurs retenus mot pour mot,
Dans sa tête entassés, n'a souvent fait qu'un sot,
Croit qu'un livre fait tout, et que, sans Aristote,
La raison ne voit goutte, et le bons sens radote.
D'autre part un galant, de qui tout le métier
Est de courir le jour de quartier en quartier,
Et d'aller, à l'abri d'une perruque blonde,
De ses froides douceurs fatiguer tout le monde,
Condamne la science, et, blâmant tout écrit,
Croit qu'en lui l'ignorance est un titre d'esprit,
Que c'est des gens de cour le plus beau privilége,
Et renvoie un savant dans le fond d'un collége.
Un bigot orgueilleux, qui, dans sa vanité,
Croit duper jusqu'à Dieu par son zèle affecté,
Couvrant tous ses défauts d'une sainte apparence,
Damne tous les humains, de sa pleine puissance.
Un libertin d'ailleurs, qui, sans âme et sans foi,
Se fait de son plaisir une suprême loi,
Tient que ces vieux propos de démons et de flammes
Sont bons pour étonner des enfants et des femmes,
Que c'est s'embarrasser de soucis superflus,
Et qu'enfin tout dévot a le cerveau perclus.
En un mot, qui voudrait épuiser ces matières,
Peignant de tant d'esprits les diverses manières,
Il compterait plutôt combien, dans un printemps,
Guenaud et l'antimoine ont fait mourir de gens,
Et combien la Neveu (1), devant son mariage,

---

(1) Infâme débordée connue de tout le monde.

A de fois au public vendu son pucelage.
  Mais, sans errer en vain dans ces vagues propos,
Et pour rimer ici ma pensée en deux mots,
N'en déplaise à ces fous nommés sages de Grèce,
En ce monde il n'est point de parfaite sagesse :
Tous les hommes sont fous, et, malgré tous leurs soins,
Ne diffèrent entre eux que du plus ou du moins.
Comme on voit qu'en un bois que cent routes séparent
Les voyageurs sans guides assez souvent s'égarent,
L'un à droit, l'autre à gauche, et, courant vainement,
La même erreur les fait errer diversement :
Chacun suit dans le monde une route incertaine,
Selon que son erreur le joue et le promène ;
Et tel y fait l'habile et nous traite de fous,
Qui sous le nom de sage est le plus fou de tous.
Mais, quoi que sur ce point la satire publie,
Chacun veut en sagesse ériger sa folie ;
Et, se laissant régler à son esprit tortu,
De ses propres défauts se fait une vertu.
Ainsi, cela soit dit pour qui peut se connaître,
Le plus sage est celui qui ne pense point l'être,
Qui, toujours pour un autre enclin vers la douceur,
Se regarde soi-même en sévère censeur;
Rend à tous ses défauts une exacte justice,
Et fait sans se flatter le procès à son vice.
Mais chacun pour soi-même est toujours indulgent.
  Un avare, idolâtre et fou de son argent,
Rencontrant la disette au sein de l'abondance,
Appelle sa folie une rare prudence,
Et met toute sa gloire et son souverain bien
A grossir un trésor qui ne lui sert de rien.
Plus il le voit accru, moins il en sait l'usage.
  Sans mentir, l'avarice est une étrange rage,
Dira cet autre fou, non moins privé de sens,
Qui jette, furieux, son bien à tous venants,
Et dont l'âme inquiète, à soi-même importune,
Se fait un embarras de sa bonne fortune.
Qui des deux en effet est le plus aveuglé?
  L'un et l'autre, à mon sens, ont le cerveau troublé,
Répondra chez Fredoc ce marquis sage et prude,
Et qui sans cesse au jeu, dont il fait son étude,
Attendant son destin d'un quatorze ou d'un sept,
Voit sa vie ou sa mort sortir de son cornet.
Que si d'un sort fâcheux la maligne inconstance,
Vient par un coup fatal faire tourner la chance,
Vous le verrez bientôt, les cheveux hérissés,
Et les yeux vers le ciel de fureur élancés,
Ainsi qu'un possédé que le prêtre exorcise,
Fêter dans ses serments tous les saints de l'Église.
Qu'on le lie ; ou je crains, à son air furieux,

SATIRE IV.

Que ce nouveau Titan n'escalade les cieux.
  Mais laissons-le plutôt en proie à son caprice,
Sa folie, aussi bien, lui tient lieu de supplice.
Il est d'autres erreurs dont l'aimable poison
D'un charme bien plus doux enivre la raison :
L'esprit dans ce nectar heureusement s'oublie.
  Chapelain veut rimer (1), et c'est là sa folie.
Mais bien que ses durs vers, d'épithètes enflés,
Soient des moindres grimauds chez Ménage (2) sifflés,
Lui-même il s'applaudit, et, d'un esprit tranquille.
Prend le pas au Parnasse au-dessus de Virgile.
Que ferait-il, hélas! si quelque audacieux
Allait pour son malheur lui dessiller les yeux,
Lui faisant voir ses vers et sans force et sans graces
Montés sur deux grands mots, comme sur deux échasses,
Ses termes sans raison l'un de l'autre écartés,
Et ses froids ornements à la ligne plantés?
Qu'il maudirait le jour où son âme insensée
Perdit l'heureuse erreur qui charmait sa pensée!
  Jadis certain bigot, d'ailleurs homme sensé,
D'un mal assez bizarre eut le cerveau blessé,
S'imaginant sans cesse, en sa douce manie,
Des esprits bienheureux entendre l'harmonie.
Enfin un médecin, fort expert en son art,
Le guérit par adresse, ou plutôt par hasard.
Mais voulant de ses soins exiger le salaire,
Moi! vous payer! lui dit le bigot en colère.
Vous, dont l'art infernal, par des secrets maudits,
En me tirant d'erreur m'ôte du paradis!
  J'approuve son courroux ; car, puisqu'il faut le dire,
Souvent de tous nos maux la raison est le pire.
C'est elle qui, farouche au milieu des plaisirs,
D'un remords importun vient brider nos désirs.
La fâcheuse a pour nous des rigueurs sans pareilles ;
C'est un pédant qu'on a sans cesse à ses oreilles,
Qui toujours nous gourmande, et, loin de nous toucher,
Souvent, comme Joly (3), perd son temps à prêcher.
En vain certains rêveurs nous l'habillent en reine,
Veulent sur tous nos sens la rendre souveraine,
Et, s'en formant en terre une divinité,
Pensent aller par elle à la félicité :

---

(1) Cet auteur, avant que sa *Pucelle* fût imprimée, passait pour le premier poète du siècle : l'impression gâta tout.

(2) On tenait chez Ménage, toutes les semaines, une assemblée où allaient beaucoup de petits esprits.

(3) Illustre prédicateur, alors curé de Saint-Nicolas-des-Champs à Paris, et depuis évêque d'Agen.

C'est elle, disent-ils, qui nous montre à bien vivre.
Ces discours, il est vrai, sont fort bons dans un livre :
Je les estime fort : mais je trouve en effet
Que le plus fou souvent est le plus satisfait.

SATIRE V.

A M. LE MARQUIS DE DANGEAU.

La noblesse, Dangeau, n'est pas une chimère,
Quand sous l'étroite loi d'une vertu sévère,
Un homme issu d'un sang fécond en demi-dieux,
Suit, comme toi, la trace où marchaient ses aïeux.
Mais je ne puis souffrir qu'un fat, dont la mollesse
N'a rien pour s'appuyer qu'une vaine noblesse,
Se pare insolemment du mérite d'autrui,
Et me vante un honneur qui ne vient pas de lui.
Je veux que la valeur de ses aïeux antiques
Ait fourni de matière aux plus vieilles chroniques,
Et que l'un des Capets, pour honorer leur nom,
Ait de trois fleurs de lis doté leur écusson.
Que sert ce vain amas d'une inutile gloire,
Si, de tant de héros célèbres dans l'histoire,
Il ne peut rien offrir aux yeux de l'univers
Que de vieux parchemins qu'ont épargnés les vers;
Si tout sorti qu'il est d'une source divine,
Son cœur dément en lui sa superbe origine,
Et, n'ayant rien de grand qu'une sotte fierté,
S'endort dans une lâche et molle oisiveté?
Cependant, à le voir avec tant d'arrogance
Vanter le faux éclat de sa haute naissance,
On dirait que le ciel est soumis à sa loi,
Et que Dieu l'a pétri d'autre limon que moi.
Enivré de lui-même, il croit, dans sa folie,
Qu'il faut que devant lui d'abord tout s'humilie.
Aujourd'hui toutefois, sans trop le ménager,
Sur ce ton un peu haut je vais l'interroger :
Dites-moi, grand héros, esprit rare et sublime,
Entre tant d'animaux, qui son ceux qu'on estime?
On fait cas d'un coursier qui, fier et plein de cœur,
Fait connaître en courant sa bouillante vigueur;
Qui jamais ne se lasse, et qui dans la carrière
S'est couvert mille fois d'une noble poussière :

Mais la postérité d'Alfane (1) et de Bayard (2),
Quand ce n'est qu'une rosse, est vendue au hasard,
Sans respect des aïeux dont elle est descendue,
Et va porter la malle, ou tirer la charrue.
Pourquoi donc voulez-vous que, par un sot abus,
Chacun respecte en vous un honneur qui n'est plus?
On ne m'éblouit point d'une espérance vaine :
La vertu d'un cœur noble est la marque certaine.
Si vous êtes sorti de ces héros fameux,
Montrez-nous cette ardeur qu'on vit briller en eux,
Ce zèle pour l'honneur, cette horreur pour le vice.
Respectez-vous les lois? fuyez-vous l'injustice?
Savez-vous pour la gloire oublier le repos,
Et dormir en plein champ le harnois sur le dos?
Je vous connais pour noble à ces illustres marques.
Alors soyez issus des plus fameux monarques,
Venez de mille aïeux ; et, si ce n'est assez,
Feuilletez à loisir tous les siècles passés;
Voyez de quel guerrier il vous plaît de descendre;
Choisissez de César, d'Achille, ou d'Alexandre :
En vain un faux censeur voudrait vous démentir,
Et si vous n'en sortez, vous en devez sortir.
Mais, fussiez-vous issu d'Hercule en droite ligne,
Si vous ne faites voir qu'une bassesse indigne,
Ce long amas d'aïeux que vous diffamez tous
Sont autant de témoins qui parlent contre vous ;
Et tout ce grand éclat de leur gloire ternie
Ne sert plus que de jour à votre ignominie.
En vain, tout fier d'un sang que vous déshonorez,
Vous dormez à l'abri de ces noms révérés;
En vain vous vous couvrez des vertus de vos pères :
Ce ne sont à mes yeux que de vaines chimères;
Je ne vois rien en vous qu'un lâche, un imposteur,
Un traître, un scélérat, un perfide, un menteur,
Un fou dont les accès vont jusqu'à la furie,
Et d'un tronc fort illustre une branche pourrie.
    Je m'emporte peut-être, et ma muse en fureur
Verse dans ses discours trop de fiel et d'aigreur ;
Il faut avec les grands un peu de retenue.
Hé bien ! je m'adoucis. Votre race est connue.
Depuis quand? répondez. Depuis mille ans entiers;
Et vous pouvez fournir deux fois seize quartiers.
C'est beaucoup. Mais enfin les preuves en sont claires;
Tous les livres sont pleins des titres de vos pères;
Leurs noms sont échappés du naufrage des temps

---

(1) Cheval du roi Gradasse dans l'Arioste.
(2) Cheval des quatre fils Aymon.

Mais qui m'assurera qu'en ce long cercle d'ans
A leurs fameux époux vos aïeules fidèles
Aux douceurs des galants furent toujours rebelles ?
Et comment savez-vous si quelque audacieux
N'a point interrompu le cours de vos aïeux ;
Et si leur sang tout pur, ainsi que leur noblesse,
Est passé jusqu'à vous de Lucrèce en Lucrèce?
 Que maudit soit le jour où cette vanité
Vint ici de nos mœurs souiller la pureté !
Dans les temps bienheureux du monde à son enfance,
Chacun mettait sa gloire en sa seule innocence ;
Chacun vivait content, et sous d'égales lois,
Le mérite y faisait la noblesse et les rois ;
Et, sans chercher l'appui d'une naissance illustre,
Un héros de soi-même empruntait tout son lustre ;
Mais enfin par le temps le mérite avili
Vit l'honneur en roture, et le vice ennobli ;
Et l'orgueil, d'un faux titre appuyant sa faiblesse,
Maîtrisa les humains sous le nom de noblesse.
De là vinrent en foule et marquis et barons :
Chacun pour ses vertus n'offrit plus que des noms.
Aussitôt maint esprit fécond en rêveries
Inventa le blason avec les armoiries ;
De ses termes obscurs fit un langage à part ;
Composa tous ces mots de Cimier et d'Ecart,
De Pal, de Contrepal, de Lambel, et de Fasce,
Et tout ce que Segoing (1) dans son Mercure entasse.
Une vaine folie enivrant la raison,
L'honneur triste et honteux ne fut plus de saison.
Alors, pour soutenir son rang et sa naissance,
Il fallut étaler le luxe et la dépense ;
Il fallut habiter un superbe palais,
Faire par les couleurs distinguer ses valets ;
Et, traînant en tous lieux de pompeux équipages,
Le duc, et le marquis (2), se reconnut aux pages.
 Bientôt, pour subsister, la noblesse sans bien
Trouva l'art d'emprunter, et de ne rendre rien ;
Et, bravant des sergents la timide cohorte,
Laissa le créancier se morfondre à sa porte.
Mais, pour comble, à la fin le marquis en prison
Sous le faix des procès vit tomber sa maison.
Alors le noble altier, pressé de l'indigence,
Humblement du faquin rechercha l'alliance ;
Avec lui trafiquant d'un nom si précieux,
Par un lâche contrat vendit tous ses aïeux ;

---

(1) Auteur qui a fait le *Mercure armorial.*
(2) Tous les gentilshommes considérables, en ce temps-là, avaient des

Et, corrigeant ainsi la fortune ennemie,
Rétablit son honneur à force d'infamie.
   Car, si l'éclat de l'or ne relève le sang,
En vain l'on fait briller la splendeur de son rang;
L'amour de vos aïeux passe en vous pour manie,
Et chacun pour parent vous fuie et vous renie.
Mais quand un homme est riche il vaut toujours son prix
Et, l'eût-on vu porter la mandille (1) à Paris,
N'eût-il de son vrai nom ni titre ni mémoire,
D'Hozier (2) lui trouvera cent aïeux dans l'histoire.
   Toi donc, qui, de mérite et d'honneurs revêtu,
Des écueils de la cour as sauvé ta vertu,
Dangeau, qui, dans le rang où notre roi t'appelle,
Le vois, toujours orné d'une gloire nouvelle,
Et plus brillant par soi que par l'éclat des lis,
Dédaigner tous ces rois dans la pourpre amollis;
Fuir d'un honteux loisir la douceur importune;
A ses sages conseils asservir la fortune;
Et, de tout son bonheur ne devant rien qu'à soi,
Montrer à l'univers ce que c'est qu'être roi:
Si tu veux te couvrir d'un éclat légitime,
Va par mille beaux faits mériter son estime;
Sers un si noble maître; et fais voir qu'aujourd'hui
Ton prince a des sujets qui sont dignes de lui.

SATIRE VI.

   Qui frappe l'air, bon Dieu ! de ces lugubres cris?
Est-ce donc pour veiller qu'on se couche à Paris?
Et quel fâcheux démon, durant les nuits entières,
Rassemble ici les chats de toutes les gouttières?
J'ai beau sauter du lit, plein de trouble et d'effroi,
Je pense qu'avec eux tout l'enfer est chez moi:
L'un miaule en grondant comme un tigre en furie;
L'autre roule sa voix comme un enfant qui crie.
Ce n'est pas tout encor : les souris et les rats
Semblent, pour m'éveiller, s'entendre avec les chats,
Plus importuns pour moi, durant la nuit obscure,
Que jamais, en plein jour, ne fut l'abbé de Pure (3).

---

(1) Petite casaque qu'en ce temps-là portaient les laquais.
(2) Auteur très savant dans les généalogies.
(3) Ennuyeux célèbre.

SATIRE VI.

    Tout conspire à la fois à troubler mon repos,
Et je me plains ici du moindre de mes maux :
Car à peine les coqs, commençant leur ramage,
Auront de cris aigus frappé le voisinage,
Qu'un affreux serrurier, laborieux Vulcain,
Qu'éveillera bientôt l'ardente soif du gain,
Avec un fer maudit, qu'à grand bruit il apprête,
De cent coups de marteau me va fendre la tête.
J'entends déjà partout les charrettes courir,
Les maçons travailler, les boutiques s'ouvrir :
Tandis que dans les airs mille cloches émues,
D'un funèbre concert font retentir les nues ;
Et, se mêlant au bruit de la grêle et des vents,
Pour honorer les morts font mourir les vivants.
    Encor je bénirais la bonté souveraine
Si le ciel à ces maux avait borné ma peine.
Mais si seul en mon lit je peste avec raison,
C'est encor pis vingt fois en quittant la maison :
En quelque endroit que j'aille, il faut fendre la presse
D'un peuple d'importuns qui fourmillent sans cesse :
L'un me heurte d'un ais dont je suis tout froissé ;
Je vois d'un autre coup mon chapeau renversé.
Là d'un enterrement la funèbre ordonnance
D'un pas lugubre et lent vers l'église s'avance ;
Et plus loin des laquais l'un l'autre s'agaçants,
Font aboyer les chiens et jurer les passants.
Des paveurs en ce lieu me bouchent le passage.
Là je trouve une croix (1) de funeste présage ;
Et des couvreurs grimpés au toit d'une maison
En font pleuvoir l'ardoise et la tuile à foison.
Là sur une charrette une poutre branlante
Vient menacer de loin la foule qu'elle augmente ;
Six chevaux attelés à ce fardeau pesant
Ont peine à l'émouvoir sur le pavé glissant ;
D'un carrosse en tournant il accroche une roue,
Et du choc le renverse en un grand tas de boue :
Quand un autre à l'instant s'efforçant de passer
Dans le même embarras se vient embarrasser.
Vingt carrosses à l'instant arrivant à la file
Y sont en moins de rien suivis de plus de mille :
Et, pour surcroît de maux, un sort malencontreux
Conduit en cet endroit un grand troupeau de bœufs.
Chacun prétend passer ; l'un mugit, l'autre jure :
Des mulets en sonnant augmentent le murmure.

---

(1) On faisait pendre alors du toit de toutes les maisons que l'on couvrait une croix de lattes pour avertir les passants de s'éloigner. On n'y pend plus maintenant qu'une simple latte.

Aussitôt cent chevaux dans la foule appelés
De l'embarras qui croît ferment les défilés,
Et partout des passants enchaînant les brigades
Au milieu de la paix font voir les barricades.
On n'entend que des cris poussés confusément :
Dieu pour s'y faire ouïr tonnerait vainement.
Moi donc, qui doit souvent en certain lieu me rendre,
Le jour déjà baissant, et qui suis las d'attendre,
Ne sachant plus tantôt à quel saint me vouer,
Je me mets au hasard de me faire rouer.
Je saute vingt ruisseaux, j'esquive, je me pousse :
Guenaud (1) sur son cheval en passant m'éclabousse ;
Et, n'osant plus paraître en l'état où je suis,
Sans songer où je vais, je me sauve où je puis.
  Tandis que dans un coin en grondant je m'essuie
Souvent, pour m'achever, il survient une pluie :
On dirait que le ciel, qui se fond tout en eau,
Veuille inonder ces lieux d'un déluge nouveau.
Pour traverser la rue, au milieu de l'orage,
Un ais sur deux pavés forme un étroit passage ;
Le plus hardi laquais n'y marche qu'en tremblant :
Il faut pourtant passer sur ce pont chancelant ;
Et les nombreux torrents qui tombent des gouttières
Grossissant les ruisseaux en ont fait des rivières.
J'y passe en trébuchant ; mais, malgré l'embarras,
La frayeur de la nuit précipite mes pas.
  Car, sitôt que du soir les ombres pacifiques
D'un double cadenas font fermer les boutiques ;
Que, retiré chez lui le paisible marchand
Va revoir ses billets et compter son argent ;
Que dans le Marché-Neuf tout est calme et tranquille,
Les voleurs à l'instant s'emparent de la ville (2).
Le bois le plus funeste et le moins fréquenté
Est, au prix de Paris, un lieu de sûreté.
Malheur donc à celui qu'une affaire imprévue
Engage un peu trop tard au détour d'une rue !
Bientôt quatre bandits lui serrant les côtés,
La bourse !... Il faut se rendre ; ou bien non, résistez,
Afin que votre mort, de tragique mémoire,
Des massacres fameux aille grossir l'histoire (3).
Pour moi, fermant ma porte et cédant au sommeil,
Tous les jours je me couche avecque le soleil.
Mais en ma chambre à peine ai-je éteint la lumière,
Qu'il ne m'est plus permis de fermer la paupière :

---

(1) C'était le plus célèbre médecin de Paris, et qui allait toujours à cheval.
(2) On volait beaucoup en ce temps-là dans les rues de Paris.
(3) Il y a une histoire intitulée *Histoire des Larrons*.

Des filous effrontés, d'un coup de pistolet,
Ebranlent ma fenêtre, et percent mon volet.
J'entends crier partout : Au meurtre! on m'assassine!
Ou le feu vient de prendre à la maison voisine.
Tremblant et demi-mort je me lève à ce bruit,
Et souvent sans pourpoint (1) je cours toute la nuit.
Car le feu, dont la flamme en ondes se déploie,
Fait de notre quartier une seconde Troie,
Où maint Grec affamé, maint avide Argien,
Au milieu des charbons va piller le Troyen.
Enfin sous mille crocs la maison abîmée
Entraîne aussi le feu qui se perd en fumée.
 Je me retire donc, encor pâle d'effroi :
Mais le jour est venu quand je rentre chez moi.
Je fais pour reposer un effort inutile :
Ce n'est qu'à prix d'argent qu'on dort en cette ville.
Il faudrait dans l'enclos d'un vaste logement,
Avoir loin de la rue un autre appartement.
 Paris est pour un riche un pays de cocagne :
Sans sortir de la ville, il trouve la campagne.
Il peut dans son jardin, tout peuplé d'arbres verts,
Receler le printemps au milieu des hivers,
Et, foulant le parfum de ses plantes fleuries,
Aller entretenir ses douces rêveries.
 Mais moi, grâce au destin, qui n'ai ni feu ni lieu,
Je me loge où je puis, et comme il plaît à Dieu.

SATIRE VII.

 Muse, changeons de style, et quittons la satire :
C'est un méchant métier que celui de médire ;
A l'auteur qui l'embrasse il est toujours fatal :
Le mal qu'on dit d'autrui ne produit que du mal.
Maint poète, aveuglé d'une telle manie,
En courant à l'honneur, trouve l'ignominie ;
Et tel mot, pour avoir réjoui le lecteur,
A coûté bien souvent des larmes à l'auteur.
 Un éloge ennuyeux, un froid panégyrique,
Peut pourrir à son aise au fond d'une boutique,
Ne craint point du public les jugements divers,
Et n'a pour ennemis que la poudre et les vers.

---

(1) Tout le monde, en ce temps-là, portait des pourpoints.

Mais un auteur malin, qui rit et qui fait rire,
Qu'on blâme en le lisant, et pourtant qu'on veut lire,
Dans ses plaisants accès qui se croit tout permis,
De ses propres rieurs se fait des ennemis.
Un discours trop sincère aisément nous outrage :
Chacun dans ce miroir pense voir son visage ;
Et tel, en vous lisant, admire chaque trait,
Qui dans le fond de l'âme et vous craint et vous hait.
 Muse, c'est donc en vain que la main vous démange :
S'il faut rimer ici, rimons quelque louange ;
Et cherchons un héros, parmi cet univers,
Digne de notre encens et digne de nos vers.
Mais en ce grand effort en vain je vous anime :
Je ne puis pour louer rencontrer une rime ;
Dès que j'y veux rêver ma veine est aux abois.
J'ai beau frotter mon front, j'ai beau mordre mes doigts,
Je ne puis arracher du creux de ma cervelle
Que des vers plus forcés que ceux de la Pucelle (1).
Je pense être à la gêne, et, pour un tel dessein,
La plume et le papier résistent à ma main.
Mais quand il faut railler j'ai ce que je souhaite.
Alors, certes, alors, je me connais poète :
Phébus, dès que je parle, est prêt à m'exaucer ;
Mes mots viennent sans peine, et courent se placer.
Faut-il peindre un fripon fameux dans cette ville?
Ma main, sans que j'y rêve, écrira Raumaville.
Faut-il d'un sot parfait montrer l'original?
Ma plume au bout du vers d'abord trouve Sofal :
Je sens que mon esprit travaille de génie.
Faut-il d'un froid rimeur dépeindre la manie ?
Mes vers, comme un torrent, coulent sur le papier :
Je rencontre à la fois Perrin et Pelletier,
Bonnecorse, Pradon, Colletet, Titreville (2) ;
Et, pour un que je veux, j'en trouve plus de mille.
Aussitôt je triomphe, et ma muse en secret
S'estime et s'applaudit du beau coup qu'elle a fait.
C'est en vain qu'au milieu de ma fureur extrême
Je me fais quelquefois des leçons à moi-même ;
En vain je veux au moins faire grâce à quelqu'un :
Ma plume aurait regret d'en épargner aucun ;
Et, sitôt qu'une fois ma verve me domine,
Tout ce qui s'offre à moi passe par l'étamine.
Le mérite pourtant m'est toujours précieux :
Mais tout fat me déplaît, et me blesse les yeux ;

---

(1) Poëme héroïque de Chapelain, dont tous les vers semblent faits en dépit Minerve.

(2) Poètes décriés

Je le poursuis partout, comme un chien fait sa proie,
Et ne le sens jamais qu'aussitôt je n'aboie.
Enfin, sans perdre temps en de si vains propos,
Je sais coudre une rime au bout de quelques mots.
Souvent j'habille en vers une maligne prose :
C'est par là que je vaux, si je vaux quelque chose.
Ainsi, soit que bientôt, par une indigne loi,
La mort d'un vol affreux vienne fondre sur moi,
Soit que le ciel me garde un cours long et tranquille,
A Rome ou dans Paris, aux champs ou dans la ville,
Dût ma muse par là choquer tout l'univers,
Riche, gueux, triste ou gai, je veux faire des vers.

 Pauvre esprit, dira-t-on, que je plains ta folie !
Modère ces bouillons de ta mélancolie ;
Et garde qu'un de ceux que tu penses blâmer
N'éteigne dans ton sang cette ardeur de rimer.
Hé quoi ! lorsqu'autrefois Horace, après Lucile,
Exhalait en bons mots les vapeurs de sa bile,
Et, vengeant la vertu par des traits éclatants,
Allait ôter le masque aux vices de son temps ;
Ou bien quand Juvénal, de sa mordante plume
Faisait couler des flots de fiel et d'amertume,
Gourmandait en courroux tout le peuple latin ;
L'un ou l'autre fit-il une tragique fin ?
Et que craindre, après tout, d'une fureur si vaine ?
Personne ne connaît ni mon nom ni ma veine.
On ne voit point mes vers, à l'envi de Montreuil (1),
Grossir impunément les feuillets d'un recueil.
A peine quelquefois je me force à les lire,
Pour plaire à quelque ami que charme la satire,
Qui me flatte peut-être, et, d'un air imposteur,
Rit tout haut de l'ouvrage, et tout bas de l'auteur.
Enfin c'est mon plaisir ; je veux me satisfaire :
Je ne puis bien parler, et ne saurais me taire ;
Et, dès qu'un mot plaisant vient luire à mon esprit,
Je n'ai point de repos qu'il ne soit en écrit :
Je ne résiste point au torrent qui m'entraîne.

 Mais c'est assez parlé : prenons un peu d'haleine :
Ma main, pour cette fois, commence à se lasser.
Finissons. Mais demain, Muse, à recommencer.

---

(1) Le nom de Montreuil dominait dans tous les fréquents recueils de poésies choisies qu'on faisait alors.

SATIRE VIII (1).

A MONSIEUR M***,

DOCTEUR DE SORBONNE.

De tous les animaux qui s'élèvent dans l'air,
Qui marchent sur la terre, ou nagent dans la mer,
De Paris au Pérou, du Japon jusqu'à Rome,
Le plus sot animal, à mon avis, c'est l'homme.
   Quoi! dira-t-on d'abord, un ver, une fourmi,
Un insecte rampant qui ne vit qu'à demi,
Un taureau qui rumine, une chèvre qui broute,
Ont l'esprit mieux tourné que n'a l'homme! Oui, sans doute.
Ce discours te surprend, Docteur, je l'aperçoi.
L'homme de la nature est le chef et le roi :
Bois, prés, champs, animaux, tout est pour son usage,
Et lui seul a, dis-tu, la raison en partage.
Il est vrai, de tout temps la raison fut son lot :
Mais de là je conclus que l'homme est le plus sot.
   Ces propos, diras-tu, sont bons dans la satire,
Pour égayer d'abord un lecteur qui veut rire :
Mais il faut les prouver. En forme. J'y consens.
Réponds-moi donc, Docteur, et mets-toi sur les bancs.
   Qu'est-ce que la sagesse? Une égalité d'âme
Que rien ne peut troubler, qu'aucun désir n'enflamme,
Qui marche en ses conseils à pas plus mesurés
Qu'un doyen au palais ne monte les degrés.
Or cette égalité dont se forme le sage,
Qui jamais moins que l'homme en a connu l'usage?
La fourmi tous les ans traversant les guérets
Grossit ses magasins des trésors de Cérès;
Et dès que l'aquilon, ramenant la froidure,
Vient de ses noirs frimas attrister la nature,
Cet animal, tapis dans son obscurité,
Jouit, l'hiver, des biens conquis durant l'été.

---

(1) Cette satire est tout-à-fait dans le goût de Perse, et marque un philosophe, chagrin qui ne peut plus souffrir les vices des hommes.

Mais on ne la voit point, d'une humeur inconstante,
Paresseuse au printemps, en hiver diligente,
Affronter en plein champ les fureurs de janvier,
Ou demeurer oisive au retour du bélier.
Mais l'homme, sans arrêt dans sa course insensée,
Voltige incessamment de pensée en pensée :
Son cœur, toujours flottant entre mille embarras,
Ne sait ni ce qu'il veut ni ce qu'il ne veut pas.
Ce qu'un jour il abhorre, en l'autre il le souhaite.
Moi ! j'irais épouser une femme coquette !
J'irais, par ma constance aux affronts endurci,
Me mettre au rang des saints qu'à célébrés Bussi (1) !
Assez de sots sans moi feront parler la ville,
Disait le mois passé ce marquis indocile
Qui, depuis quinze jours dans le piége arrêté,
Entre les bons maris pour exemple cité,
Croit que Dieu, tout exprès, d'une côte nouvelle
A tiré pour lui seul une femme fidèle.

Voilà l'homme en effet. Il va du blanc au noir :
Il condamne au matin ses sentiments du soir :
Importun à tout autre, à soi-même incommode,
Il change à tous moments d'esprit comme de mode :
Il tourne au moindre vent, il tombe au moindre choc,
Aujourd'hui dans un casque, et demain dans un froc.

Cependant à le voir, plein de vapeurs légères,
Soi-même se bercer de ses propres chimères,
Lui seul de la nature est la base et l'appui,
Et le dixième ciel ne tourne que pour lui.
De tous les animaux il est, dit-il, le maître.
Qui pourrait le nier ? poursuis-tu. Moi, peut-être.
Mais, sans examiner si vers les antres sourds
L'ours a peur du passant, ou le passant de l'ours;
Et si, sur un édit des pâtres de Nubie,
Les lions de Barca videraient la Lybie :
Ce maître prétendu qui leur donne des lois,
Ce roi des animaux, combien a-t-il de rois !
L'ambition, l'amour, l'avarice, la haine,
Tiennent comme un forçat son esprit à la chaîne.

Le sommeil sur ses yeux commence à s'épancher :
Debout, dit l'avarice, il est temps de marcher.
Hé ! laissez-moi. Debout ! Un moment. Tu répliques !
A peine le soleil fait ouvrir les boutiques.
N'importe, lève-toi. Pourquoi faire après tout?
Pour courir l'océan de l'un à l'autre bout,
Chercher jusqu'au Japon la porcelaine et l'ambre,

---

(1) Bussi, dans son *Histoire galante*, raconte beaucoup de galanteries très criminelles des dames mariées de la cour.

Rapporter de Goa (1) le poivre et le gingembre.
Mais j'ai des biens en foule, et je puis m'en passer.
On n'en peut trop avoir ; et pour en amasser
Il ne faut épargner ni crime ni parjure ;
Il faut souffrir la faim, et coucher sur la dure ;
Eût-on plus de trésors que n'en perdit Galet (2),
N'avoir en sa maison ni meubles ni valet ;
Parmi les tas de blé vivre de seigle et d'orge ;
De peur de perdre un liard, souffrir qu'on vous égorge.
Et pourquoi cette épargne enfin ? L'ignores-tu ?
Afin qu'un héritier, bien nourri, bien vêtu,
Profitant d'un trésor en tes mains inutile,
De son train quelque jour embarrasse la ville.
Que faire ? Il faut partir : les matelots sont prêts.

Ou, si pour l'entraîner l'argent manque d'attraits,
Bientôt l'ambition et toute son escorte
Dans le sein du repos vient le prendre à main-forte,
L'envoie en furieux, au milieu des hasards,
Se faire estropier sur les pas des Césars ;
Et, cherchant sur la brèche une mort indiscrete,
De sa folle valeur embellir la gazette.

Tout beau, dira quelqu'un, raillez plus à propos
Ce vice fut toujours la vertu des héros.
Quoi donc ! à votre avis, fut-ce un fou qu'Alexandre ?
Qui ? cet écervelé qui mit l'Asie en cendre ?
Ce fougueux l'Angéli (3), qui, de sang altéré,
Maître du monde entier, s'y trouvait trop serré.
L'enragé qu'il était, né roi d'une province
Qu'il pouvait gouverner en bon et sage prince,
S'en alla follement, et pensant être dieu,
Courir comme un bandit qui n'a ni feu ni lieu ;
Et, traînant avec soi les horreurs de la guerre,
De sa vaste folie emplir toute la terre :
Heureux, si de son temps, pour cent bonnes raisons,
La Macédoine eût eu des Petites-Maisons (4) ;
Et qu'un sage tuteur l'eût en cette demeure,
Par avis de parents, enfermé de bonne heure !

Mais, sans nous égarer dans ces digressions,
Traiter, comme Senaut, toutes les passions,
Et, les distribuant par classes et par titres,
Dogmatiser en vers, et rimer par chapitres ;
Laissons-en discourir la Chambre et Coëffeteau (5) ;

---

(1) Ville des Portugais dans les Indes orientales.
(2) Fameux joueur dont il est fait mention dans Regnier.
(3) Il en est parlé dans la première satire.
(4) C'est un hôpital de Paris où l'on enferme les fous.
(5) Senaut, la Chambre et Coëffeteau, ont tous trois fait chacun un traité des assions.

Et voyons l'homme enfin par l'endroit le plus beau.

Lui seul, vivant, dit-on, dans l'enceinte des villes,
Fait voir d'honnêtes mœurs, des coutumes civiles,
Se fait des gouverneurs, des magistrats, des rois,
Observe une police, obéit à des lois.

Il est vrai. Mais pourtant sans lois et sans police,
Sans craindre archers, prévôt, ni suppôt de justice,
Voit-on les loups brigands, comme nous inhumains,
Pour détrousser les loups courir les grands chemins?
Jamais, pour s'agrandir, vit-on dans sa manie
Un tigre en factions partager l'Hyrcanie (1)?
L'ours a-t-il dans les bois la guerre avec les ours?
Le vautour dans les airs fond-il sur les vautours?
A-t-on vu quelquefois dans les plaines d'Afrique,
Déchirant à l'envi leur propre république,
« Lions contre lions, parents contre parents,
« Combattre follement pour le choix des tyrans (2)? »
L'animal le plus fier qu'enfante la nature
Dans un autre animal respecte sa figure;
De sa rage avec lui modère les accès;
Vit sans bruit, sans débats, sans noise, sans procès.
Un aigle, sur un champ prétendant droit d'aubaine (3),
Ne fait point appeler un aigle à la huitaine;
Jamais contre un renard chicanant un poulet
Un renard de son sac n'alla charger Rolet;
Jamais la biche en rut n'a, pour fait d'impuissance,
Traîné du fond des bois un cerf à l'audience;
Et jamais juge, entre eux ordonnant le congrès (4),
De ce burlesque mot n'a sali ses arrêts.
On ne connaît chez eux ni placets ni requêtes,
Ni haut ni bas conseil, ni chambre des enquêtes.
Chacun l'un avec l'autre en toute sûreté
Vit sous les pures lois de la simple équité.
L'homme seul, l'homme seul, en sa fureur extrême,
Met un brutal honneur à s'égorger soi-même.
C'était peu que sa main, conduite par l'enfer,
Eût pétri le salpêtre, eût aiguisé le fer :
Il fallait que sa rage, à l'univers funeste,
Allât encor de lois embrouiller un digeste;
Cherchât pour l'obscurcir des gloses, des docteurs,

---

(1) Province de Perse sur les bords de la mer Caspienne.
(2) Parodie. Il y a dans *Cinna*:
    Romains contre Romains, etc.
(3) C'est un droit qu'a le roi de succéder aux biens des étrangers qui meurent en France, et qui n'y sont point naturalisés.
(4) Cet usage fut aboli sur le plaidoyer de M. le président de Lamoignon, alors avocat-général.

Accablât l'équité sous des monceaux d'auteurs,
Et pour comble de maux apportât dans la France
Des harangueurs du temps l'ennuyeuse éloquence.

   Doucement, diras-tu : que sert de s'emporter
L'homme a ses passions, on n'en saurait douter ;
Il a comme la mer ses flots et ses caprices :
Mais ses moindres vertus balancent tous ses vices,
N'est-ce pas l'homme enfin dont l'art audacieux
Dans le tour d'un compas a mesuré les cieux?
Dont la vaste science, embrassant toutes choses,
A fouillé la nature, en a percé les causes?
Les animaux ont-ils des universités?
Voit-on fleurir chez eux des quatre Facultés?
Y voit-on des savants en droit, en médecine,
Endosser l'écarlate et se fourrer d'hermine (1)?

   Non, sans doute ; et jamais chez eux un médecin
N'empoisonna les bois de son art assassin.
Jamais docteur armé d'un argument frivole
Ne s'enroua chez eux sur le banc d'une école.
Mais sans chercher au fond si notre esprit déçu
Sait rien de ce qu'il sait, s'il a jamais rien su,
Toi-même réponds-moi : Dans le siècle où nous sommes,
Est-ce au pied du savoir qu'on mesure les hommes?

   Veux-tu voir tous les grands à ta porte courir?
Dit un père à son fils dont le poil va fleurir ;
Prends-moi le bon parti : laisse là tous les livres.
Cent francs au denier cinq combien font-ils? Vingt livres.
C'est bien dit. Va, tu sais tout ce qu'il faut savoir.
Que de biens, que d'honneurs, sur toi s'en vont pleuvoir!
Exerce-toi, mon fils, dans ces hautes sciences ;
Prends, au lieu d'un Platon, le Guidon des finances (2)
Sache quelle province enrichit les traitants ;
Combien le sel au roi peut fournir tous les ans.
Endurcis-toi le cœur : sois arabe, corsaire,
Injuste, violent, sans foi, double, faussaire ;
Ne va point sottement faire le généreux :
Engraisse-toi, mon fils, du suc des malheureux ;
Et trompant de Colbert la prudence importune,
Va par tes cruautés mériter la fortune.
Aussitôt tu verras poètes, orateurs,
Rhéteurs, grammairiens, astronomes, docteurs,
Dégrader les héros pour te mettre à leurs places,
De tes titres pompeux enfler leurs dédicaces,
Te prouver à toi-même, en grec, hébreu, latin,

---

(1) L'Université est composée de quatre Facultés, qui sont les arts, la théologie,
droit et la médecine. Les docteurs portent, dans les jours de cérémonie, des rob
rouges fourrées d'hermine.

(2) Livre qui traite des finances.

Que tu sais de leur art et le fort et le fin.
Quiconque est riche est tout : sans sagesse il est sage,
Il a, sans rien savoir, la science en partage :
Il a l'esprit, le cœur, le mérite, le rang,
La vertu, la valeur, la dignité, le sang ;
Il est aimé des grands, il est chéri des belles :
Jamais surintendant ne trouva de cruelles,
L'or, même à la laideur, donne un teint de beauté :
Mais tout devient affreux avec la pauvreté.
   C'est ainsi qu'à son fils un usurier habile
Trace vers la richesse une route facile :
Et souvent tel y vient, qui sait, pour tout secret,
Cinq et quatre font neuf, ôtez deux, reste sept.
   Après cela, Docteur, va pâlir sur la Bible ;
Va marquer les écueils de cette mer terrible ;
Perce la sainte horreur de ce livre divin ;
Confonds dans un ouvrage et Luther et Calvin ;
Débrouille des vieux temps les querelles célèbres ;
Eclaircis des rabbins les savantes ténèbres :
Afin qu'en ta vieillesse un livre en marocain
Aille offrir ton travail à quelque heureux faquin,
Qui, pour digne loyer de la Bible éclaircie,
Te paie en l'acceptant d'un « Je vous remercie. »
Ou, si ton cœur aspire à des honneurs plus grands,
Quitte là le bonnet, la Sorbonne et les bancs ;
Et, prenant désormais un emploi salutaire,
Mets-toi chez un banquier, ou bien chez un notaire :
Laisse là saint Thomas s'accorder avec Scot ;
Et conclus avec moi qu'un docteur n'est qu'un sot.
   Un docteur ! diras-tu. Parlez de vous, poète :
C'est pousser un peu loin votre muse indiscrète.
Mais, sans perdre en discours le temps hors de saison,
L'homme, venez au fait, n'a-t-il pas la raison ?
N'est-ce pas son flambeau, son pilote fidèle ?
   Oui. Mais de quoi lui sert que sa voix le rappelle,
Si, sur la foi des vents, tout prêt à s'embarquer,
Il ne voit point d'écueil qu'il ne l'aille choquer ?
Et que sert à Cotin (1) la raison qui lui crie,
N'écris plus, guéris-toi d'une vaine furie ;
Si tous ces vains conseils, loin de la réprimer,
Ne font qu'accroître en lui la fureur de rimer ?
Tous les jours de ses vers, qu'à grand bruit il récite,
Il met chez lui voisins, parents, amis, en fuite.
Car lorsque son démon commence à l'agiter,
Tout, jusqu'à sa servante, est prêt à déserter.

---

(1) Il avait écrit contre moi et contre Molière ; ce qui donna occasion à Molière de faire *les Femmes savantes*, et d'y tourner Cotin en ridicule.

Un âne, pour le moins, instruit par la nature,
A l'instinct qui le guide obéit sans murmure ;
Ne va point follement de sa bizarre voix
Défier aux chansons les oiseaux dans les bois :
Sans avoir la raison, il marche sur sa route.
L'homme seul, qu'elle éclaire, en plein jour ne voit **goutte**;
Réglé par ses avis, fait tout à contre-temps,
Et dans tous ce qu'il fait n'a ni raison ni sens :
Tout lui plaît et déplaît, tout le choque et l'oblige ;
Sans raison il est gai, sans raison il s'afflige ;
Son esprit au hasard aime, évite, poursuit,
Défait, refait, augmente, ôte, élève, détruit.
Et voit-on, comme lui, les ours ni les panthères
S'effrayer sottement de leurs propres chimères ;
Plus de douze attroupés craindre le nombre impair ;
Ou croire qu'un corbeau (1) les menace dans l'air ?
Jamais l'homme, dis-moi, vit-il la bête folle
Sacrifier à l'homme, adorer son idole,
Lui venir, comme au dieu des saisons et des vents,
Demander à genoux la pluie ou le beau temps ?
Non. Mais cent fois la bête a vu l'homme hypocondre
Adorer le métal que lui-même il fit fondre ;
A vu dans un pays les timides mortels
Trembler aux pieds d'un singe assis sur leurs autels ;
Et sur les bords du Nil les peuples imbécilles,
L'encensoir à la main, chercher les crocodiles.
  Mais pourquoi, diras-tu, cet exemple odieux ?
Que peut servir ici l'Égypte et ses faux dieux ?
Quoi ! me prouverez-vous par ce discours profane
Que l'homme, qu'un docteur, est au-dessous d'un âne.
Un âne, le jouet de tous les animaux,
Un stupide animal, sujet à mille maux ;
Dont le nom seul en soi comprend une satire !
Oui, d'un âne : et qu a-t-il qui nous excite à rire ?
Nous nous moquons de lui : mais s'il pouvait un jour,
Docteur, sur nos défauts s'exprimer à son tour ;
Si, pour nous réformer, le ciel prudent et sage
De la parole enfin lui permettait l'usage :
Qu'il pût dire tout haut ce qu'il se dit tout bas,
Ah ! Docteur, entre nous, que ne dirait-il pas !
Et que peut-il penser lorsque dans une rue
Au milieu de Paris il promène sa vue ;
Qu'il voit de toutes parts les hommes bigarrés,
Les uns gris, les uns noirs, les autres chamarrés ?
Que dit-il quand il voit, avec la mort en trousse,

---

(1) Bien des gens croient que, lorsqu'on se trouve treize à table, il y a toujours dans l'année un des treize qui meurt, et qu'un corbeau aperçu dans l'air présage quelque chose de sinistre.

Courir chez un malade un assassin en housse;
Qu'il trouve de pédants un escadron fourré,
Suivi par un recteur de bedeaux entouré;
Ou qu'il voit la Justine, en grosse compagnie,
Mener tuer un homme avec cérémonie?
Que pense-t-il de nous lorsque sur le midi
Un hasard au palais le conduit un jeudi (1);
Lorsqu'il entend de loin, d'une gueule infernale,
La chicane en fureur mugir dans la grand'salle?
Que dit-il quand il voit les juges, les huissiers,
Les clercs, les procureurs, les sergents, les greffiers?
Oh! que si l'âne alors, à bon droit misantrophe,
Pouvait trouver la voix qu'il eut au temps d'Esope;
De tous côtés, Docteur, voyant les hommes fous,
Qu'il dirait de bon cœur, sans en être jaloux,
Content de ses charbons, et secouant la tête,
Ma foi, non plus que nous l'homme n'est qu'une bête!

SATIRE IX (2).

C'est à vous, mon esprit, à qui je veux parler.
Vous avez des défauts que je ne puis céler :
Assez et trop longtemps ma lâche complaisance
De vos jeux criminels a nourri l'insolence;
Mais, puisque vous poussez ma patience à bout,
Une fois en ma vie il faut vous dire tout.
   On croirait, à vous voir dans vos libres caprices
Discourir en Caton des vertus et des vices,
Décider du mérite et du prix des auteurs,
Et faire impunément la leçon aux docteurs,
Qu'étant seul à couvert des traits de la satire
Vous avez tout pouvoir de parler et d'écrire.
Mais moi, qui dans le fond sais bien ce que j'en crois,
Qui compte tous les jours vos défauts par mes doigts,
Je ris quand je vous vois, si faible et si stérile,
Prendre sur vous le soin de réformer la ville
Dans vos discours chagrins plus aigre et plus mordant

---

(1) C'est le jour des grandes audiences.
(2) Cette satire est entièrement dans le goût d'Horace, et d'un homme qui se fait son procès à soi-même pour le faire à tous les autres.

Qu'une femme en furie, ou Gautier (1) en plaidant.
  Mais répondez un peu. Quelle verve indiscrète
Sans l'aveu des neuf sœurs vous a rendu poète?
Sentiez-vous, dites-moi, ces violents transports
Qui d'un esprit divin font mouvoir les ressorts?
Qui vous a pu souffler une si folle audace?
Phébus a-t-il pour vous aplani la Parnasse?
Et ne savez-vous pas que, sur ce mont sacré,
Qui ne vole au sommet tombe au plus bas degré :
Et qu'à moins d'être au rang d'Horace ou de Voiture
On rampe dans la fange avec l'abbé de Pure?
  Que si tous mes efforts ne peuvent réprimer
Cet ascendant malin qui vous force à rimer,
Sans perdre en vains discours tout le fruit de vos veilles,
Osez chanter du roi les augustes merveilles :
Là, mettant à profit vos caprices divers,
Vous verriez tous les ans fructifier vos vers;
Et par l'espoir du gain votre muse animée
Vendrait au poids de l'or une once de fumée.
Mais en vain, direz-vous, je pense vous tenter
Par l'éclat d'un fardeau trop pesant à porter :
Tout chantre ne peut pas, sur le ton d'un Orphée,
Entonner en grands vers la Discorde étouffée;
Peindre Bellonne en feu tournant de toutes parts,
Et le Belge effrayé fuyant sur ses remparts (2).
Sur un ton si hardi, sans être téméraire,
Racan pourrait chanter au défaut d'un Homère;
Mais pour Cotin et moi, qui rimons au hasard,
Que l'amour de blâmer fit poètes sans art,
Quoiqu'un tas de grimauds vante notre éloquence,
Le plus sûr est pour nous de garder le silence.
Un poète insipide et sottement flatteur
Déshonore à-la-fois le héros et l'auteur :
Enfin de tels projets passent notre faiblesse.
  Ainsi parle un esprit languissant de mollesse,
Qui, sous l'humble dehors d'un respect affecté,
Cache le noir venin de sa malignité.
Mais, dussiez-vous en l'air voir vos ailes fondues,
Ne valait-il pas mieux vous perdre dans les nues,
Que d'aller sans raison, d'un style peu chrétien,
Faire insulte en rimant à qui ne vous dit rien,
Et du bruit dangereux d'un livre téméraire
A vos propres périls enrichir le libraire?
  Vous vous flattez peut-être en votre vanité,

---

(1) Avocat célèbre, et très mordant.
(2) Cette satire a été faite dans le temps que le roi prit Lille en Flandre et plusieurs autres villes.

D'aller comme un Horace à l'immortalité :
Et déjà vous croyez dans vos rimes obscures
Aux Saumaises (1) futurs préparer des tortures.
Mais combien d'écrivains, d'abord si bien reçus,
Sont de ce fol espoir honteusement déçus!
Combien, pour quelques mois, ont vu fleurir leur livre,
Dont les vers en paquets se vendent à la livre!
Vous pourrez voir, un temps, vos écrits estimés
Courir de main en main par la ville semés;
Puis de là, tout poudreux, ignorés sur la terre,
Suivre chez l'épicier Neuf-Germain (2) et la Serre (3) ;
Ou, de trente feuillets réduits peut-être à neuf,
Parer, demi-rongés, les rebords du Pont-Neuf (4).
Le bel honneur pour vous, en voyant vos ouvrages
Occuper le loisir des laquais et des pages,
Et souvent dans un coin renvoyés à l'écart
Servir de second tome aux airs du Savoyard (5)!
 Mais je veux que le sort, par un heureux caprice,
Fasse de vos écrits prospérer la malice,
Et qu'enfin votre livre aille, au gré de vos vœux,
Faire siffler Cotin chez nos derniers neveux :
Que vous sert-il qu'un jour l'avenir vous estime,
Si vos vers aujourd'hui vous tiennent lieu de crime,
Et ne produisent rien, pour fruits de leurs bons mots,
Que l'effroi du public et la haine des sots?
Quel démon vous irrite, et vous porte à médire?
Un livre vous déplaît : qui vous force à le lire?
Laissez mourir un fat dans son obscurité :
Un auteur ne peut-il pourrir en sûreté?
Le Jonas inconnu sèche dans la poussière;
Le David imprimé n'a point vu la lumière;
Le Moïse (6) commence à moisir par les bords.
Quel mal cela fait-il? Ceux qui sont morts sont morts :
Le tombeau contre vous ne peut-il les défendre?
Et qu'on fait tant d'auteurs, pour remuer leur cendre?
Que vous ont fait Perrin, Bardin, Pradon, Hainault,
Colletet, Pelletier, Tritrevile, Quinaut,
Dont les noms en cent lieux, placés comme en leurs niches,
Vont de vos vers malins remplir les hémistiches?
Ce qu'ils font vous ennuie. O le plaisant détour!

---

(1) Saumaise, célèbre commentateur.
(2) Poète extravagant.
(3) Auteur peu estimé.
(4) Où l'on vend d'ordinaire les livres de rebut.
(5) Fameux chantre du Pont-Neuf, dont on vante encore les chansons.
(6) Ces trois poèmes avaient été faits, le *Jonas* par Coras, le *David* par Las-Fargues, et le *Moïse* par Saint-Amand.

Ils ont bien ennuyé le roi, toute la cour,
Sans que le moindre édit ait, pour punir leur crime,
Retranché les auteurs, ou supprimé la rime.
Ecrive qui voudra. Chacun à ce métier
Peut perdre impunément de l'encre et du papier.
Un roman, sans blesser les lois ni la coutume,
Peut conduire un héros au dixième volume (1).
De là vient que Paris voit chez lui de tout temps
Les auteurs à grands flots déborder tous les ans ;
Et n'a point de portail où, jusques aux corniches,
Tous les piliers ne soient enveloppés d'affiches.
Vous seul, plus dégoûté, sans pouvoir et sans nom,
Viendrez régler les droits et l'état d'Apollon !
 Mais vous, qui raffinez sur les écrits des autres,
De quel œil pensez-vous qu'on regarde les vôtres?
Il n'est rien en ce temps à couvert de vos coups :
Mais savez-vous aussi comme on parle de vous?
 Gardez-vous, dira l'un, de cet esprit critique :
On ne sait bien souvent qu'elle mouche le pique.
Mais c'est un jeune fou qui se croit tout permis,
Et qui pour un bon mot va perdre vingt amis.
Il ne pardonne pas aux vers de la Pucelle,
Et croit régler le monde au gré de sa cervelle.
Jamais dans le barreau trouva-t-il rien de bon?
Peut-on si bien prêcher qu'il ne dorme au sermon?
Mais lui, qui fait ici le régent du Parnasse,
N'est qu'un gueux revêtu des dépouilles d'Horace (2).
Avant lui Juvénal avait dit en latin
Qu'on est assis à l'aise aux sermons de Cotin.
L'un et l'autre avant lui s'étaient plaints de la rime,
Et c'est aussi sur eux qu'il rejette son crime :
Il cherche à se couvrir de ces noms glorieux.
J'ai peu lu ces auteurs : mais tout n'irait que mieux
Quand de ces médisants l'engeance tout entière
Irait la tête en bas rimer dans la rivière.
 Voilà comme on vous traite : et le monde effrayé
Vous regarde déjà comme un homme noyé.
En vain quelque rieur, prenant votre défense,
Veut faire au moins, de grâce, adoucir la sentence :
Rien n'apaise un lecteur toujours tremblant d'effroi,
Qui voit peindre en autrui ce qu'il remarque en soi.
 Vous ferez-vous toujours des affaires nouvelles :
Et faudra-t-il sans cesse essuyer des querelles?

---

(1) Les romans de *Cyrus*, de *Clélie* et de *Pharamond* sont chacun de dix volumes.

(2) Saint-Pavin reprochait à l'auteur qu'il n'était riche que des dépouilles d'Horace, de Juvénal et de Regnier.

SATIRE IX.

N'entendrai-je qu'auteurs se plaindre et murmurer?
Jusqu'à quand vos fureurs doivent-elles durer?
Répondez, mon esprit; ce n'est plus raillerie:
Dites... Mais, direz-vous, pourquoi cette furie?
Quoi! pour un maigre auteur que je glose en passant,
Est-ce un crime, après tout, et si noir et si grand?
Et qui, voyant un fat s'applaudir d'un ouvrage,
Où la droite raison trébuche à chaque page,
Ne s'écrie aussitôt: L'impertinent auteur!
L'ennuyeux écrivain! Le maudit traducteur!
A quoi bon mettre au jour tous ces discours frivoles,
Et ces riens enfermés dans de grandes paroles?

   Est-ce donc là médire, ou parler franchement?
Non, non, la médisance y va plus doucement.
Si l'on vient à chercher pour quel secret mystère
Alidor à ses frais bâtit un monastère:
Alidor! dit un fourbe, il est de mes amis;
Je l'ai connu laquais avant qu'il fût commis;
C'est un homme d'honneur, de piété profonde,
Et qui veut rendre à Dieu ce qu'il a pris au monde.

   Voilà jouer d'adresse, et médire avec art;
Et c'est avec respect enfoncer le poignard.
Un esprit né sans fard, sans basse complaisance,
Fuit ce ton radouci que prend la médisance.
Mais de blâmer des vers ou durs ou languissants,
De choquer un auteur qui choque le bon sens,
De railler d'un plaisant qui ne sait pas nous plaire.
C'est ce que tout lecteur eut toujours droit de faire.

   Tous les jours à la cour un sot de qualité
Peut juger de travers avec impunité;
A Malherbe, à Racan, préférer Théophile,
Et le clinquant du Tasse à tout l'or de Virgile (1)

   Un clerc, pour quinze sous, sans craindre le holà
Peut aller au parterre attaquer Attila;
Et, si le roi des Huns ne lui charme l'oreille,
Traiter de visigoths tous les vers de Corneille.

   Il n'est valet d'auteur, ni copiste, à Paris,
Qui, la balance en main, ne pèse les écrits.
Dès que l'impression fait éclore un poète,
Il est esclave né de quiconque l'achète:
Il se soumet lui-même aux caprices d'autrui,
Et ses écrits tout seuls doivent parler pour lui.
Un auteur à genoux, dans une humble préface,
Au lecteur qu'il ennuie a beau demander grace,
Il ne gagnera rien sur ce juge irrité
Qui lui fait son procès de pleine autorité.

---

(1) Un homme de qualité fit un jour ce beau jugement en ma présence.

Et je serai le seul qui ne pourrai rien dire !
On sera ridicule, et je n'oserai rire !
Et qu'ont produit mes vers de si pernicieux,
Pour armer contre moi tant d'auteurs furieux ?
Loin de les décrier, je les ai fait paraître :
Et souvent, sans ces vers qui les ont fait connaître,
Leur talent dans l'oubli demeurerait caché ;
Et qui saurait sans moi que Cotin a prêché ?
La satire ne sert qu'à rendre un fat illustre :
C'est une ombre au tableau, qui lui donne du lustre.
En les blâmant enfin j'ai dit ce que j'en croi ;
Et tel qui m'en reprend en pense autant que moi.
   Il a tort, dira l'un : pourquoi faut-il qu'il nomme ?
Attaquer Chapelain ! ah ! c'est un si bon homme !
Balzac en fait l'éloge en cent endroits divers.
Il est vrai, s'il m'eût cru, qu'il n'eût point fait de vers.
Il se tue à rimer : que n'écrit-il en prose ?
Voilà ce que l'on dit. Et que dis-je autre chose ?
En blâmant ses écrits, ai-je d'un style affreux
Distillé sur sa vie un venin dangereux ?
Ma muse en l'attaquant, charitable et discrète,
Sait de l'homme d'honneur distinguer le poète.
Qu'on vante en lui la foi, l'honneur la probité ;
Qu'on prise sa candeur et sa civilité ;
Qu'il soit doux, complaisant, officieux, sincère :
On le veut, j'y souscris, et suis prêt à me taire.
Mais que pour un modèle on montre ses écrits ;
Qu'il soit le mieux renté (1) de tous les beaux esprits ;
Comme roi des auteurs qu'on l'élève à l'empire :
Ma bile alors s'échauffe, et je brûle d'écrire ;
Et, s'il ne m'est permis de le dire au papier,
J'irai creuser la terre, et, comme ce barbier,
Faire dire aux roseaux par un nouvel organe :
Midas, le roi Midas a des oreilles d'âne.
Quel tort lui fais-je enfin ! Ai-je par un écrit
Pétrifié sa veine et glacé son esprit ?
Quand un livre au Palais se vend et se débite,
Que chacun par ses yeux juge de son mérite,
Que Bilaine (2) l'étale au deuxième pilier,
Le dégoût d'un censeur peut-il le décrier ?
En vain contre le Cid un ministre se ligue (3) :
Tout Paris pour Chimène a les yeux de Rodrigue.
L'académie en corps a beau le censurer :
Le public révolté s'obstine à l'admirer.

---

(1) Chapelain avait de divers endroits 8,000 livres de pension.
(2) Libraire du Palais.
(3) Voyez l'*Histoire de l'Académie,* par Pellisson.

SATIRE IX.

Mais lorsque Chapelain met une œuvre en lumière
Chaque lecteur d'abord lui devint un Linière (1).
En vain il a reçu l'encens de mille auteurs,
Son livre en paraissant dément tous ses flatteurs.
Ainsi, sans m'accuser, quand tout Paris le joue,
Qu'il s'en prenne à ses vers, que Phébus désavoue,
Qu'il s'en prenne à sa muse allemande en françois.
Mais laissons Chapelain pour la dernière fois.
   Le satire, dit-on, est un métier funeste,
Qui plaît à quelques gens, et choque tout le reste.
La suite en est à craindre : en ce hardi métier
La peur plus d'une fois fit repentir Regnier.
Quittez ces vains plaisirs dont l'appât vous abuse :
A de plus doux emplois occupez votre muse ;
Et laissez à Feuillet (2) réformer l'univers.
   Et sur quoi donc faut-il que s'exerce mes vers?
Irai-je dans une ode, en phrases de Malherbe,
Troubler dans ses roseaux le Danube superbe;
Délivrer de Sion le peuple gémissant ;
Faire trembler Memphis, ou pâlir le croissant ;
Et, passant du Jourdain les ondes alarmées,
Cueillir, mal à propos, les palmes idumées?
Viendrai-je, en une églogue, entouré de troupeaux,
Au milieu de Paris enfler mes chalumeaux,
Et, dans mon cabinet assis au pied des hêtres,
Faire dire aux échos des sottises champêtres?
Faudra-t-il de sang-froid, et sans être amoureux,
Pour quelque Iris en l'air faire le langoureux;
Lui prodiguer les noms de Soleil et d'Aurore,
Et toujours bien mangeant mourir par métaphore?
Je laisse aux doucereux ce langage affété,
Où s'endort un esprit de mollesse hébêté.
   Le satire, en leçons, en nouveautés fertile,
Sait seul assaisonner le plaisant et l'utile,
Et, d'un vers qu'elle épure aux rayons du bon sens,
Détromper les esprits des erreurs de leur temps.
Elle seule, bravant l'orgueil et l'injustice,
Va jusques sous le dais faire pâlir le vice ;
Et souvent sans rien craindre, à l'aide d'un bon mot,
Va venger la raison des attentats d'un sot.
C'est ainsi que Lucile (3), appuyée de Lélie (4),
Fit justice en son temps des Cotins d'Italie,
Et qu'Horace, jetant le sel à pleines mains,

---

(1) Auteur qui a écrit contre Chapelain.
(2) Fameux prédicateur fort outré dans ses prédications.
(3) Poète latin satirique.
(4) Consul romain.

Se jouait aux dépens des Pelletiers romains.
C'est elle qui, m'ouvrant le chemin qu'il faut suivre,
M'inspira dès quinze ans la haine d'un sot livre,
Et sur ce mont fameux où j'osai la chercher
Fortifia mes pas et m'apprit à marcher.
C'est pour elle, en un mot, que j'ai fait vœu d'écrire,
Toutefois, s'il le faut, je veux bien m'en dédire;
Et, pour calmer enfin tous ces flots d'ennemis,
Réparer en mes vers les maux qu'ils ont commis.
Puisque vous le voulez, je vais changer de style,
Je le déclare donc : Quinault est un Virgile;
Pradon comme un soleil en nos ans a paru;
Pelletier écrit mieux qu'Ablancourt ni Patru,
Cotin, à ses sermons traînant toute la terre,
Fend les flots d'auditeurs pour aller à sa chaire;
Sofal (1) est le phénix des esprits relevés;
Perrin (1)... Bon, mon esprit! courage! poursuivez.
Mais ne voyez-vous pas que leur troupe en furie
Va prendre encor ces vers pour une raillerie?
Et Dieu sait aussitôt que d'auteurs en courroux,
Que de rimeurs blessés s'en vont fondre sur vous?
Vous les verrez bientôt, féconds en impostures,
Amasser contre vous des volumes d'injures,
Traiter en vos écrits chaque vers d'attentat,
Et d'un mot innocent faire un crime d'état (2).
Vous aurez beau vanter le roi dans vos ouvrages,
Et de ce nom sacré sanctifier vos pages;
Qui méprise Cotin n'estime point son roi,
Et n'a, selon Cotin, ni Dieu, ni foi, ni loi.

 Mais quoi! répondrez-vous, Cotin nous peut-il nuire?
Et par ses cris enfin que saurait-il produire?
Interdire à mes vers, dont peut-être il fait cas,
L'entrée aux pensions où je ne prétends pas?
Non, pour louer un roi que tout l'univers loue,
Ma langue n'attend point que l'argent la dénoue;
Et, sans espérer rien de mes faibles écrits,
L'honneur de le louer m'est un trop digne prix :
On me verra toujours sage dans mes caprices,
De ce même pinceau dont j'ai noirci les vices
Et peint du nom d'auteur tant de sots revêtus,
Lui marquer mon respect, et tracer ses vertus.
Je vous crois; mais pourtant on crie, on vous menace.
Je crains peu, direz-vous, les braves du Parnasse.
Hé! mon Dieu! craignez tout d'un auteur en courroux,
Qui peut...Quoi? Je m'entends. Mais encor? Taisez-vous.

---

(1) Auteurs médiocres.
(2) Cotin, dans un de ses écrits, m'accusait d'être criminel de lèse-majesté divi
et humaine.

AVERTISSEMENT

SUR LA SATIRE X.

Voici enfin la satire qu'on me demande depuis si longtemps. Si j'ai tant tardé à la mettre au jour, c'est que j'ai été bien aise qu'elle ne parût qu'avec la nouvelle édition qu'on faisait de mon livre, où je voulais qu'elle fût insérée. Plusieurs de mes amis, à qui je l'ai lue, en ont parlé dans le monde avec de grands éloges, et ont publié que c'était la meilleure de mes satires. Ils ne m'ont pas en cela fait plaisir. Je connais le public : je sais que naturellement il se révolte contre ces louanges outrées qu'on donne aux ouvrages avant qu'ils aient paru, et que la plupart des lecteurs ne lisent ce qu'on leur a élevé si haut, qu'avec un dessein formé de le rabaisser.

Je déclare donc que je ne veux point profiter de ces discours avantageux; et non-seulement je laisse au public son jugement libre, mais je donne plein pouvoir à tous ceux qui ont tant critiqué mon ode sur Namur d'exercer aussi contre ma satire toute la rigueur de leur critique. J'espère qu'ils le feront avec le même succès; et je puis les assurer que tous leurs discours ne m'obligeront point à rompre l'espèce de vœu que j'ai fait de ne jamais défendre mes ouvrages, quand on n'en attaquera que les mots et les syllabes. Je saurai fort bien soutenir contre ces censeurs Homère, Horace, Virgile, et tous ces autres grands personnages dont j'admire les écrits : mais pour mes écrits, que je n'admire point, c'est à ceux qui les approuveront à trouver des raisons pour les défendre. C'est tout l'avis que j'ai à donner ici au lecteur.

La bienséance néanmoins voudrait, ce me semble, que je fisse quelque excuse au beau sexe de la liberté que je me suis donnée de peindre ses vices. Mais, au fond, toutes les peintures que je fais dans ma satire sont si générales, que, bien loin d'appréhender que les femmes s'en offensent, c'est sur leur approbation et sur leur curiosité que je fonde la plus grande espérance du succès de mon ouvrage. Une chose au moins dont je suis certain qu'elles me loueront, c'est d'avoir trouvé moyen, dans une matière aussi délicate que celle que j'y traite, de ne pas laisser échapper un seul mot qui pût le moins du monde blesser la pudeur. J'espère donc que j'obtiendrai aisément ma grâce, et qu'elles ne seront pas plus choquées des prédications que je fais contre leurs défauts dans cette satire, que des satires que les prédicateurs font tous les jours en chaire contre ces mêmes défauts.

SATIRE X.

Enfin, bornant le cours de tes galanteries,
Alcippe, il est donc vrai, dans peu tu te maries :
Sur l'argent, c'est tout dire, on est déjà d'accord ;
Ton beau-père futur vide son coffre-fort ;
Et déjà le notaire a, d'un style énergique,
Griffonné de ton joug l'instrument authentique (1)
C'est bien fait. Il est temps de fixer tes désirs.
Ainsi que ses chagrins l'hymen a ses plaisirs :
Quelle joie en effet, quelle douceur extrême,
De se voir caressé d'une épouse qu'on aime !
De s'entendre appeler petit cœur, ou mon bon !
De voir autour de soi croître dans sa maison,
Sous les paisibles lois d'une agréable mère,
De petits citoyens dont on croit être père !
Quel charme, au moindre mal qui nous vient menacer,
De la voir aussitôt accourir, s'empresser,
S'effrayer d'un péril qui n'a point d'apparence,
Et souvent de douleur se pâmer par avance !
Car tu ne seras point de ces jaloux affreux,
Habiles à se rendre inquiets, malheureux,
Qui, tandis qu'une épouse à leurs yeux se désole,
Pensent toujours qu'un autre en secret la console.
   Mais quoi ! je vois déjà que ce discours t'aigrit !
Charmé de Juvénal (2), et plein de son esprit,
Venez-vous, diras-tu, dans une pièce outrée
Comme lui nous chanter, que, dès le temps de Rhée,
La chasteté déjà, la rougeur sur le front,
Avait chez les humains reçu plus d'un affront ;
Qu'on vit avec le fer naître les injustices,
L'impiété, l'orgueil, et tous les autres vices :
Mais que la bonne foi dans l'amour conjugal
N'alla point jusqu'au temps du troisième métal (3) ?
Ces mots ont dans sa bouche une emphase admirable :
Mais je vous dirai, moi, sans alléguer la fable,
Que si sous Adam même, et loin avant Noé,

---

(1) Instrument, en style de pratique, veut dire toutes sortes de contrats.
(2) Juvénal a fait une satire contre les femmes, qui est son plus bel ouvrage.
(3) Paroles du commencement de la satire de Juvénal.

Le vice audacieux, des hommes avoué,
A la triste innocence en tous lieux fit la guerre,
Il demeura pourtant de l'honneur sur la terre :
Qu'aux temps les plus féconds en Phrynés (1), en Laïs (1),
Plus d'une Pénélope honora son pays;
Et que, même aujourd'hui, sur ce fameux modèle,
On peut trouver encor quelque femme fidèle.

Sans doute; et dans Paris, si je sais bien compter,
Il en est jusqu'à trois (2) que je pourrais citer.
Ton épouse dans peu sera la quatrième :
Je le veux croire ainsi. Mais, la chasteté même
Sous ce beau nom d'épouse entrât-elle chez toi,
De retour d'un voyage, en arrivant, crois-moi,
Fais toujours du logis avertir la maîtresse.
Tel partit tout baigné des pleurs de sa Lucrèce,
Qui, faute d'avoir pris ce soin judicieux,
Trouva... tu sais... Je sais que d'un conte odieux
Vous avez comme moi sali votre mémoire.
Mais laissons là, dis-tu, Joconde et son histoire :
Du projet d'un hymen déjà fort avancé,
Devant vous aujourd'hui criminel dénoncé,
Et mis sur la sellette aux pieds de la critique,
Je vois bien tout de bon qu'il faut que je m'explique.

Jeune autrefois par vous dans le monde conduit,
J'ai trop bien profité pour n'être pas instruit
A quels discours malins le mariage expose :
Je sais que c'est un texte où chacun fait sa glose;
Que de maris trompés tout rit dans l'univers,
Épigrammes, chansons, rondeaux, fables en vers,
Satire, comédie; et, sur cette matière,
J'ai vu tout ce qu'ont fait La Fontaine et Molière;
J'ai lu tout ce qu'ont dit Villon et Saint-Gelais,
Arioste, Marot, Bocace, Rabelais,
Et tous ces vieux recueils de satires naïves (3),
Des malices du sexe immortelles archives.
Mais, tout bien balancé, j'ai pourtant reconnu
Que de ces contes vains le monde entretenu
N'en a pas de l'hymen moins vu fleurir l'usage;
Que sous ce joug moqué tout à la fin s'engage;
Qu'à ce commun filet les railleurs même pris
Ont été très souvent de commodes maris;
Et que, pour être heureux sous ce joug salutaire,
Tout dépend, en un mot, du bon choix qu'on sait faire.

Enfin, il faut ici parler de bonne foi,

---

(1) Phryné, courtisane d'Athènes. Laïs, courtisane de Corinthe.
(2) Ceci est dit figurément.
(3) Les *Contes* de la reine de Navarre, etc.

SATIRE X.

Je vieillis, et ne puis regarder sans effroi
Ces neveux affamés dont l'importun visage
De mon bien à mes yeux fait déjà le partage.
Je crois déjà les voir, au moment annoncé,
Qu'à la fin sans retour leur cher oncle est passé,
Sur quelques pleurs forcés, qu'ils auront soin qu'on voie,
Se faire consoler du sujet de leur joie.
Je me fais un plaisir, à ne vous rien céler,
De pouvoir, moi vivant, dans peu les désoler,
Et, trompant un espoir pour eux si plein de charmes,
Arracher de leurs yeux de véritables larmes.
Vous dirai-je encor plus? Soit faiblesse ou raison,
Je suis las de me voir le soir en ma maison
Seul avec des valets, souvent voleurs et traîtres,
Et toujours, à coup sûr, ennemis de leurs maîtres.
Je ne me couche point qu'aussitôt dans mon lit
Un souvenir fâcheux n'apporte à mon esprit
Ces histoires de morts lamentables, tragiques (1),
Dont Paris tous les ans peut grossir ses chroniques
Dépouillons-nous ici d'une vaine fierté.
Nous naissons, nous vivons, pour la société :
A nous-mêmes livrés dans une solitude,
Notre bonheur bientôt fait notre inquiétude;
Et, si durant un jour notre premier aïeul,
Plus riche d'une côte, avait vécu tout seul,
Je doute, en sa demeure alors si fortunée,
S'il n'eût point prié Dieu d'abréger la journée.
N'allons donc point ici réformer l'univers,
Ni, par de vains discours et de frivoles vers
Étalant au public notre misanthropie,
Censurer le lien le plus doux de la vie.
Laissons là, croyez-moi, le monde tel qu'il est.
L'hyménée est un joug, et c'est ce qui m'en plaît :
L'homme en ses passions toujours errant sans guide
A besoin qu'on lui mette et le mors et la bride ;
Son pouvoir malheureux ne sert qu'à le gêner ;
Et, pour le rendre libre, il le faut enchaîner.
C'est ainsi que souvent la main de Dieu l'assiste.

   Ah! bon! voilà parler en docte janséniste,
Alcippe; et, sur ce point si savamment touché,
Desmâres (2) dans Saint-Roch (3) n'aurait pas mieux prêché.
Mais c'est trop t'insulter; quittons la raillerie ;
Parlons sans hyperbole et sans plaisanterie.
Tu viens de mettre ici l'hymen en son beau jour :

---

(1) Blandin et du Rosset ont composé ces histoires.
(2) Le P. Desmâres, célèbre prédicateur.
(3) Paroisse de Paris.

Entends donc; et permets que je prêche à mon tour.
  L'épouse que tu prends, sans tache en sa conduite,
Aux vertus, m'a-t-on dit, dans Port-Royal instruite,
Aux lois de son devoir règle tous ses désirs.
Mais qui peut t'assurer qu'invincible aux plaisirs,
Chez toi, dans une vie ouverte à la licence,
Elle conservera sa première innocence?
Par toi-même bientôt conduite à l'Opéra,
De quel air penses-tu que ta sainte verra
D'un spectacle enchanteur la pompe harmonieuse,
Ces danses, ces héros à voix luxurieuse;
Entendra ces discours sur l'amour seul roulants,
Ces doucereux Renauds, ces insensés Rolands;
Saura d'eux qu'à l'Amour, comme au seul dieu suprême,
On doit immoler tout, jusqu'à la vertu même;
Qu'on ne saurait trop tôt se laisser enflammer;
Qu'on n'a reçu du ciel un cœur que pour aimer (1);
Et tous ces lieux communs de morale lubrique
Que Lulli réchauffa des sons de sa musique?
Mais de quels mouvements, dans son cœur excités,
Sentira-t-elle alors tous ses sens agités?
Je ne te réponds pas qu'au retour, moins timide,
Digne écolière enfin d'Angélique et d'Armide (2),
Elle n'aille à l'instant, pleine de ces doux sons,
Avec quelque Médor pratiquer ces leçons.
  Supposons toutefois qu'encor fidèle et pure
Sa vertu de ce choc revienne sans blessure.
Bientôt dans ce grand monde où tu vas l'entraîner,
Au milieu des écueils qui vont l'environner,
Crois-tu que, toujours ferme aux bords du précipice,
Elle pourra marcher sans que le pied lui glisse;
Que, toujours insensible aux discours enchanteurs
D'un idolâtre amas de jeunes séducteurs,
Sa sagesse jamais ne deviendra folie?
D'abord tu la verras, ainsi que dans Clélie,
Recevant ses amants sous le doux nom d'amis,
S'en tenir avec eux aux petits soins permis;
Puis bientôt en grande eau sur le fleuve de Tendre (3)
Naviguer à souhait, tout dire et tout entendre.
Et ne présume pas que Vénus, ou Satan,
Souffre qu'elle en demeure aux termes du roman;
Dans le crime il suffit qu'une fois on débute;
Une chute toujours attire une autre chute.
L'honneur est comme une île escarpée et sans bords :

---

(1) Maximes fort ordinaires dans les opéras de Quinaut.
(2) Voyez les opéras de Quinaut, intitulés *Roland* et *Armide*.
(3) Roman de Clélie, et autres romans du même auteur.

On n'y peut plus rentrer dès qu'on en est dehors.
Peut-être avant deux ans, ardente à te déplaire,
Éprise d'un cadet, ivre d'un mousquetaire,
Nous la verrons hanter les plus honteux brelans,
Donner chez la Cornu (1) rendez-vous aux galants;
De Phèdre dédaignant la pudeur enfantine,
Suivre à front découvert Z... et Messaline;
Compter pour grands exploits vingt hommes ruinés,
Blessés, battus pour elle, et quatre assassinés;
Trop heureux si, toujours femme désordonnée,
Sans mesure et sans règle au vice abandonnée,
Par cent traits d'impudence aisés à ramasser
Elle t'acquiert au moins un droit pour la chasser!
 Mais que deviendras-tu si, folle en son caprice,
N'aimant que le scandale et l'éclat dans le vice,
Bien moins pour son plaisir que pour t'inquiéter,
Au fond peu vicieuse, elle aime à coqueter?
Entre nous, verras-tu d'un esprit bien tranquille
Chez ta femme aborder et la cour et la ville?
Hormis toi, tout chez toi rencontre un doux accueil :
L'un est payé d'un mot, et l'autre d'un coup-d'œil.
Ce n'est que pour toi seul qu'elle est fière et chagrine :
Aux autres elle est douce, agréable, badine;
C'est pour eux qu'elle étale et l'or et le brocard,
Que chez toi se prodigue et le rouge et le fard,
Et qu'une main savante, avec tant d'artifice,
Bâtit de ses cheveux le galant édifice.
Dans sa chambre, crois-moi, n'entre point tout le jour.
Si tu veux posséder ta Lucrèce à ton tour,
Attends, discret mari, que la belle en cornette
Le soir ait étalé son teint sur la toilette,
Et dans quatre mouchoirs, de sa beauté salis,
Envoie au blanchisseur ses roses et ses lis.
Alors tu peux entrer : mais, sage en sa présence,
Ne va pas murmurer de sa folle dépense.
D'abord, l'argent en main, paie et vite et comptant.
Mais non, fais mine un peu d'en être mécontent,
Pour la voir aussitôt, de douleur oppressée,
Déplorer sa vertu si mal récompensée.
Un mari ne veut pas fournir à ses besoins!
Jamais femme, après tout, a-t-elle coûté moins?
A cinq cents louis d'or, tout au plus, chaque année,
Sa dépense en habits n'est-elle pas bornée?
Que répondre? Je vois qu'à de si justes cris
Toi-même convaincu déjà tu t'attendris,
Tout prêt à la laisser, pourvu qu'elle s'apaise,

---

(1) Une infâme dont le nom était alors connu de tout le monde.

Dans ton coffre à pleins sacs puiser tout à son aise.
  A quoi bon en effet t'alarmer de si peu?
Hé! que serait-ce donc si, le démon du jeu
Versant dans son esprit sa ruineuse rage,
Tous les jours, mis par elle à deux doigts du naufrage,
Tu voyais tous tes biens, au sort abandonnés,
Devenir le butin d'un pique (1) ou d'un sonnez (2)!
Le doux charme pour toi de voir, chaque journée,
De nobles champions ta femme environnée,
Sur une table longue et façonnée exprès,
D'un tournoi de bassette ordonner les apprêts!
Ou, si par un arrêt la grossière police
D'un jeu si nécessaire interdit l'exercice,
Ouvrir sur cette table un champ au lansquenet,
Ou promener trois dés chassés de son cornet :
Puis sur une autre table, avec un air plus sombre,
S'en aller méditer une vole au jeu d'hombre;
S'écrier sur un as mal-à-propos jeté;
Se plaindre d'un gâno (3) qu'on n'a point écouté!
Ou, querellant tout bas le ciel qu'elle regarde,
A la bête gémir d'un roi venu sans garde!
Chez elle, en ces emplois, l'aube du lendemain
Souvent la trouve encor les cartes à la main :
Alors, pour se coucher, les quittant, non sans peine,
Elle plaint le malheur de la nature humaine,
Qui veut qu'en un sommeil où tout s'ensevelit
Tant d'heures sans jouer se consument au lit.
Toutefois en partant la troupe la console,
Et d'un prochain retour chacun donne parole.
C'est ainsi qu'une femme en doux amusements,
Sait du temps qui s'envole employer les moments;
C'est ainsi que souvent par une forcenée
Une triste famille à l'hôpital traînée
Voit ses biens en décret sur tous les murs écrits
De sa déroute illustre effrayer tout Paris.
  Mais que plutôt son jeu mille fois te ruine,
Que si, la famélique et honteuse lésine
Venant mal-à-propos la saisir au collet,
Elle te réduisait à vivre sans valet,
Comme ce magistrat (4) de hideuse mémoire
Dont je veux bien ici te crayonner l'histoire.
  Dans la robe ou vantait son illustre maison,
Il était plein d'esprit, de sens et de raison :

---

(1) Terme du jeu de piquet.
(2) Terme du jeu de trictrac.
(3) Terme du jeu d'hombre.
(4) Le lieutenant criminel Tardieu.

Seulement pour l'argent un peu trop de faiblesse
De ces vertus en lui ravalait la noblesse.
Sa table toutefois, sans superfluité,
N'avait rien que d'honnête en sa frugalité,
Chez lui deux bons chevaux, de pareille encolure,
Trouvaient dans l'écurie une pleine pâture;
Et, du foin que leur bouche au râtelier laissait,
De surcroît une mule encor se nourrissait.
Mais cette soif de l'or qui le brûlait dans l'ame
Le fit enfin songer à choisir une femme;
Et l'honneur dans ce choix ne fut point regardé.
Vers son triste penchant son naturel guidé
Le fit, dans une avare et sordide famille,
Chercher un monstre affreux sous l'habit d'une fille;
Et, sans trop s'enquérir d'où la laide venait,
Il sut, ce fut assez, l'argent qu'on lui donnait.
Rien ne le rebuta, ni sa vue éraillée,
Ni sa masse de chair bizarrement taillée;
Et trois cent mille francs avec elle obtenus,
La firent à ses yeux plus belle que Vénus.
Il l'épouse; et bientôt son hôtesse nouvelle,
Le prêchant lui fit voir qu'il était, au prix d'elle,
Un vrai dissipateur, un parfait débauché.
Lui-même le sentit, reconnut son péché,
Se confessa prodigue, et, plein de repentance,
Offrit sur ses avis de régler sa dépense.
Aussitôt de chez eux tout rôti disparut:
Le pain bis, renfermé, d'une moitié décrut:
Les deux chevaux, la mule, au marché s'envolèrent:
Deux grands laquais, à jeun, sur le soir s'en allèrent,
De ces coquins déjà l'on se trouvait lassé,
Et pour n'en plus revoir le reste fut chassé:
Deux servantes déjà, largement souffletées,
Avaient à coups de pied descendu les montées,
Et se voyant enfin hors de ce triste lieu,
Dans la rue en avaient rendu grâces à Dieu.
Un vieux valet restait, seul chéri de son maître
Que toujours il servit, et qu'il avait vu naître,
Et qui de quelque somme amassée au bon temps
Vivait encor chez eux partie à ses dépens.
Sa vue embarrassait; il fallut s'en défaire:
Il fut de la maison chassé comme un corsaire.
Voilà nos deux époux sans valets, sans enfants,
Tout seuls dans leur logis libres et triomphants.
Alors on ne mit plus de borne à la lésine;
On condamna la cave, on ferma la cuisine;
Pour ne s'en point servir aux plus rigoureux mois,
Dans le fond d'un grenier on sequestra le bois.
L'un et l'autre dès-lors vécut à l'aventure

Des présents qu'à l'abri de la magistrature
Le mari quelquefois des plaideurs extorquait,
Ou de ce que la femme aux voisins escroquait.
Mais, pour bien mettre ici leur crasse en tout son lustre,
Il faut voir du logis sortir ce couple illustre;
Il faut voir le mari tout poudreux, tout souillé,
Couvert d'un vieux chapeau de cordon dépouillé,
Et de sa robe, en vain de pièces rajeunie,
A pied dans les ruisseaux traînant l'ignominie.
Mais qui pourrait compter le nombre des haillons,
De pièces, de lambeaux, de sales guenillons,
De chiffons ramassés dans la plus noire ordure,
Dont la femme aux bons jours composait sa parure?
Décrirai-je ses bas en trente endroits percés,
Ses souliers grimaçants vingt fois repetassés,
Ses coeffes d'où pendait au bout d'une ficelle
Un vieux masque pelé (1) presque aussi hideux qu'elle.
Peindrai-je son jupon bigarré de latin,
Qu'ensemble composaient trois thèses de satin,
Présent qu'en un procès sur certain privilége
Firent à son mari les régents d'un collége;
Et qui sur cette jupe à maint rieur encor
Derrière elle faisait dire *Argumentabor*-?
   Mais peut-être j'invente une fable frivole.
Démens donc tout Paris, qui, prenant la parole,
Sur ce sujet encor de bons témoins pourvu,
Tout prêt à le prouver, te dira : Je l'ai vu.
Vingt ans j'ai vu ce couple, uni d'un même vice,
A tous mes habitants montrer que l'avarice
Peut faire dans les biens trouver la pauvreté,
Et nous réduire à pis que la mendicité.
Des voleurs, qui chez eux pleins d'espérance entrèrent,
De cette triste vie enfin les délivrèrent :
Digne et funeste fruit du nœud le plus affreux
Dont l'hymen ait jamais uni deux malheureux!
   Ce récit passe un peu l'ordinaire mesure :
Mais un exemple enfin si digne de censure
Peut-il dans la satire occuper moins de mots?
Chacun sait son métier. Suivons notre propos.
Nouveau prédicateur aujourd'hui, je l'avoue,
Écolier ou plutôt singe de Bourdaloue (2),
Je me plais à remplir mes sermons de portraits.
En voilà déjà trois peints d'assez heureux traits :
La femme sans honneur, la coquette et l'avare.

---

(1) La plupart des femmes portaient alors un masque de velours noir lorsqu'elles sortaient.
(2) Célèbre jésuite.

Il faut y joindre encor la revêche bizarre,
Qui sans cesse, d'un ton par la colère aigri,
Gronde, choque, dément, contredit un mari.
Il n'est point de repos ni de paix avec elle.
Son mariage n'est qu'une longue querelle.
Laisse-t-elle un moment respirer son époux,
Ses valets sont d'abord l'objet de son couroux;
Et sur le ton grondeur lorsqu'elle les harangue,
Il faut voir de quels mots elle enrichie la langue :
Ma plume ici traçant ces mots par alphabet,
Pourrait d'un nouveau tome augmenter Richelet (1).
  Tu crains peu d'essuyer cette étrange furie :
En trop bon lieu, dis-tu, ton épouse nourrie
Jamais de tels discours ne te rendra martyr.
Mais, eût-elle sucé la raison dans Saint-Cyr (2),
Crois-tu que d'une fille humble, honnête, charmante,
L'hymen n'ait jamais fait de femme extravagante?
Combien n'a-t-on point vu de belles aux doux yeux,
Avant le mariage anges si grâcieux,
Tout-à-coup se changeant en bourgeoises sauvages,
Vrais démons apporter l'enfer dans leurs ménages,
Et, découvrant l'orgueil de leurs rudes esprits,
Sous leur fontange (3) altière asservir leurs maris!
  Et puis, quelque douceur dont brille ton épouse,
Penses-tu, si jamais elle devient jalouse,
Que son âme livrée à ses tristes soupçons
De la raison encore écoute les leçons ?
Alors, Alcippe, alors, tu verras de ses œuvres;
Résous-toi, pauvre époux, à vivre de couleuvres;
A la voir tous les jours, dans ses fougueux accès,
A ton geste, à ton rire, intenter un procès;
Souvent, de ta maison gardant les avenues,
Les cheveux hérissés, t'attendre au coin des rues;
Te trouver en des lieux de vingt portes fermés,
Et, partout où tu vas, dans ses yeux enflammés
T'offrir non pas d'Isis la tranquille Euménide (4),
Mais la vraie Alecto (5) peinte dans l'Enéide,
Un tison à la main, chez le roi Latinus,
Soufflant sa rage au sein d'Amate et de Turnus.
  Mais quoi! je chausse ici le cothurne tragique.

---

(1) Auteur qui a donné un dictionnaire français.

(2) Célèbre maison près de Versailles, où on élève un grand nombre de jeunes demoiselles.

(3) C'est un nœud de ruban que les femmes mettent sur le devant de la tête pour attacher leur coiffure.

(4) Furie dans l'opéra d'Isis, qui demeure presque toujours à ne rien faire.

(5) Une des Furies. Voyez l'Énéide, livre VII.

Reprenons au plus tôt le brodequin comique,
Et d'objets moins affreux songeons à te parler.
Dis-moi donc, laissant là cette folle hurler,
T'accommodes-tu mieux de ces douces Ménades (1)
Qui, dans leurs vains chagrins, sans mal toujours malades,
Se font des mois entiers, sur un lit effronté,
Traiter d'une visible et parfaite santé;
Et douze fois par jour, dans leur molle indolence,
Aux yeux de leurs maris tombent en défaillance?
Quel sujet, dira l'un, peut donc si fréquemment
Mettre ainsi cette belle au bord du monument?
La Parque, ravissant ou son fils ou sa fille,
A-t-elle moissonné l'espoir de sa famille?
Non : il est question de réduire un mari
A chasser un valet dans la maison chéri,
Et qui, parce qu'il plaît, a trop su lui déplaire;
Ou de rompre un voyage utile et nécessaire,
Mais qui la priverait huit jours de ses plaisirs,
Et qui, loin d'un galant, objet de ses désirs...
Oh! que pour la punir de cette comédie
Ne lui vois-je une vraie et triste maladie!
Mais ne nous fâchons point. Peut-être avant deux jours,
Courtois et Deniau (2), mandés à son secours,
Digne ouvrage de l'art dont Hippocrate traite,
Lui sauront bien ôter cette santé d'athlète;
Pour consumer l'humeur qui fait son embonpoint,
Lui donner sagement le mal qu'elle n'a point,
Et, fuyant de Fagon (3) les maximes énormes,
Au tombeau mérité la mettre dans les formes.
Dieu veuille avoir son âme, et nous délivre d'eux!
Pour moi, grand ennemi de leur art hasardeux,
Je ne puis cette fois que je ne les excuse.
Mais à quels vains discours est-ce que je m'amuse?
Il faut sur des sujets plus grands, plus curieux,
Attacher de ce pas ton esprit et tes yeux.

 Qui s'offrira d'abord? Bon, c'est cette savante
Qu'estime Roberval (4), et que Sauveur (4) fréquente.
D'où vient qu'elle a l'œil trouble et le teint si terni?
C'est que sur le calcul, dit-on, de Cassini (5),
Un astrolabe en main, elle a dans sa gouttière
A suivre Jupiter (6) passé la nuit entière.

---

(1) Bacchantes.
(2) Médecins de Paris.
(3) Premier médecin du roi.
(4) Illustres mathématiciens.
(5) Fameux astronome.
(6) Une des sept planètes.

Gardons de la troubler. Sa science, je croi,
Aura pour s'occuper ce jour plus d'un emploi :
D'un nouveau microscope on doit, en sa présence,
Tantôt chez Delancé (1) faire l'expérience,
Puis d'une femme morte avec son embryon
Il faut chez du Verney (2) voir la dissection.
Rien n'échappe aux regards de notre curieuse.

   Mais qui vient sur ses pas? c'est une précieuse,
Reste de ces esprits jadis si renommés
Que d'un coup de son art Molière a diffamés (3).
De tous les sentiments cette noble héritière
Maintient encore ici leur secte façonnière.
C'est chez elle toujours que les fades auteurs
S'en vont se consoler du mépris des lecteurs.
Elle y reçoit leur plainte ; et sa docte demeure
Aux Perrins, aux Coras, est ouverte à toute heure.
Là du faux bel esprit se tiennent les bureaux :
Là tous les vers sont bons pourvu qu'ils soient nouveaux
Au mauvais goût public la belle y fait la guerre;
Plaint Pradon opprimé des sifflets du parterre;
Rit des vains amateurs du grec et du latin;
Dans la balance met Aristote et Cotin;
Puis, d'une main encor plus fine et plus habile,
Pèse sans passion Chapelain et Virgile;
Remarque en ce dernier beaucoup de pauvretés,
Mais pourtant confessant qu'il a quelques beautés;
Ne trouve en Chapelain, quoi qu'ait dit la satire,
Autre défaut, si non qu'on ne saurait le lire;
Et, pour faire goûter son livre à l'univers,
Croit qu'il faudrait en prose y mettre tous les vers.

   A quoi bon m'étaler cette bizarre école
Du mauvais sens, dis-tu, prêché par une folle?
De livres et d'écrits bourgeois admirateur,
Vais-je épouser ici quelque apprentive auteur?
Savez-vous que l'épouse avec qui je me lie
Compte entre ses parents des princes d'Italie;
Sort d'aïeux dont les noms...? Je t'entends et je voi
D'où vient que tu t'es fait secrétaire du roi :
Il fallait de ce titre appuyer ta naissance.
Cependant (t'avoûrais-je ici mon insolence)?
Si quelque objet pareil chez moi, deçà les monts,
Pour m'épouser entrait avec tous ces grands noms,
Le sourcil rehaussé d'orgueilleuses chimères;
Je lui dirais bientôt : Je connais tous vos pères;

---

(1) Chez qui on faisait beaucoup d'expériences de physique.
(2) Médecin du roi, connu pour être très savant dans l'anatomie.
(3) Voyez la comédie des *Précieuses ridicules*.

Je sais qu'ils ont brillé dans ce fameux combat (1)
Où sous l'un des Valois, Enghien, sauva l'État.
D'Hozier n'en convient pas : mais, quoi qu'il en puisse être,
Je ne suis point si sot que d'épouser mon maître.
Ainsi donc, au plus tôt délogeant de ces lieux,
Allez, princesse, allez, avec tous vos aïeux,
Sur le pompeux débris des lances espagnoles,
Coucher si vous voulez aux champs de Cerisoles :
Ma maison ni mon lit ne sont point faits pour vous.
   J'admire, poursuis-tu, votre noble courroux.
Souvenez-vous pourtant que ma famille illustre
De l'assistance au sceau ne tire point son lustre;
Et que, né dans Paris de magistrats connus,
Je ne suis point ici de ces nouveaux venus,
De ces nobles sans nom, que, par plus d'une voie,
La province souvent en guêtres nous envoie.
Mais eussé-je comme eux des meuniers pour parents
Mon épouse vînt-elle encor d'aïeux plus grands,
On ne la verrait point, vantant son origine,
A son triste mari reprocher la farine.
Son cœur, toujours nourri dans la dévotion,
De trop bonne heure apprit l'humiliation :
Et, pour vous détromper de la pensée étrange
Que l'hymen aujourd'hui la corrompe et la change,
Sachez qu'en notre accord elle a, pour premier point,
Exigé qu'un époux ne la contraindrait point
A traîner après elle un pompeux équipage,
Ni surtout de souffrir, par un profane usage,
Qu'à l'église jamais devant le Dieux jaloux
Un fastueux carreau soit vu sous ses genoux.
Telle est l'humble vertu qui, dans son âme empreinte...
Je le vois bien, tu vas épouser une sainte;
Et dans tout ce grand zèle il n'est rien d'affecté.
Sais-tu bien cependant, sous cette humilité,
L'orgueil que quelquefois nous cache une bigote,
Alcippe, et connais tu la nation dévote?
Il te faut de ce pas en tracer quelques traits,
Et par ce grand portrait finir tous mes portraits.
   A Paris, à la cour, on trouve, je l'avoue,
Des femmes dont le zèle est digne qu'on le loue,
Qui s'occupent du bien en tout temps, en tout lieu.
J'en sais une, chérie et du monde et de Dieu,
Humble dans les grandeurs, sage dans la fortune,
Qui gémit, comme Esther, de sa gloire importune,
Que le vice lui-même est contraint d'estimer,
Et que sur ce tableau d'abord tu vas nommer.

---

(1) Combat de Cerisoles gagné par le duc d'Enghien en Italie.

Mais pour quelques vertus si pures, si sincères,
Combien y trouve-t-on d'impudentes faussaires,
Qui, sous un vain dehors d'austère piété,
De leurs crimes secrets cherchent l'impunité,
Et couvrent de Dieu même, empreint sur leur visage,
De leurs honteux plaisirs l'affreux libertinage!
N'attends pas qu'à tes yeux j'aille ici l'étaler;
Il vaut mieux le souffrir que de le dévoiler.
De leurs galants exploits les Bussis, les Brantomes,
Pourraient avec plaisir te compiler des tomes :
Mais pour moi, dont le front trop aisément rougit,
Ma bouche a déjà peur de t'en avoir trop dit.
Rien n'égale en fureur, en monstrueux caprices,
Une fausse vertu qui s'abandonne aux vices.

  De ces femmes pourtant l'hypocrite noirceur
Au moins pour un mari garde quelque douceur.
Je les aime encor mieux qu'une bigote altière,
Qui, dans son fol orgueil, aveugle et sans lumière.
A peine sur le seüil de la dévotion,
Pense atteindre au sommet de la perfection;
Qui du soin qu'elle prend de me gêner sans cesse
Va quatre fois par mois se vanter à confesse;
Et, les yeux vers le ciel, pour se le faire ouvrir,
Offre à Dieu les tourments qu'elle me fait souffrir.
Sur cent pieux devoirs aux saints elle est égale;
Elle lit Rodriguez, fait l'oraison mentale,
Va pour les malheureux quêter dans les maisons,
Hante les hôpitaux, visite les prisons,
Tous les jours à l'église entend jusqu'à six messes :
Mais de combattre en elle et dompter ses faiblesses,
Sur le fard, sur le jeu, vaincre sa passion,
Mettre un frein à son luxe, à son ambition,
Et soumettre l'orgueil de son esprit rebelle:
C'est ce qu'en vain le ciel voudrait exiger d'elle.
Et peut-il, dira-t-elle, en effet l'exiger?
Elle a son directeur, c'est à lui d'en juger :
Il faut sans différer savoir ce qu'il en pense.
Bon! vers nous à propos je le vois qui s'avance.
Qu'il paraît bien nourri! Quel vermillon! quel teint!
Le printemps dans sa fleur sur son visage est peint.
Cependant, à l'entendre, il se soutient à peine,
Il eut encore hier la fièvre et la migraine;
Et, sans les prompts secours qu'on prit soin d'apporter,
Il serait sur son lit peut-être à trembloter.
Mais de tous les mortels, grâce aux dévotes ames,
Nul n'est si bien soigné qu'un directeur de femmes.
Quelque léger dégoût vient-il le travailler;
Une froide vapeur le fait-elle bâiller;
Un escadron coëffé d'abord court à son aide

L'une chauffe un bouillon, l'autre apprête un remède
Chez lui sirops exquis, ratafias vantés,
Confitures surtout, volent de tous côtés:
Car de tous mets sucrés, secs, en pâte, ou liquides,
Les estomacs dévots toujours furent avides :
Le premier massepain pour eux, je crois, se fit,
Et le premier citron à Rouen fut confit (1).
 Notre docteur bientôt va lever tous ses doutes;
Du paradis pour elle il aplanit les routes;
Et, loin sur ses défauts de la mortifier,
Lui-même prend le soin de la justifier.
Pourquoi vous alarmer d'une vaine censure?
Du rouge qu'on vous voit on s'étonne, on murmure:
Mais a-t-on, dira-t-il, sujet de s'étonner?
Est-ce qu'à faire peur on veut vous condamner?
Aux usages reçus il faut qu'on s'accommode:
Une femme surtout doit tribut à la mode.
L'orgueil brille, dit-on, sur vos pompeux habits,
L'œil à peine soutient l'éclat de vos rubis;
Dieu veut-il qu'on étale un luxe si profane?
Oui, lorsqu'à l'étaler notre rang nous condamne.
Mais ce grand jeu chez vous comment l'autoriser?
Le jeu fut de tout temps permis pour s'amuser;
On ne peut pas toujours travailler, prier, lire:
Il vaut mieux s'occuper à jouer qu'à médire.
Le plus grand jeu, joué dans cette intention,
Peut même devenir une bonne action :
Tout est sanctifié par une âme pieuse.
Vous êtes, poursuit-on, avide, ambitieuse;
Sans cesse vous brûlez de voir tous vos parents
Engloutir à la cour charges, dignités, rangs.
Votre bon naturel en cela pour eux brille ;
Dieu ne nous défend point d'aimer notre famille.
D'ailleurs tous vos parents sont sages, vertueux :
Il est bon d'empêcher ces emplois fastueux
D'être donnés peut-être à des âmes mondaines,
Éprises du néant des vanités humaines.
Laissez-là, croyez-moi, gronder les indévots,
Et sur votre salut demeurez en repos.
 Sur tous ces points douteux c'est ainsi qu'il prononce
Alors, croyant d'un ange entendre la réponse,
Sa dévote s'incline, et, calmant son esprit,
A cet ordre d'en haut sans réplique souscrit.
Ainsi, pleine d'erreurs qu'elle croit légitimes,
Sa tranquille vertu conserve tous ses crimes;
Dans un cœur tous les jours nourri du sacrement

---

(1) Les plus exquis citrons confits se font à Rouen.

Maintient la vanité, l'orgueil, l'entêtement,
Et croit que devant Dieu ses fréquents sacrilèges
Sont pour entrer au ciel d'assurés privilèges.
Voilà le digne fruit des soins de son docteur.
Encore est-ce beaucoup si ce guide imposteur,
Par les chemins fleuris d'un charmant quiétisme,
Tout-à-coup l'amenant au vrai molinosisme,
Il ne lui fait bientôt, aidé de Lucifer,
Goûter en paradis les plaisirs de l'enfer.

   Mais, dans ce doux état, molle, délicieuse,
La hais-tu plus, dis-moi, que cette bilieuse
Qui, follement outrée en sa sévérité,
Baptisant son chagrin du nom de piété,
Dans sa charité fausse, où l'amour-propre abonde,
Croit que c'est aimer Dieu que haïr tout le monde?
Il n'est rien où d'abord son soupçon attaché
Ne présume du crime et ne trouve un péché.
Pour une fille honnête et pleine d'innocence
Croit-elle en ses valets voir quelque complaisance ?
Réputés criminels, les voilà tous chassés,
Et chez elle à l'instant par d'autres remplacés.
Son mari, qu'une affaire appelle dans la ville,
Et qui chez lui sortant a tout laissé tranquille,
Se trouve assez surpris, rentrant dans la maison,
De voir que le portier lui demande son nom ;
Et que parmi ses gens, changés en son absence,
Il cherche vainement quelqu'un de connaissance.

   Fort bien ! le trait est bon ! Dans les femmes, dis-tu,
Enfin vous n'approuvez ni vice ni vertu.
Voilà le sexe peint d'une noble manière :
Et Théophraste même, aidé de la Bruyère,
Ne m'en pourrait pas faire un plus riche tableau (1).
C'est assez : il est temps de quitter le pinceau;
Vous avez désormais épuisé la satire.
Epuisé, cher Alcippe ! Ah ! tu me ferais rire !
Sur ce vaste sujet si j'allais tout tracer,
Tu verrais sous ma main des tomes s'amasser.
Dans le sexe j'ai peint la piété caustique :
Et que serait-ce donc si, censeur plus tragique,
J'allais t'y faire voir l'athéisme établi,
Et, non moins que l'honneur, le ciel mis en oubli ;
Si j'allais t'y montrer plus d'une Capanée (2)
Pour souveraine loi mettant le destinée,
Du tonnerre dans l'air bravant les vains carreaux,

---

(1) La Bruyère a traduit les *Caractères* de Théophraste, et fait ceux de son siècle.
(2) Canapée était un des sept chefs de l'armée qui mit le siége devant Thèbes. Les poètes ont dit que Jupiter le foudroya à cause de son impiété.

Et nous parlant de Dieu du ton de Des Barreaux (1)?
— Mais, sans aller chercher cette femme infernale,
T'ai-je encor peint, dit-moi, la fantasque inégale
Qui, m'aimant le matin, souvent me hait le soir?
T'ai-je peint la maligne aux yeux faux, au cœur noir?
T'ai-je encore exprimé la brusque impertinente?
T'ai-je tracé la vieille à morgue dominante,
Qui veut, vingt ans encore après le sacrement,
Exiger d'un mari les respects d'un amant?
T'ai-je fait voir de joie une belle animée,
Qui souvent d'un repas sortant tout enfumée,
Fait, même à ses amants, trop faibles d'estomac,
Redouter ses baisers pleins d'ail et de tabac?
T'ai-je encore décrit la dame brelandière
Qui des joueurs chez soi se fait cabaretière (2),
Et souffre des affronts que ne souffrirait pas
L'hôtesse d'une auberge à dix sous par repas?
Ai-je offert à tes yeux ces tristes Tisiphones,
Ces monstres pleins d'un fiel que n'ont point les lionnes,
Qui, prenant en dégoût les fruits nés de leur flanc,
S'irritent sans raison contre leur propre sang;
Toujours en des fureurs que les plaintes aigrissent.
Battent dans leurs enfants l'époux qu'elles haïssent,
Et font de leur maison, digne de Phalaris (3),
Un séjour de douleurs, de larmes et de cris?
Enfin t'ai-je dépeint la superstitieuse,
La pédante au ton fier, la bourgeoise ennuyeuse,
Celle qui de son chat fait son seul entretien,
Celle qui toujours parle et ne dit jamais rien?
Il en est des milliers; mais ma bouche enfin lasse
Des trois quarts pour le moins veut bien te faire grace.
  J'entends : c'est pousser loin la modération.
Ah! finissez, dis-tu, la déclamation.
Pensez-vous qu'ébloui de vos vaines paroles
J'ignore qu'en effet tous ces discours frivoles
Ne sont qu'un badinage, un simple jeu d'esprit
D'un censeur dans le fond qui folâtre et qui rit,
Plein du même projet qui vous vint dans la tête
Quand vous plaçâtes l'homme au-dessous de la bête?
Mais enfin vous et moi c'est assez badiner.
Il est temps de conclure; et, pour tout terminer,
Je ne dirai qu'un mot. La fille qui m'enchante,
Noble, sage, modeste, humble, honnête, touchante,

---

(1) On dit qu'il se convertit avant que de mourir.

(2) Il y a des femmes qui donnent à souper aux joueurs, de peur de ne les plus revoir s'ils sortaient de leur maison.

(3) Tyran en Sicile, très cruel.

N'a pas un des défauts que vous m'avez fait voir.
Si, par un sort pourtant qu'on ne peut concevoir,
La belle, tout-à-coup rendu insociable,
D'ange, ce sont vos mots, se transformait en diable;
Vous me verriez bientôt, sans me désespérer,
Lui dire : Hé bien, Madame, il faut nous séparer :
Nous ne sommes pas faits, je le vois, l'un pour l'autre.
Mon bien se monte à tant ; tenez, voilà le vôtre.
Partez : délivrons-nous d'un mutuel souci.
 Alcippe, tu crois donc qu'on se sépare ainsi?
Pour sortir de chez toi sur cette offre offensante,
As-tu donc oublié qu'il faut qu'elle y consente?
Et crois-tu qu'aisément elle puisse quitter
Le savoureux plaisir de t'y persécuter?
Bientôt son procureur, pour elle usant sa plume,
De ses prétentions va t'offrir un volume :
Car, grâce au droit reçu chez les Parisiens,
Gens de douce nature, et maris bons chrétiens,
Dans ses prétentions une femme est sans borne.
Alcippe, à ce discours je te trouve un peu morne.
Des arbitres, dis-tu, pourront nous accorder.
Des arbitres!... Tu crois l'empêcher de plaider!
Sur ton chagrin déjà contente d'elle-même,
Ce n'est point tous ses droits, c'est le procès, qu'elle aime.
Pour elle un bout d'arpent qu'il faudra disputer
Vaut mieux qu'un fief entier acquis sans continuer.
Avec elle il n'est point de droit qui s'éclaircisse,
Point de procès si vieux qui ne se rajeunisse;
Et sur l'art de former un nouvel embarras
Devant elle Rolet mettrait pavillon bas.
Crois-moi, pour la fléchir trouve enfin quelque voie :
Ou je ne réponds pas dans peu qu'on ne te voie
Sous le faix des procès abattu, consterné,
Triste, à pied, sans laquais, maigre, sec, ruiné,
Vingt fois dans ton malheur résolu de te pendre,
Et, pour comble de maux, réduit à la reprendre.

SATIRE XI.

A M. DE VALINCOUR.

Oui, l'honneur, Valincour, est chéri dans le monde :
Chacun, pour l'exalter, en paroles abonde;
A s'en voir revêtu chacun met son bonheur;

Et tout crie ici-bas : L'honneur! Vive l'honneur!
   Entendons discourir, sur les bancs des galères,
Ce forçat abhorré même de ses confrères ;
Il plaint, par un arrêt injustement donné,
L'honneur en sa personne à ramer condamné.
En un mot, parcourons et la mer et la terre;
Interrogeons marchands, financiers, gens de guerre,
Courtisans, magistrats : chez eux, si je les croi,
L'intérêt ne peut rien, l'honneur seul fait la loi.
   Cependant, lorsqu'aux yeux leur portant la lanterne (1),
J'examine au grand jour l'esprit qui les gouverne,
Je n'aperçois partout que folle ambition,
Faiblesse, iniquité, fourbe, corruption,
Que ridicule orgueil de soi-même idolâtre.
Le monde, à mon avis, est comme un grand théâtre,
Où chacun en public, l'un par l'autre abusé,
Souvent à ce qu'il est joue un rôle opposé.
Tous les jours on y voit, orné d'un faux visage,
Impudemment le fou représenter le sage ;
L'ignorant s'ériger en savant fastueux,
Et le plus vil faquin trancher du vertueux.
Mais, quelque fol espoir dont leur orgueil les berce,
Bientôt on les connaît, et la vérité perce.
On a beau se farder aux yeux de l'univers :
A la fin sur quelqu'un de nos vices couverts
Le public malin jette un œil inévitable ;
Et bientôt la censure, au regard formidable,
Sait, le crayon en main, marquer nos endroits faux,
Et nous développer avec tous nos défauts.
Du mensonge toujours le vrai demeure maître.
Pour paraître honnête homme, en un mot, il faut l'être
Et jamais, quoi qu'il fasse, un mortel ici-bas
Ne peut aux yeux du monde être ce qu'il n'est pas.
En vain ce misanthrope, aux yeux tristes et sombres,
Veut, par un air riant, en éclaircir les ombres :
Le ris sur son visage est en mauvaise humeur ;
L'agrément fuit ses traits, ses caresses font peur ;
Ses mots les plus flatteurs paraissent des rudesses,
Et la vanité brille en toutes ses bassesses.
Le naturel toujours sort, et sait se montrer :
Vainement on l'arrête, on le force à rentrer ;
Il rompt tout, perce tout, et trouve enfin passage.
   Mais loin de mon projet je sens que je m'engage.
Revenons de ce pas à mon texte égaré.
L'honneur partout, disais-je, est du monde admiré ;

---

(1) Allusion au mot de Diogène le cynique, qui portait une lanterne en plein jour, et qui disait qu'il cherchait un homme.

Mais l'honneur, en effet, qu'il faut que l'on admire,
Quel est-il, Valincour? pourras-tu me le dire ?
L'ambitieux le met souvent à tout brûler ;
L'avare, à voir chez lui le Pactole (1) rouler;
Un faux brave, à vanter sa prouesse frivole;
Un vrai fourbe, à jamais ne garder sa parole;
Ce poète à noircir d'insipides papiers;
Ce marquis, à savoir frauder ses créanciers ;
Un libertin, à rompre et jeûnes et carême,
Un fou perdu d'honneur, à braver l'honneur même.
L'un d'eux a-t-il raison ? Qui pourrait le penser ?
Qu'est-ce donc que l'honneur que tout doit embrasser?
Est-ce de voir, dis-moi, vanter notre éloquence;
D'exceller en courage, en adresse, en prudence ;
De voir à notre aspect tout trembler sous les cieux;
De posséder enfin mille dons précieux?
Mais avec tous ces dons de l'esprit et de l'âme
Un roi même souvent peut n'être qu'un infâme,
Qu'un Hérode, un Tibère effroyable à nommer.
Où donc est cet honneur qui seul doit nous charmer ?
Quoi qu'en ses beaux discours Saint-Evremond nous prône,
Aujourd'hui j'en croirai Sénèque avant Pétrone (2).

Dans le monde il n'est rien de beau que l'équité :
Sans elle la valeur, la force, la bonté,
Et toutes les vertus dont s'éblouit la terre,
Ne sont que faux brillants, et que morceaux de verre.
Un injuste guerrier (3), terreur de l'univers,
Qui, sans sujet courant chez cent peuples divers,
S'en va tout ravager jusqu'aux rives du Gange,
N'est qu'un plus grand voleur que du Terte et Saint-Ange (4).
Du premier des Césars on vante les exploits;
Mais dans quel tribunal, jugé suivant les lois,
Eût-il pu disculper son auguste manie?
Qu'on livre son pareil en France à la Reynie (5),
Dans trois jours nous verrons le phénix des guerriers
Laisser sur l'échafaud sa tête et ses lauriers.
C'est d'un roi (6) que l'on tient cette maxime auguste,
Que jamais on n'est grand qu'autant que l'on est juste.
Rassemblez à la fois Mithridate et Sylla ;
Joignez-y Tamerlan, Genseric, Attila :

---

(1) Fleuve de Lydie, où l'on trouve l'or, ainsi que dans plusieurs autres fleuves.
(2) Saint-Évremond a fait une dissertation dans laquelle il donne la préférence à Pétrone sur Sénèque.
(3) Alexandre.
(4) Fameux voleurs de grands chemins.
(5) Célèbre lieutenant-général de police de Paris.
(6) Agésilas, roi de Sparte.

Tous ces fiers conquérants, rois, princes, capitaines,
Sont moins grands à mes yeux que ce bourgeois d'Athènes (1)
Qui sut, pour tous exploits, doux, modéré, frugal,
Toujours vers la justice aller d'un pas égal.
  Oui, la justice en nous est la vertu qui brille :
Il faut de ses couleurs qu'ici-bas tout s'habille ;
Dans un mortel chéri tout injuste qu'il est,
C'est quelque air d'équité qui séduit et qui plaît.
A cet unique appât l'âme est vraiment sensible :
Même aux yeux de l'injuste un injuste est horrible ;
Et tel qui n'admet point la probité chez lui
Souvent à la rigueur l'exige chez autrui.
Disons plus : il n'est point d'âme livrée au vice ;
Où l'on ne trouve encor des traces de justice,
Chacun de l'équité ne fait pas son flambeau ;
Tout n'est pas Caumartin, Bignon, ni d'Aguesseau :
Mais jusqu'en ces pays où tout vit de pillage,
Chez l'Arabe et le Scythe, elle est de quelque usage ;
Et du butin acquis en violant les lois,
C'est elle entre eux qui fait le partage et le choix.
  Mais allons voir le vrai jusqu'en sa source même.
Un dévot aux yeux creux, et d'abstinence blême,
S'il n'a point le cœur juste est affreux devant Dieu.
L'Évangile au chrétien ne dit en aucun lieu,
Sois dévot ; elle dit : Sois doux, simple, équitable.
Car d'un dévot souvent au chrétien véritable
La distance est deux fois plus longue, à mon avis,
Que du pôle antarctique au détroit de Davis (2).
Encor par ce dévot ne crois pas que j'entende
Tartuffe, ou Molinos et sa mystique bande :
J'entends un faux chrétien mal instruit, mal guidé,
Et qui de l'Évangile en vain persuadé
N'en a jamais conçu l'esprit ni la justice ;
Un chrétien qui s'en sert pour disculper le vice ;
Qui toujours près des grands, qu'il prend soin d'abuser,
Sur leurs faibles honteux sait les autoriser,
Et croit pouvoir au ciel, par ses folles maximes,
Avec le sacrement faire entrer tous les crimes.
Des faux dévots pour moi voilà le vrai héros.
  Mais, pour borner enfin tout ce vague propos,
Concluons qu'ici-bas le seul honneur solide,
C'est de prendre toujours la vérité pour guide ;
De regarder en tout la raison et la loi ;
D'être doux pour tout autre, et rigoureux pour soi ;
D'accomplir tout le bien que le ciel nous inspire ;

---

(1) Socrate.
(2) Détroit sous le pôle arctique, près de la Nouvelle-Zemble.

SATIRE XI.

Et d'être juste enfin : ce mot seul veut tout dire.
Je doute que le flot des vulgaires humains
A ce discours pourtant donne aisément les mains ;
Et, pour t'en dire ici la raison historique,
Souffre que je l'habille en fable allégorique.
 Sous le bon roi Saturne, ami de la douceur,
L'Honneur, cher Valincour, et l'Équité sa sœur,
De leurs sages conseils éclairant tout le monde,
Régnaient, chéris du ciel, dans une paix profonde.
Tout vivait en commun sous ce couple adoré :
Aucun n'avait d'enclos ni de champ séparé.
La vertu n'était point sujette à l'ostracisme (1),
Ni ne s'appelait point alors un jansénisme.
L'Honneur, beau par soi-même, et sans vains ornements
N'étalait point aux yeux l'or ni les diamants,
Et, jamais ne sortant de ses devoirs austères,
Maintenait de sa sœur les règles salutaires.
Mais une fois au ciel par les dieux appelé,
Il demeura longtemps au séjour étoilé.
 Un fourbe cependant, assez haut de corsage,
Et qui lui ressemblait de geste et de visage,
Prend son temps, et partout ce hardi suborneur
S'en va chez les humains crier qu'il est l'Honneur :
Qu'il arrive du ciel, et que, voulant lui-même
Seul porter désormais le faix du diadème,
De lui seul il prétend qu'on reçoive la loi.
A ces discours trompeurs le monde ajoute foi.
L'innocente Équité honteusement bannie
Trouve à peine un désert où fuir l'ignominie.
Aussitôt sur un trône éclatant de rubis
L'imposteur monte, orné de superbes habits.
La Hauteur, le Dédain, l'Audace l'environnent ;
Et le Luxe et l'Orgueil de leurs mains le couronnent.
Tout fier il montre alors un front plus sourcilleux :
Et le Mien et le Tien, deux frères pointilleux,
Par son ordre amenant les procès et la guerre,
En tous lieux de ce pas vont partager la terre ;
En tous lieux, sous les noms de bon droit et de tort,
Vont chez elle établir le seul droit du plus fort.
Le nouveau roi triomphe, et, sur ce droit inique,
Bâtit de vaines lois un code fantastique ;
Avant tout aux mortels prescrit de se venger,
L'un l'autre au moindre affront les force à s'égorger,
Et dans leur âme, en vain de remords combattue,
Trace en lettres de sang ces deux mots : Meurs ou Tue.

---

(1) Loi par laquelle les Athéniens avaient droit de reléguer tel de leurs citoyens qu'ils voulaient.

Alors, ce fut alors, sous ce vrai Jupiter,
Qu'on vit naître ici-bas le noir siècle de fer.
Le frère au même instant s'arma contre le frère ;
Le fils trempa ses mains dans le sang de son père ;
La soif de commander enfanta les tyrans,
Du Tanaïs (1) au Nil porta les conquérants ;
L'ambition passa pour la vertu sublime ;
Le crime heureux fut juste, et cessa d'être crime :
On ne vit plus que haine et que division,
Qu'envie, effroi, tumulte, horreur, confusion.
 Le véritable Honneur sur la voûte céleste
Est enfin averti de ce trouble funeste.
Il part sans différer, et, descendu des cieux,
Va partout se montrer dans les terrestres lieux :
Mais il n'y fait plus voir qu'un visage incommode ;
On n'y peut plus souffrir ses vertus hors de mode ;
Et lui-même, traité de fourbe et d'imposteur,
Est contraint de ramper aux pieds du séducteur.
Enfin, las d'essuyer outrage sur outrage,
Il livre les humains à leur triste esclavage ;
S'en va trouver sa sœur, et, dès ce même jour,
Avec elle s'envole au céleste séjour.
Depuis, toujours ici riche de leur ruine,
Sur les tristes mortels le faux honneur domine,
Gouverne tout, fait tout dans ce bas univers ;
Et peut-être est-ce lui qui m'a dicté ces vers.
Mais en fût-il l'auteur, je conclus de sa fable
Que ce n'est qu'en Dieu seul qu'est l'honneur véritable.

---

(1) Le Tanaïs est un fleuve du pays des Scythes.

AVERTISSEMENT

SUR LA SATIRE XII.

―•◦•―

Quelque heureux succès qu'aient eu mes ouvrages, j'avais résolu depuis leur dernière édition (1) de ne plus rien donner au public; et quoiqu'à mes heures perdues, il y a environ cinq ans (2), j'eusse encore fait contre l'équivoque une satire que tous ceux à qui je l'ai communiquée ne jugeaient pas inférieure à mes autres écrits, bien loin de la publier, je la tenais soigneusement cachée, et je ne croyais pas que, moi vivant, elle dût jamais voir le jour. Ainsi donc, aussi soigneux désormais de me faire oublier que j'avais été autrefois curieux de faire parler de moi, je jouissais, à mes infirmités près, d'une assez grande tranquillité, lorsque tout d'un coup j'ai appris qu'on débitait dans le monde, sous mon nom, quantité de méchants écrits, et entre autres une pièce en vers contre les jésuites, également odieuse et insipide, où l'on me faisait, en mon propre nom, dire à toute leur société les injures les plus atroces et les plus grossières. J'avoue que cela m'a donné un très grand chagrin. Car bien que tous les gens sensés aient connu sans peine que la pièce n'était point de moi, et qu'il n'y ait eu que de très petits esprits qui aient présumé que j'en pouvais être l'auteur, la vérité est pourtant que je n'ai pas regardé comme un médiocre affront de me voir soupçonné, même par des ridicules, d'avoir fait un ouvrage si ridicule.

J'ai donc cherché les moyens les plus propres pour me laver de cette infamie; et, tout bien considéré, je n'ai point trouvé de meilleur expédient que de faire imprimer ma satire contre l'ÉQUI-

---

(1) En 1701.
(2) Cet avertissement a été composé en 1710.

voque; parce qu'en la lisant, les moins éclairés, même de ces petits esprits, ouvriraient peut-être les yeux, et verraient manifestement le peu de rapport qu'il y a de mon style, même en l'âge où je suis, au style bas et rampant de l'auteur de ce pitoyable écrit. Ajoutez à cela que je pouvais mettre à la tête de ma satire, en la donnant au public, un avertissement en manière de préface, où je me justifierais pleinement, et tirerais tout le monde d'erreur. C'est ce que je fais aujourd'hui; et j'espère que le peu que je viens de dire produira l'effet que je me suis proposé. Il ne me reste donc plus maintenant qu'à parler de la satire pour laquelle est fait ce discours.

Je l'ai composée par le caprice du monde le plus bizarre, et par une espèce de dépit et de colère poétique, s'il faut ainsi dire, qui me saisit à l'occasion de ce que je vais raconter. Je me promenais dans mon jardin à Auteuil, et rêvais en marchant à un poème que je voulais faire contre les mauvais critiques de notre siècle. J'en avais même déjà composé quelques vers, dont j'étais assez content. Mais voulant continuer, je m'aperçus qu'il y avait dans ces vers une équivoque de langue; et m'étant sur-le-champ mis en devoir de la corriger, je n'en pus jamais venir à bout. Cela m'irrita de telle manière, qu'au lieu de m'appliquer davantage à réformer cette équivoque, et de poursuivre mon poème contre les faux critiques, la folle pensée me vint de faire contre l'équivoque même une satire qui pût me venger de tous les chagrins qu'elle m'a causés depuis que je me mêle d'écrire. Je vis bien que je ne rencontrerais pas de médiocres difficultés à mettre en vers un sujet si sec; et même il s'en présenta d'abord une qui m'arrêta tout court : ce fut de savoir duquel des deux genres, masculin ou féminin, je ferais le mot équivoque, beaucoup d'habiles écrivains, ainsi que le remarque Vaugelas, le faisant masculin. Je me déterminai pourtant assez vite au féminin, comme au plus usité des deux : et bien loin que cela empêchât l'exécution de mon projet, je crus que ce ne serait pas une méchante plaisanterie de commencer ma satire par cette difficulté même. C'est ainsi que je m'engageai dans la composition de cet ouvrage. Je croyais d'abord faire tout au plus cinquante ou soixante vers; mais ensuite, les pensées me venant en foule, et les choses que j'avais à reprocher à l'équivoque se multipliant à mes yeux, j'ai poussé ces vers jusqu'à près de trois cent cinquante.

C'est au public maintenant à voir si j'ai bien ou mal réussi. Je n'emploierai point ici, non plus que dans les préfaces de mes autres écrits, mon adresse et ma rhétorique à le prévenir en ma faveur. Tout ce que je puis lui dire, c'est que j'ai travaillé cette pièce avec le même soin que toutes mes autres poésies. Une chose pourtant dont il est bon que les jésuites soient avertis, c'est qu'en attaquant l'équivoque, je n'ai pas pris ce mot dans toute l'étroite rigueur de sa signification grammaticale : le mot d'équivoque, en ce sens-là, ne voulant dire qu'une ambiguïté de paroles; mais que je l'ai pris, comme le prend ordinairement le commun des hommes, pour toutes sortes d'ambiguïtés de sens, de pensées, d'expressions; et enfin pour tous ces abus et toutes ces méprises de l'esprit humain, qui font qu'il prend souvent une chose pour une autre. Et c'est dans ce sens que j'ai dit que l'idolâtrie avait pris naissance de l'équivoque; les hommes, à mon avis, ne pouvant pas s'équivoquer plus lourdement que de prendre des pierres, de l'or et du cuivre, pour Dieu. J'ajouterai à cela que la Providence divine, ainsi que je l'établis clairement dans ma satire, n'ayant permis chez eux cet horrible aveuglement qu'en punition de ce que leur premier père avait prêté l'oreille aux promesses du démon, j'ai pu conclure infailliblement que l'idolâtrie est un fruit, ou, pour mieux dire, un véritable enfant de l'équivoque. Je ne vois donc pas qu'on me puisse faire sur cela aucune bonne critique, et surtout ma satire étant un pur jeu d'esprit, où il serait ridicule d'exiger une précision géométrique de pensées et de paroles.

Mais il y a une autre objection plus importante et plus considérable, qu'on me fera peut-être au sujet des propositions de morale relâchée que j'attaque dans la dernière partie de mon ouvrage. Car ces propositions ayant été, à ce qu'on prétend, avancées par quantité de théologiens, même célèbres, la moquerie que j'en fais peut, dira-t-on, diffamer en quelque sorte ces théologiens, et causer ainsi une espèce de scandale dans l'Église. A cela je réponds premièrement qu'il n'y a aucune des propositions que j'attaque qui n'ait été plus d'une fois condamnée par toute l'Église, et tout récemment encore par deux des plus grands papes qui aient depuis longtemps rempli le saint-siége. Je dis en second lieu qu'à l'exemple de ces célèbres vicaires de Jésus-Christ, je n'ai point nommé les auteurs de ces propositions ni aucun de ces théologiens dont on dit que je puis causer la diffamation, et contre lesquels même j'avoue que je ne puis rien décider, puisque je n'ai point lu ni ne suis d'humeur à lire leurs écrits : ce qui serait pourtant absolument nécessaire pour prononcer sur les accusations que l'on forme contre eux, leurs accusateurs pouvant les avoir mal entendus, et s'être trompés dans l'intelligence des passages où ils prétendent que sont ces erreurs dont ils les accusent. Je soutiens en troisième lieu qu'il est contre la droite raison de penser que je puisse exciter quelque scandale dans l'Église, en traitant de ridicules les propositions rejetées de toute l'Église, et plus dignes encore, par leur absurdité, d'être sifflées de tous les fidèles, que réfutées sérieusement. C'est ce que je me crois obligé de dire pour me justifier. Que si après cela il se trouve encore quelques théologiens qui se figurent qu'en décriant ces propositions j'ai eu en vue de les décrier eux-mêmes, je déclare que cette fausse idée qu'ils ont de moi ne saurait venir que des mauvais artifices de l'équivoque, qui, pour se venger des injures que je lui dis dans ma pièce, s'efforce d'intéresser dans sa cause ces théologiens, en me faisant penser ce que je n'ai pas pensé, et dire ce que je n'ai point dit.

Voilà, ce me semble, bien des paroles, et peut-être trop de paroles employées pour justifier un aussi peu considérable ouvrage qu'est la satire qu'on va voir. Avant néanmoins que de finir, je ne crois pas pouvoir me dispenser d'apprendre aux lecteurs qu'en attaquant, comme je fais dans ma satire, ces erreurs, je ne me suis point fié à mes seules lumières, mais qu'ainsi que je l'ai pratiqué il y a environ dix ans, à l'égard de mon épître de l'amour de Dieu, j'ai, non-seulement consulté sur mon ouvrage tout ce que je connais de plus habiles docteurs, mais que je l'ai donné à examiner au prélat de l'Église qui, par l'étendue de ses connaissances et par l'éminence de sa dignité, est le plus capable et le plus en droit de me prescrire ce que je dois penser sur ces matières : je veux dire M. le cardinal de Noailles, mon archevêque. J'ajouterai que ce pieux et savant cardinal a eu trois semaines ma satire entre les mains, et qu'à mes instantes prières, après l'avoir lue et relue plus d'une fois, il me l'a enfin rendue en me comblant d'éloges, et m'a assuré qu'il n'y avait trouvé à redire qu'un seul mot, que j'ai corrigé sur-le-champ, et sur lequel je lui ai donné une entière satisfaction. Je me flatte donc qu'avec une approbation si authentique, si sûre et si glorieuse, je puis marcher la tête levée, et dire hardiment des critiques qu'on pourra faire désormais contre la doctrine de mon ouvrage, que ce ne sauraient être que de vaines subtilités d'un tas de misérables sophistes formés dans l'école du mensonge, et aussi affidés amis de l'équivoque, qu'opiniâtres ennemis de Dieu, du bon sens, et de la vérité.

SATIRE XII.

Du langage français bizarre hermaphrodite,
De quel genre te faire, équivoque maudite,
Ou maudit? car sans peine aux rimeurs hasardeux
L'usage encor, je crois, laisse le choix des deux.
Tu ne me réponds rien. Sors d'ici, fourbe insigne,
Mâle aussi dangereux que femelle maligne,
Qui crois rendre innocents les discours imposteurs;
Tourment des écrivains, juste effroi des lecteurs;
Par qui de mots confus sans cesse embarrassée
Ma plume, en écrivant, cherche en vain ma pensée :
Laisse-moi; va charmer de tes vains agréments
Les yeux faux et gâtés de tes louches amants;
Et ne viens point ici de ton ombre grossière
Envelopper mon style, ami de la lumière.
Tu sais bien que jamais chez toi, dans mes discours,
Je n'ai d'un faux brillant emprunté le secours :
Fuis donc. Mais non, demeure; un démon qui m'inspire
Veut qu'encore une utile et dernière satire,
De ce pas en mon livre exprimant tes noirceurs,
Se vienne, en nombre pair, joindre à ses onze sœurs;
Et je sens que ta vue échauffe mon audace.
Viens, approche : voyons, malgré l'âge et sa glace
Si ma muse aujourd'hui, sortant de sa langueur,
Pourra trouver encore un reste de vigueur.
Mais où tend, dira-t-on, ce projet fantastique?
Ne vaudrait-il pas mieux dans mes vers, moins caustique
Répandre de tes jeux le sel divertissant,
Que d'aller contre toi, sur ce ton menaçant,
Pousser jusqu'à l'excès ma critique boutade?
Je ferais mieux, j'entends, d'imiter Benserade.
C'est par lui qu'autrefois, mise en ton plus beau jour,
Tu sus, trompant les yeux du peuple et de la cour,
Leur faire, à la faveur de tes bluettes folles,
Goûter comme bons mots tes quolibets frivoles.
Mais ce n'est plus le temps : le public détrompé
D'un pareil enjouement ne se sent plus frappé.
Tes bons mots, autrefois délices des ruelles,
Approuvés chez les grands, applaudis chez les belles,
Hors de mode aujourd'hui chez nos plus froids badins,
Sont des collets-montés et des vertugadins.
Le lecteur ne sait plus admirer dans Voiture

De ton froid jeu de mots l'insipide figure.
C'est à regret qu'on voit cet auteur si charmant,
Et pour mille beaux traits vanté si justement,
Chez toi toujours cherchant quelque finesse aiguë
Présenter au lecteur sa pensée ambiguë,
Et souvent du faux sens d'un proverbe affecté
Faire de son discours la piquante beauté.
  Mais laissons-là le tort qu'à ses brillants ouvrages
Fit le plat agrément de tes vains badinages.
Parlons des maux sans fin que ton sens de travers,
Source de toute erreur, sema dans l'univers :
Et, pour les contempler jusques dans leur naissance,
Dès le temps nouveau-né, quand la Toute-Puissance
D'un mot forma le ciel, l'air, la terre, et les flots,
N'est-ce pas toi, voyant le monde à peine éclos,
Qui, par l'éclat trompeur d'une funeste pomme,
Et tes mots ambigus, fis croire au premier homme
Qu'il allait, en goûtant de ce morceau fatal,
Comblé de tout savoir, à Dieu se rendre égal?
Il en fit sur-le-champ la folle expérience.
Mais tout ce qu'il acquit de nouvelle science
Fut que, triste et honteux de voir sa nudité,
Il sut qu'il n'était plus, grâce à sa vanité,
Qu'un chétif animal pétri d'un peu de terre,
A qui la faim, la soif, partout faisaient la guerre,
Et qui, courant toujours de malheur en malheur,
A la mort arrivait enfin par la douleur.
Oui, de tes noirs complots et de ta triste rage
Le genre humain perdu fut le premier ouvrage :
Et bien que l'homme alors parût si rabaissé,
Par toi contre le ciel un orgueil insensé
Armant de ses neveux la gigantesque engeance,
Dieu résolut enfin, terrible en sa vengeance,
D'abîmer sous les eaux tous ces audacieux.
Mais avant qu'il lâchat les écluses des cieux,
Par un fils de Noé fatalement sauvée,
Tu fus, comme serpent, dans l'arche conservée.
Et d'abord poursuivant tes projets suspendus,
Chez les mortels restants, encor tout éperdus,
De nouveau tu semas tes captieux mensonges,
Et remplis leurs esprits de fables et de songes.
Tes voiles offusquant leurs yeux de toutes parts,
Dieu disparut lui-même à leurs troubles regards.
Alors tout ne fut plus que stupide ignorance,
Qu'impiété sans borne en son extravagance :
Puis, de cent dogmes faux la superstition
Répandant l'idolâtre et folle illusion
Sur la terre en tout lieu disposée à les suivre,
L'art se tailla des dieux d'or, d'argent et de cuivre;

SATIRE XII.

Et l'artisan lui-même, humblement prosterné
Aux pieds du vain métal par sa main façonné,
Lui demanda les biens, la santé, la sagesse.
Le monde fut rempli de dieux de toute espèce :
On vit le peuple fou qui du Nil boit les eaux
Adorer les serpents, les poissons, les oiseaux ;
Aux chiens, aux chats, aux boucs, offrir des sacrifices ;
Conjurer l'ail, l'oignon, d'être à ses vœux propices ;
Et croire follement maître de ses destins
Ces dieux nés du fumier porté dans ses jardins.
   Bientôt te signalant par mille faux miracles,
Ce fut toi qui partout fis parler les oracles :
C'est par ton double sens dans leur discours jeté
Qu'ils surent, en mentant, dire la vérité,
Et sans crainte, rendant leurs réponses normandes,
Des peuples et des rois engloutir les offrandes.
   Ainsi, loin du vrai jour par toi toujours conduit,
L'homme ne sortit plus de son épaisse nuit.
Pour mieux tromper ses yeux, ton adroit artifice
Fit à chaque vertu prendre le nom d'un vice ;
Et par toi, de splendeur faussement revêtu,
Chaque vice emprunta le nom d'une vertu.
Par toi l'humilité devint une bassesse ;
La candeur se nomma grossièreté, rudesse :
Au contraire, l'aveugle et folle ambition
S'appela des grands cœurs la belle passion ;
Du nom de fierté noble on orna l'impudence,
Et la fourbe passa pour exquise prudence :
L'audace brilla seule aux yeux de l'univers ;
Et pour vraiment héros, chez les hommes pervers,
On ne reconnut plus qu'usurpateurs iniques,
Que tyranniques rois censés grands politiques,
Qu'infâmes scélérats à la gloire aspirants,
Et voleurs revêtus du nom de conquérants.
   Mais à quoi s'attacha ta savante malice ?
Ce fut surtout à faire ignorer la justice.
Dans les plus claires lois ton ambiguïté
Répandant son adroite et fine obscurité,
Aux yeux embarrassés des juges les plus sages
Tout sens devint douteux, tout mot eut deux visages ;
Plus on crut pénétrer, moins on fut éclairci ;
Le texte fut souvent par la glose obscurci :
Et, pour comble de maux, à tes raisons frivoles
L'éloquence prêtant l'ornement des paroles,
Tous les jours accablé sous leur commun effort,
Le vrai passa pour faux, et le bon droit eut tort.
Voilà comme, déchu de sa grandeur première,
Concluons, l'homme enfin perdit toute lumière,
Et, par tes yeux trompeurs se figurant tout voir,

SATIRE XII.

Ne vit, ne sut plus rien, ne put plus rien savoir.
 De la raison pourtant, par le vrai Dieu guidée,
Il resta quelque trace encor dans la Judée.
Chez les hommes ailleurs sous ton joug gémissants
Vainement on chercha la vertu, le droit sens :
Car, qu'est-ce loin de Dieu, que l'humaine sagesse?
Et Socrate, l'honneur de la profane Grèce,
Qu'était-il en effet, de près examiné,
Qu'un mortel par lui-même au seul mal entraîné,
Et, malgré la vertu dont il faisait parade,
Très équivoque ami du jeune Alcibiade?
Oui, j'ose hardiment l'affirmer contre toi,
Dans le monde idolâtre, asservi sous ta loi,
Par l'humaine raison de clarté dépourvue
L'humble et vraie équité fut à peine entrevue;
Et, par un sage altier, au seul faste attaché,
Le bien même accompli souvent fut un péché.
 Pour tirer l'homme enfin de ce désordre extrême,
Il fallut qu'ici-bas Dieu, fait homme lui-même,
Vînt du sein lumineux de l'éternel séjour
De tes dogmes trompeurs dissiper le faux jour.
A l'aspect de ce Dieu les démons disparurent;
Dans Delphes, dans Délos tes oracles se turent :
Tout marqua, tout sentit, sa venue en ces lieux :
L'estropié marcha, l'aveugle ouvrit les yeux.
Mais bientôt contre lui ton audace rebelle
Chez la nation même à son culte fidèle
De tous côtés arma tes nombreux sectateurs,
Prêtres, pharisiens, rois, pontifes, docteurs.
C'est par eux que l'on vit la vérité suprême
De mensonge et d'erreur accusée elle-même,
Au tribunal humain le Dieu du ciel traîné,
Et l'auteur de la vie à mourir condamné.
Ta fureur toutefois à ce coup fut déçue,
Et pour toi ton audace eut une triste issue.
Dans la nuit du tombeau ce Dieu précipité
Se releva soudain tout brillant de clarté;
Et partout sa doctrine en peu de temps portée
Fut du Gange et du Nil et du Tage écoutée;
Des superbes autels à leur gloire dressés
Tes ridicules dieux tombèrent renversés :
On vit en mille endroits leurs honteuses statues
Pour le plus bas usage utilement fondues,
Et gémir vainement Mars, Jupiter, Vénus,
Urnes, vases, trépieds, vils meubles devenus.
Sans succomber pourtant tu soutins cet orage,
Et, sur l'idolâtrie enfin perdant courage,
Pour embarrasser l'homme en des nœuds plus subtils,
Tu courus chez Satan brouiller de nouveaux fils.

Alors, pour seconder ta triste frénésie,
Arriva de l'enfer ta fille l'hérésie.
Ce monstre, dès l'enfance à ton école instruit,
De tes leçons bientôt te fit goûter le fruit.
Par lui l'erreur, toujours finement apprêtée,
Sortant pleine d'attraits de sa bouche empestée,
De son mortel poison tout courut s'abreuver,
Et l'église elle-même eut peine à s'en sauver.
Elle-même deux fois, presque toute arienne,
Sentit chez soi trembler la vérité chrétienne,
Lorsqu'attaquant le Verbe et sa divinité,
D'une syllabe impie un saint mot augmenté
Remplit tous les esprits d'aigreurs si meurtrières,
Et fit de sang chrétien couler tant de rivières.
Le fidèle, au milieu de ces troubles confus
Quelque temps égaré ne se reconnut plus ;
Et dans plus d'un aveugle et ténébreux concile
Le mensonge parut vainqueur de l'évangile.
  Mais à quoi bon ici du profond des enfers,
Nouvel historien de tant de maux soufferts,
Rappeler Arius, Valentin et Pélage,
Et tous ces fiers démons que toujours d'âge en âge
Dieu, pour faire éclaircir à fond ses vérités,
A permis qu'aux chrétiens l'enfer ait suscités ?
Laissons hurler là-bas tous ces damnés antiques,
Et bornons nos regards aux troubles fanatiques
Que ton horrible fille ici sut émouvoir,
Quand Luther et Calvin, remplis de ton savoir,
Et soi-disant choisis pour réformer l'église,
Vinrent du célibat affranchir la prêtrise,
Et, des vœux les plus saints blâmant l'austérité,
Aux moines las du joug rendre la liberté.
Alors n'admettant plus d'autorité visible,
Chacun fut de la foi censé juge infaillible ;
Et, sans être approuvé par le clergé romain,
Tout protestant fut pape, une bible à la main.
De cette erreur dans peu naquirent plus de sectes
Qu'en automne on ne voit de bourdonnants insectes
Fondre sur les raisins nouvellement mûris,
Ou qu'en toutes saisons sur les murs, à Paris,
On ne voit affiché de recueils d'amourettes,
De vers, de contes bleus, de frivoles sornettes,
Souvent peu recherchés du public nonchalant,
Mais vantés à coup sûr du Mercure galant.
Ce ne fut plus partout que fous anabaptistes,
Qu'orgueilleux puritains, qu'exécrables déistes ;
Le plus vil artisan eut ses dogmes à soi,
Et chaque chrétien fut de différente loi.
La discorde, au milieu de ses sectes altières,

En tout lieu cependant déploya ses bannières ;
Et ta fille, au secours des vains raisonnements
Appelant le ravage et les embrasements,
Fit, en plus d'un pays, aux villes désolées
Sous l'herbe en vain chercher leurs églises brûlées.
L'Europe fut un champ de massacre et d'horreur :
Et l'orthodoxe même, aveugle en sa fureur,
De tes dogmes trompeurs nourrissant son idée,
Oublia la douceur aux chrétiens commandée ;
Et crut, pour venger Dieu de ses fiers ennemis,
Tout ce que Dieu défend légitime et permis.
Au signal tout-à-coup donné pour le carnage,
Dans les villes, partout, théâtres de leur rage,
Cent mille faux zélés, le fer en main courants,
Allèrent attaquer leurs amis, leurs parents,
Et, sans distinction, dans tout sein hérétique
Pleins de joie enfoncer un poignard catholique :
Car quel lion, quel tigre, égale en cruauté
Une injuste fureur qu'arme la piété ?
Ces fureurs, jusqu'ici du vain peuple admirées,
Etaient pourtant toujours de l'église abhorrées ;
Et, dans ton grand crédit pour te bien conserver,
Il fallait que le ciel parût les approuver :
Ce chef-d'œuvre devait couronner ton adresse.
Pour y parvenir donc, ton active souplesse,
Dans l'école abusant tes grossiers écrivains,
Fit croire à leurs esprits ridiculement vains
Qu'un sentiment impie, injuste, abominable,
Par deux ou trois d'entre eux réputé soutenable,
Prenait chez eux un sceau de probabilité
Qui même contre Dieu lui donnait sûreté ;
Et qu'un chrétien pouvait, rempli de confiance,
Même en le condamnant, le suivre en conscience.

 C'est sur ce beau principe, admis si follement,
Qu'aussitôt tu posas l'énorme fondement
De la plus dangereuse et terrible morale
Que Lucifer, assis dans la chaire infernale,
Vomissant contre Dieu ses monstreux sermons,
Ait jamais enseignée aux novices démons.
Soudain, au grand honneur de l'école païenne,
On entendit prêcher dans l'église chrétienne
Que sous le joug du vice un pécheur abattu
Pouvait, sans aimer Dieu ni même la vertu,
Par la seule frayeur au sacrement unie,
Admis au ciel, jouir de la gloire infinie ;
Et que, les clefs en main, sur ce seul passeport,
Saint-Pierre à tous venants devait ouvrir d'abord.

 Ainsi, pour éviter l'éternelle misère
Le vrai zèle au chrétien n'étant plus nécessaire,

Tu sus, dirigeant bien en eux l'intention,
De tout crime laver la coupable action.
Bientôt, se parjurer cessa d'être un parjure;
L'argent à tout denier se prêta sans usure;
Sans simonie, on put, contre un bien temporel,
Hardiment échanger un bien spirituel;
Du soin d'aider le pauvre on dispensa l'avare,
Et même chez les rois le superflu fut rare.
C'est alors qu'on trouva, pour sortir d'embarras,
L'art de mentir tout haut en disant vrai tout bas:
C'est alors qu'on apprit qu'avec un peu d'adresse
Sans crime un prêtre peut vendre trois fois sa messe;
Pourvu que, laissant là son salut à l'écart,
Lui-même en la disant n'y prenne aucune part:
C'est alors que l'on sut qu'on peut pour une pomme,
Sans blesser la justice, assassiner un homme:
Assassiner! ah! non, je parle improprement;
Mais que, prêt à la perdre, on peut innocemment,
Surtout ne la pouvant sauver d'une autre sorte,
Massacrer le voleur qui fuit et qui l'emporte.
Enfin ce fut alors que, sans se corriger,
Tout pécheur... Mais où vais-je aujourd'hui m'engager?
Veux-je d'un pape illustre, armé contre tes crimes,
A tes yeux mettre ici toute la bulle en rimes;
Exprimer tes détours burlesquement pieux
Pour disculper l'impur, le gourmand, l'envieux;
Tes subtils faux-fuyants pour sauver la mollesse,
Le larcin, le duel, le luxe, la paresse;
En un mot, faire voir à fond développés
Tous ces dogmes affreux d'anathème frappés,
Que, sans peur débitant tes distinctions folles,
L'erreur encor pourtant maintient dans tes écoles?
Mais sur ce seul projet soudain puis-je ignorer
A quels nombreux combats il faut me préparer?
J'entends déjà d'ici tes docteurs frénétiques
Hautement me compter au rang des hérétiques:
M'appeler scélérat, traître, fourbe, imposteur,
Froid plaisant, faux bouffon, vrai calomniateur;
De Pascal, de Wendrock, copiste misérable;
Et, pour tout dire enfin, janséniste exécrable.
J'aurai beau condamner, en tous sens expliqués,
Les cinq dogmes fameux par ta main fabriqués,
Blâmer de tes docteurs la morale risible:
C'est, selon eux, prêcher un calvinisme horrible;
C'est nier qu'ici-bas par l'amour appelé
Dieu pour tous les humains voulut être immolé.

  Prévenons tout ce bruit: trop tard, dans le naufrage,
Confus on se repent d'avoir bravé l'orage.
Halte-là donc, ma plume. Et toi, sors de ces lieux,

Monstre à qui, par un trait des plus capricieux,
Aujourd'hui terminant ma course satirique,
J'ai prêté dans mes vers une âme allégorique.
Fuis, va chercher ailleurs tes patrons bien-aimés,
Dans ces pays par toi rendus si renommés
Où l'Orne épand ses eaux, et que la Sarte arrose;
Ou, si plus sûrement tu veux gagner ta cause,
Porte-la dans Trévoux à ce beau tribunal
Où de nouveaux Midas un sénat monacal,
Tous les mois, appuyé de sa sœur l'ignorance,
Pour juger Apollon tient, dit-on, sa séance.

EPITRES.

AVERTISSEMENT SUR LA SATIRE PREMIÈRE [1].

Je m'étais persuadé que la fable de l'huître que j'avais mise à la fin de cette épître au Roi, pourrait y délasser agréablement les lecteurs, qu'un sublime trop sérieux peut enfin fatiguer, joint que la correction que j'y avais mise semblait me mettre à couvert d'une faute dont je faisais voir que je m'apercevais le premier. Mais j'avoue qu'il y a eu des personnes de bon sens qui ne l'ont pas approuvée. J'ai néanmoins balancé longtemps si je l'ôterais, parce qu'il y en avait plusieurs qui la louaient avec autant d'excès que les autres la blâmaient. Mais enfin je me suis rendu à l'autorité d'un prince (2), non moins considérable par les lumières de son esprit que par le nombre de ses victoires. Comme il m'a déclaré franchement que cette fable, quoique très bien contée, ne lui semblait pas digne du reste de l'ouvrage, je n'ai point résisté, j'ai mis une nouvelle fin à ma pièce, et je n'ai pas cru pour une vingtaine de vers devoir me brouiller avec le premier capitaine de notre siècle. Au reste je suis bien aise d'avertir le lecteur qu'il y a quantité de pièces impertinentes, qu'on s'efforce de faire courir sous mon nom, et entre autres une satire contre les maltôtes ecclésiastiques. Je ne crains pas que les habiles gens m'attribuent toutes ces pièces, parce que mon style, bon ou mauvais, est aisé à reconnaître. Mais, comme le nombre des sots est grand, et qu'ils pourraient aisément s'y méprendre, il est bon de leur faire savoir que, hors les onze pièces (3) qui sont dans ce livre, il n'y a rien de moi entre les mains du public, ni imprimé, ni en manuscrit.

(1) Cet avertissement fut mis à la tête de la seconde édition que l'auteur fit en 1672 de sa première épître.
(2) Le Grand-Condé.
(3) Le discours au roi, les neuf premières satires et l'épître I.

ÉPITRE PREMIÈRE.

AU ROI.

Grand roi, c'est vainement qu'abjurant la satire
Pour toi seul désormais j'avais fait vœu d'écrire.
Dès que je prends la plume, Apollon éperdu
Semble me dire : Arrête, insensé ; que fais-tu ?
Sais-tu dans quels périls aujourd'hui tu t'engages ?
Cette mer où tu cours est célèbre en naufrages.
Ce n'est pas qu'aisément, comme un autre, à ton char,
Je ne pusse attacher Alexandre et César ;
Qu'aisément je ne pusse, en quelque ode insipide,
T'exalter aux dépens et de Mars et d'Alcide ;
Te livrer le Bosphore, et, d'un vers incivil,
Proposer au sultan de te céder le Nil :
Mais, pour te bien louer, une raison sévère
Me dit qu'il faut sortir de la route vulgaire ;
Qu'après avoir joué tant d'auteurs différents,
Phébus même aurait peur s'il rentrait sur les rangs ;
Que par des vers tout neufs, avoués du Parnasse,
Il faut de mes dégoûts justifier l'audace ;
Et, si ma muse enfin n'est égale à mon roi,
Que je prête aux Cotins des armes contre moi.
  Est-ce là cet auteur, l'effroi de la Pucelle,
Qui devait des bons vers nous tracer le modèle,
Ce censeur, diront-ils, qui nous réformait tous ?
Quoi ! ce critique affreux n'en sait pas plus que nous !
N'avons-nous pas cent fois, en faveur de la France,
Comme lui dans nos vers pris Memphis et Byzance,
Sur les bords de l'Euphrate abattu le turban,
Et coupé, pour rimer, les cèdres du Liban ?
De quel front aujourd'hui vient-il, sur nos brisées,
Se revêtir encor de nos phrases usées ?
  Que répondrais-je alors ? Honteux et rebuté,
J'aurais beau me complaire en ma propre beauté,
Et, de mes tristes vers admirateurs unique,
Plaindre, en les relisant, l'ignorance publique :
Quelque orgueil en secret dont s'aveugle un auteur,
Il est fâcheux, grand roi, de se voir sans lecteur,
Et d'aller, du récit de ta gloire immortelle,

ÉPITRE I.

Habiller chez Francœur (1) le sucre et la canelle.
Ainsi, craignant toujours un funeste accident,
J'imite de Conrart (2) le silence prudent :
Je laisse au plus hardi l'honneur de la carrière,
Et regarde le champ, assis sur la barrière.
　Malgré moi toutefois un mouvement secret
Vient flatter mon esprit qui se tait à regret.
Quoi ! dis-je tout chagrin, dans ma verve infertile,
Des vertus de mon roi spectateur inutile,
Faudra-t-il sur sa gloire attendre à m'exercer
Que ma tremblante voix commence à se glacer ?
Dans un si beau projet, si ma muse rebelle
N'ose le suivre aux champs de Lille et de Bruxelle
Sans le chercher aux bords de l'Escaut et du Rhin,
La paix l'offre à mes yeux plus calme et plus serein.
Oui, grand roi, laissons là les siéges, les batailles :
Qu'un autre aille en rimant renverser des murailles;
Et souvent, sur tes pas marchant sans ton aveu,
S'aille couvrir de sang, de poussière et de feu.
A quoi bon, d'une muse au carnage animée,
Echauffer ta valeur déjà trop allumée ?
Jouissons à loisir du fruit de tes bienfaits,
Et ne nous lassons point des douceurs de la paix.
　Pourquoi ces éléphants, ces armes, ce bagage,
Et ces vaisseaux tout prêts à quitter le rivage ?
Disait au roi Pyrrhus un sage confident (3),
Conseiller très sensé d'un roi très imprudent.
Je vais, lui dit ce prince, à Rome où l'on m'appelle.
Quoi faire ? L'assiéger. L'entreprise est fort belle,
Et digne seulement d'Alexandre ou de vous :
Mais, Rome prise enfin, seigneur, où courons-nous ?
Du reste des Latins la conquête est facile.
Sans doute, on les peut vaincre : est-ce tout ? La Sicile
De là nous tend les bras, et bientôt sans effort
Syracuse reçoit nos vaisseaux dans son port.
Bornez-vous là vos pas ? Dès que nous l'aurons prise,
Il ne faut qu'un bon vent, et Carthage est conquise.
Les chemins sont ouverts : qui peut nous arrêter ?
Je vous entends, seigneur, nous allons tout dompter :
Nous allons traverser les sables de Libye,
Asservir en passant l'Egypte, l'Arabie,
Courir de là le Gange en de nouveaux pays,
Faire trembler le Scythe aux bords du Tanaïs,
Et ranger sous nos lois tout ce vaste hémisphère.

---

(1) Fameux épicier.
(2) Fameux académicien qui n'a jamais rien écrit.
(3) Plutarque, dans la vie de Pyrrhus.

Mais, de retour enfin, que prétendez-vous faire?
Alors, cher Cinéas, victorieux, contents,
Nous pourrons rire à l'aise, et prendre du bon temps.
Hé, seigneur, dès ce jour, sans sortir de l'Epire,
Du matin jusqu'au soir qui vous défend de rire?
Le conseil était sage et facile à goûter :
Pyrrhus vivait heureux s'il eût pu l'écouter.
Mais à l'ambition d'opposer la prudence,
C'est aux prélats de cour prêcher la résidence.
 Ce n'est pas que mon cœur du travail ennemi
Approuve un fainéant sur le trône endormi :
Mais, quelques vains lauriers que promette la guerre,
On peut être héros sans ravager la terre.
Il est plus d'une gloire. En vain aux conquérants
L'erreur, parmi les rois, donne les premiers rangs;
Entre les grands héros ce sont les plus vulgaires.
Chaque siècle est fécond en heureux téméraires;
Chaque climat produit des favoris de Mars :
La Seine a des Bourbons, le Tibre a des Césars;
On a vu mille fois des fanges méotides
Sortir des conquérants, goths, vandales, gépides.
Mais un roi vraiment roi, qui, sage en ses projets,
Sache en un calme heureux maintenir ses sujets,
Qui du bonheur public ait cimenté sa gloire,
Il faut pour le trouver courir toute l'histoire.
La terre compte peu de ces rois bienfaisants :
Le ciel à les former se prépare longtemps,
Tel fut cet empereur (1) sous qui Rome adorée
Vit renaître les jours de Saturne et de Rhée ;
Qui rendit de son joug l'univers amoureux ;
Qu'on alla jamais voir sans revenir heureux;
Qui soupirait le soir, si sa main fortunée
N'avait par ses bienfaits signalé la journée.
Le cours ne fut pas long d'un empire si doux.
 Mais où cherché-je ailleurs ce qu'on trouve chez nous?
Grand roi, sans recourir aux histoires antiques,
Ne t'avons-nous pas vu dans les plaines belgiques,
Quand l'ennemi vaincu, désertant ses remparts,
Au-devant de ton joug courait de toutes parts,
Toi-même te borner, au fort de ta victoire,
Et chercher dans la paix (2) une plus juste gloire ?
Ce sont là les exploits que tu dois avouer;
Et c'est par là, grand roi, que je te veux louer.
Assez d'autres sans moi, d'un style moins timide,
Suivront au Champ-de-Mars ton courage rapide;

---

(1) Titus.
(2) La paix de 1668.

Iront de ta valeur effrayer l'univers,
Et camper devant Dôle (1) au milieu des hivers.
Pour moi, loin des combats, sur un ton moins terrible,
Je dirai les exploits de ton règne paisible :
Je peindrai les plaisirs en foule renaissants ;
Les oppresseurs du peuple à leur tour gémissants.
On verra par quels soins ta sage prévoyance
Au fort de la famine entretint l'abondance (2) :
On verra les abus par ta main réformés ;
La licence et l'orgueil en tous lieux réprimés (3),
Du débris des traitants ton épargne grossie (4) ;
Des subsides affreux la rigueur adoucie (5) ;
Le soldat, dans la paix, sage et laborieux (6) ;
Nos artisans grossiers rendus industrieux (7) ;
Et nos voisins frustrés de ces tributs serviles
Que payait à leur art le luxe de nos villes.
Tantôt je tracerai tes pompeux bâtiments,
Du loisir d'un héros nobles amusements,
J'entends déjà frémir les deux mers étonnées (8)
De voir leurs flots unis au pied des Pyrénées.
Déjà de tous côtés la chicane aux abois
S'enfuit au seul aspect de tes nouvelles lois (9).
Oh ! que ta main par là va sauver de pupilles !
Que de savants plaideurs désormais inutiles !
Qui ne sent point l'effet de tes soins généreux ?
L'univers sous ton règne a-t-il des malheureux ?
Est-il quelque vertu, dans les glaces de l'ourse,
Ni dans ces lieux brûlés où le jour prend sa source,
Dont la triste indigence ose encore approcher,
Et qu'en foule tes dons (10) d'abord n'aillent chercher ?
C'est par toi qu'on va voir les muses enrichies
De leur longue disette à jamais affranchies.
Grand roi, poursuis toujours, assure leur repos.
Sans elles un héros n'est pas longtemps héros :
Bientôt, quoi qu'il ait fait, la mort, d'une ombre noire,
Enveloppe avec lui son nom et son histoire.

---

(1) Le roi venait de conquérir la Franche-Comté en plein hiver.
(2) Ce fut en 1663.
(3) Plusieurs édits donnés pour réformer le luxe.
(4) La chambre de justice.
(5) Les tailles furent diminuées de quatre millions.
(6) Les soldats employés aux travaux publics.
(7) Établissement en France des manufactures.
(8) Le canal du Languedoc.
(9) L'ordonnance de 1667.
(10) Le roi, en 1663, donna des pensions à beaucoup de gens de lettres dans toute l'Europe.

En vain, pour s'exempter de l'oubli du cercueil,
Achille mit vingt fois tout Ilion en deuil ;
En vain, malgré les vents, aux bords de l'Hespérie,
Enée enfin porta ses dieux et sa patrie :
Sans le secours des vers, leurs noms tant publiés
Seraient depuis mille ans avec eux oubliés.
Non, à quelques hauts faits que ton destin t'appelle,
Sans le secours soigneux d'une muse fidèle
Pour t'immortaliser tu fais de vains efforts.
Apollon te la doit : ouvre-lui tes trésors.
En poëtes fameux rends nos climats fertiles
Un Auguste aisément peut faire des Virgiles.
Que d'illustres témoins de ta vaste bonté
Vont pour toi déposer à la postérité !

   Pour moi qui, sur ton nom déjà brûlant d'écrire,
Sens au bout de ma plume expirer la satire,
Je n'ose de mes vers vanter ici le prix.
Toutefois si quelqu'un de mes faibles écrits
Des ans injurieux peut éviter l'outrage,
Peut-être pour ta gloire aura-t-il son usage,
Et comme tes exploits, étonnant les lecteurs,
Seront à peines crus sur la foi des auteurs ;
Si quelque esprit malin les veut traiter de fables,
On dira quelque jour, pour les rendre croyables :
Boileau, qui, dans ses vers pleins de sincérité,
Jadis à tout son siècle a dit la vérité,
Qui mit à tout blâmer son étude et sa gloire,
A pourtant de ce roi parlé comme l'histoire.

EPITRE II.

A M. L'ABBÉ DES ROCHES.

A quoi bon réveiller mes muses endormies,
Pour tracer aux auteurs des règles ennemies ?
Penses-tu qu'aucun d'eux veuille subir mes lois,
Ni suivre une raison qui parle par ma voix ?
O le plaisant docteur, qui, sur les pas d'Horace,
Vient prêcher, diront-ils, la réforme au Parnasse !
Nos écrits sont mauvais ; les siens valent-ils mieux ?
J'entends déjà d'ici Linière furieux
Qui m'appelle au combat sans prendre un plus long terme.
De l'encre, du papier ! dit-il, qu'on nous enferme !
Voyons qui de nous deux, plus aisé dans ses vers !

Aura plus tôt rempli la page et le revers !
Moi donc, qui suis peu fait à ce genre d'escrime,
Je le laisse tout seul verser rime sur rime,
Et, souvent de dépit contre moi s'exerçant,
Punir de mes défauts le papier innocent.
Mais toi, qui ne crains point qu'un rimeur te noircisse,
Que fais-tu cependant seul en ton bénéfice ?
Attends-tu qu'un fermier, payant, quoiqu'un peu tard
De ton bien pour le moins daigne te faire part ?
Vas-tu, grand défenseur des droits de ton église,
De tes moines mutins réprimer l'entreprise ?
Crois-moi, dût Auzanet (1) t'assurer du succès,
Abbé, n'entreprends point même un juste procès,
N'imite point ces fous dont la sotte avarice
Va de ses revenus engraisser la justice ;
Qui, toujours assignant, et toujours assignés,
Souvent demeurent gueux de vingt procès gagnés.
Soutenons bien nos droits : sot est celui qui donne.
C'est ainsi devers Caen que tout Normand raisonne.
Ce sont là les leçons dont un père manseau
Instruit son fils novice au sortir du berceau.
Mais pour toi, qui, nourri bien en-deçà de l'Oise,
As sucé la vertu picarde et champenoise,
Non, non, tu n'iras point, ardent bénéficier,
Faire enrouer pour toi Corbin ni le Mazier (2).
Toutefois si jamais quelque ardeur bilieuse
Allumait dans ton cœur l'humeur litigieuse,
Consulte-moi d'abord, et, pour la réprimer,
Retiens bien la leçon que je te vais rimer.

   Un jour, dit un auteur, n'importe en quel chapitre,
Deux voyageurs à jeun rencontrèrent une huître.
Tous deux la contestaient, lorsque dans le chemin
La Justice passa la balance à la main.
Devant elle à grand bruit ils expliquent la chose.
Tous deux avec dépens veulent gagner leur cause.
La Justice, pesant ce droit litigieux,
Demande l'huître, l'ouvre, et l'avale à leurs yeux ;
Et par ce bel arrêt terminant la bataille :
Tenez ; voilà, dit-elle à chacun, une écaille.
Des sottises d'autrui nous vivons au palais.
Messieurs, l'huître était bonne. Adieu. Vivez en paix.

---

(1) Fameux avocat au parlement de Paris.
(2) Deux autres avocats.

ÉPITRE III.

A M. ARNAULD.

DOCTEUR DE SORBONNE.

    Oui, sans peine, au travers des sophismes de Claude (1),
Arnauld, des novateurs tu découvres la fraude,
Et romps de leurs erreurs les filets captieux.
Mais que sert que ta main leur dessille les yeux,
Si toujours dans leur âme une pudeur rebelle,
Près d'embrasser l'Église, au prêche les rappelle?
Non, ne crois pas que Claude, habile à se tromper,
Soit insensible aux traits dont tu le sais frapper :
Mais un démon l'arrête, et, quand ta voix l'attire,
Lui dit : Si tu te rends, sais-tu ce qu'on va dire?
Dans son heureux retour lui montre un faux malheur,
Lui peint de Charenton (2) l'hérétique douleur ;
Et, balançant Dieu même en son âme flottante,
Fait mourir dans son cœur la vérité naissante.
    Des superbes mortels le plus affreux lien,
N'en doutons point, Arnauld, c'est la honte du bien.
Des plus nobles vertus cette adroite ennemie,
Peint l'honneur à nos yeux des traits de l'infamie ;
Asservit nos esprits sous un joug rigoureux,
Et nous rend l'un et l'autre esclaves malheureux.
Par elle la vertu devient lâche et timide.
Vois-tu ce libertin en public intrépide,
Qui prêche contre un Dieu que dans son âme il croit?
Il irait embrasser la vérité qu'il voit :
Mais de ses faux amis il craint la raillerie,
Et ne brave ainsi Dieu que par poltronnerie.
    C'est là de tous nos maux le fatal fondement.
Des jugements d'autrui nous tremblons follement ;
Et, chacun l'un de l'autre adorant les caprices,
Nous cherchons hors de nous nos vertus et nos vices.
Misérables jouets de notre vanité,
Faisons au moins l'aveu de notre infirmité.

---

(1) Il était alors occupé à écrire contre Claude, ministre de Charenton.
(2) Lieu près de Paris, où ceux de la R. P. R. avaient un temple.

A quoi bon, quand la fièvre en nos artères brûle,
Faire de notre mal un secret ridicule?
Le feu sort de vos yeux pétillants et troublés;
Votre pouls inégal marche à pas redoublés;
Quelle fausse pudeur à feindre vous oblige?
Qu'avez-vous? Je n'ai rien... Mais... Je n'ai rien, vous dis-je,
Répondra ce malade à se taire obstiné.
Mais cependant voilà tout son corps gangrené,
Et la fièvre, demain, se rendant la plus forte,
Un bénitier aux pieds va l'étendre à la porte.
Prévenons sagement un si juste malheur.
Le jour fatal est proche, et vient comme un voleur.
Avant qu'à nos erreurs le ciel nous abandonne,
Profitons de l'instant que de grâce il nous donne.
Hâtons-nous; le temps fuit (1) et nous traîne avec soi;
Le moment où je parle est déjà loin de moi.

Mais quoi! toujours la honte en esclave nous lie!
Oui, c'est toi qui nous perds, ridicule folie:
C'est toi qui fis tomber le premier malheureux,
Le jour que, d'un faux bien sottement amoureux,
Et n'osant soupçonner sa femme d'imposture,
Au démon, par pudeur, il vendit la nature.
Hélas! avant ce jour qui perdit ses neveux,
Tous les plaisirs couraient au-devant de ses vœux.
La faim aux animaux ne faisait point la guerre:
Le blé, pour se donner, sans peine ouvrant la terre,
N'attendait point qu'un bœuf pressé de l'aiguillon
Traçât à pas tardifs un pénible sillon;
La vigne offrait partout des grappes toujours pleines,
Et des ruisseaux de lait serpentaient dans les plaines.
Mais dès ce jour Adam, déchu de son état,
D'un tribut de douleurs paya son attentat.
Il fallut qu'au travail son corps rendu docile
Forçât la terre avare à devenir fertile.
Le chardon importun hérissa les guérets;
Le serpent venimeux rampa dans les forêts;
La canicule en feu désola les campagnes;
L'aquilon en fureur gronda sur les montagnes.
Alors, pour se couvrir durant l'âpre saison,
Il fallut aux brebis dérober leur toison.
La peste en même temps, la guerre et la famine,
Des malheureux humains jurèrent la ruine.

Mais aucun de ces maux n'égala les rigueurs
Que la mauvaise honte exerça dans les cœurs.
De ce nid à l'instant sortirent tous les vices.
L'avare, des premiers en proie à ses caprices,

---

(1) Perse, satire V.

Dans un infâme gain mettant l'honnêteté,
Pour toute honte alors compta la pauvreté :
L'honneur et la vertu n'osèrent plus paraître ;
La piété chercha les déserts et le cloître.
Depuis on n'a point vu de cœur si détaché
Qui par quelque lien ne tînt à ce péché.
Triste et funeste effet du premier de nos crimes !
Moi-même, Arnaud, ici qui te prêche en ces rimes,
Plus qu'aucun des mortels par la honte abattu,
En vain j'arme contre elle une faible vertu.
Ainsi toujours douteux, chancelant et volage,
A peine du limon où le vice m'engage
J'arrache un pied timide et sors en m'agitant,
Que l'autre m'y reporte et s'embourbe à l'instant.
Car si, comme aujourd'hui, quelque rayon de zèle
Allume dans mon cœur une clarté nouvelle,
Soudain, aux yeux d'autrui s'il faut le confirmer,
D'un geste, d'un regard, je me sens alarmer ;
Et, même sur ces vers que je te viens d'écrire,
Je tremble en ce moment de ce que l'on va dire.

AVERTISSEMENT

SUR L'EPITRE IV (1).

Je ne sais si les rangs de ceux qui passèrent le Rhin à la nage devant Tholus, sont fort exactement gardés dans le poëme que je donne au public; et je n'en voudrais pas être garant, parce que franchement je n'y étais pas, et que je n'en suis encore que fort médiocrement instruit. Je viens même d'apprendre en ce moment que M. de Soubise (2), dont je ne parle point, est un de ceux qui s'y est le plus signalé. Je m'imagine qu'il en est ainsi de beaucoup d'autres, et j'espère de leur faire justice dans une autre édition. Tout ce que je sais, c'est que ceux dont je fais mention ont passé des premiers. Je ne me déclare donc caution que de l'histoire du fleuve en colère, que j'ai apprise d'une de ses naïades, qui s'est réfugiée dans la Seine. J'aurais bien pu aussi parler de la fameuse rencontre qui suivit le passage : mais je la réserve pour un poëme à part (3). C'est là que j'espère rendre aux mânes de M. de Longueville (4) l'honneur que tous les écrivains lui doivent, et que je peindrai cette victoire qui fut arrosée du plus illustre sang de l'univers. Mais il faut un peu reprendre haleine pour cela.

(1) Cet avertissement fu mis à la tête de la première édition de cette épitre, en 1672.
(2) Il traversa le Rhin à la nage, à la tête des gendarmes de la garde, dont il était capitaine-lieutenant.
(3) Ce dessein n'a pas eu d'exécution.
(4) Tué au passage du Rhin.

ÉPITRE IV.

AU ROI.

En vain pour te louer ma muse toujours prête
Vingt fois de la Hollande a tenté la conquête :
Ce pays où cent murs n'ont pu te résister,
Grand roi, n'est pas en vers si facile à dompter.
Des villes que tu prends les noms durs et barbares
N'offrent de toutes parts que syllabes bizarres ;
Et, l'oreille effrayée, il faut depuis l'Issel,
Pour trouver un beau mot courir jusqu'au Tessel.
Oui, partout de son nom chaque place munie
Tient bon contre le vers, en détruit l'harmonie.
Et qui peut sans frémir aborder Woërden ?
Quel vers ne tomberait au seul nom de Heusden ?
Quelle muse à rimer en tous lieux disposée
Oserait approcher des bords du Zuiderzée ?
Comment en vers heureux assiéger Doësbourg,
Zutphen, Wageninghen, Harderwic, Knotzembourg ?
Il n'est fort, entre ceux que tu prends par centaines,
Qui ne puisse arrêter un rimeur six semaines :
Et partout sur le Whal, ainsi que sur le Leck,
Le vers est en déroute, et le poète à sec.
   Encor si tes exploits, moins grands et moins rapides,
Laissaient prendre courage à nos muses timides,
Peut-être avec le temps, à force d'y rêver,
Par quelque coup de l'art nous pourrions nous sauver.
Mais, dès qu'on veut tenter cette vaste carrière,
Pégase s'effarouche et recule en arrière :
Mon Apollon s'étonne ; et Nimègue est à toi,
Que ma muse est encore au camp devant Orsoi.
   Aujourd'hui toutefois mon zèle m'encourage :
Il faut au moins du Rhin tenter l'heureux passage.
Un trop juste devoir veut que nous l'essayions.
Muses, pour le tracer cherchez tous vos crayons :
Car, puisqu'en cet exploit tout paraît incroyable,
Que la vérité pure y ressemble à la fable,
De tous vos ornements vous pouvez l'égayer.
Venez donc, et surtout gardez bien d'ennuyer :
Vous savez des grands vers les disgrâces tragiques ;

ÉPITRE IV.

Et souvent on ennuie en termes magnifiques.
    Au pied du mont Adule (1), entre mille roseaux,
Le Rhin tranquille, et fier du progrès de ses eaux,
Appuyé d'une main sur son urne penchante,
Dormait au bruit flatteur de son onde naissante :
Lorsqu'un cri tout-à-coup suivi de mille cris
Vient d'un calme si doux retirer ses esprits.
Il se trouble, il regarde, et partout sur ses rives
Il voit fuir à grands pas ses naïades craintives,
Qui toutes accourant vers leur humide roi
Par un récit affreux redouble son effroi.
Il apprend qu'un héros, conduit par la victoire,
A de ses bords fameux flétri l'antique gloire ;
Que Rhinberg et Wesel, terrassés en deux jours,
D'un joug déjà prochain menacent tout son cours.
Nous l'avons vu, dit l'une, affronter la tempête
De cent foudres d'airain tournés contre sa tête.
Il marche vers Tholus, et tes flots en courroux
Au prix de sa fureur sont tranquilles et doux.
Il a de Jupiter la taille et le visage ;
Et, depuis ce Romain (2) dont l'insolent passage
Sur un pont en deux jours trompa tous tes efforts,
Jamais rien de si grand n'a paru sur tes bords.
    Le Rhin tremble et frémit à ces tristes nouvelles ;
Le feu sort à travers ses humides prunelles.
C'est donc trop peu, dit-il, que l'Escaut en deux mois
Ait appris à couler sous de nouvelles lois ;
Et de mille remparts mon onde environnée
De ces fleuves sans nom suivra la destinée !
Ah! périssent mes eaux ! ou par d'illustres coups
Montrons qui doit céder des mortels ou de nous.
    A ces mots, essuyant sa barbe limoneuse,
Il prend d'un vieux guerrier la figure poudreuse.
Son front cicatrisé rend son air furieux,
Et l'ardeur du combat étincelle en ses yeux.
En ce moment il part ; et, couvert d'une nue,
Du fameux fort de Skink prend la route connue.
Là, contemplant son cours, il voit de toutes parts
Ses pâles défenseurs par la frayeur épars :
Il voit cent bataillons qui, loin de se défendre,
Attendent sur des murs l'ennemi pour se rendre.
Confus, il les aborde ; et renforçant sa voix :
Grands arbitres, dit-il, des querelles des rois,
Est-ce ainsi que votre âme, aux périls aguerrie,
Soutient sur ces remparts l'honneur et la patrie (3) ?

---

(1) Montagne d'où le Rhin prend sa source.
(2) Jules-César.
(3) Il y avait sur les drapeaux des Hollandais : *Pro honore et patria.*

Votre ennemi superbe, en cet instant fameux,
Du Rhin, près de Tholus, fend les flots écumeux :
Du moins en vous montrant sur la rive opposée
N'oseriez-vous saisir une victoire aisée?
Allez, vils combattants, inutiles soldats ;
Laissez là ces mousquets trop pesants pour vos bras ;
Et, la faux à la main, parmi vos marécages,
Allez couper vos joncs et presser vos laitages ;
Ou, gardant les seuls bords qui vous peuvent couvrir
Avec moi, de ce pas, venez vaincre ou mourir.
 Ce discours d'un guerrier que la colère enflamme
Ressuscite l'honneur déjà mort en leur âme ;
Et, leurs cœurs s'allumant d'un reste de chaleur,
La honte fait en eux l'effet de la valeur.
Ils marchent droit au fleuve, où Louis en personne,
Déjà prêt à passer, instruit, dispose, ordonne.
Par son ordre Grammont (1) le premier dans les flots
S'avance soutenu des regards du héros :
Son coursier, écumant sous son maître intrépide,
Nage tout orgueilleux de la main qui le guide.
Revel le suit de près : sous ce chef redouté
Marche des cuirassiers l'escadron indompté.
Mais déjà devant eux une chaleur guerrière
Emporte loin du bord le bouillant Lesdiguière (2),
Vivonne, Nantouillet, et Coislin, et Salart ;
Chacun d'eux au péril veut la première part ;
Vendôme, que soutient l'orgueil de sa naissance,
Au même instant dans l'onde impatient s'élance :
La Salle, Beringhen, Nogent, d'Ambre, Cavois,
Fendent les flots tremblants sous un si noble poids.
Louis, les animant du feu de son courage,
Se plaint de sa grandeur qui l'attache au rivage.
Par ses soins cependant trente légers vaisseaux
D'un tranchant aviron déjà coupent les eaux :
Cent guerriers s'y jetant signalent leur audace.
Le Rhin les voit d'un œil qui porte la menace ;
Il s'avance en courroux. Le plomb vole à l'instant,
Et pleut de toutes parts sur l'escadron flottant.
Du salpêtre en fureur l'air s'échauffe et s'allume,
Et des coups redoublés tout le rivage fume.
Déjà du plomb mortel plus d'un brave est atteint :
Sous les fougueux coursiers l'onde écume et se plaint.
De tant de coups affreux la tempête orageuse
Tient un temps sur les eaux la fortune douteuse.
Mais Louis d'un regard sait bientôt la fixer :

---

(1) M. le comte de Guiche.
(2) M. le comte de Saulx.

Le destin à ses yeux n'oserait balancer.
Bientôt avec Grammont courent Mars et Bellone;
Le Rhin à leur aspect d'épouvante frissonne :
Quand, pour nouvelle alarme à ses esprits glacés,
Un bruit s'épand qu'Enghien et Condé sont passés;
Condé, dont le seul nom fait tomber les murailles,
Force les escadrons, et gagne les batailles;
Enghien, de son hymen le seul et digne fruit,
Par lui dès son enfance à la victoire instruit.
L'ennemi renversé fuit et gagne la plaine :
Le dieu lui-même cède au torrent qui l'entraîne,
Et seul, désespéré, pleurant ses vains efforts,
Abandonne à Louis la victoire et ses bords.

  Du fleuve ainsi dompté la déroute éclatante
A Wurts (1) jusqu'en son camp va porter l'épouvante :
Wurts, l'espoir du pays, et l'appui de ses murs;
Wurts... Ah! quel nom, grand roi, quel Hector que ce Wurts!
Sans ce terrible nom, mal né pour les oreilles,
Que j'allais à tes yeux étaler de merveilles!
Bientôt on eût vu Skink dans mes vers emporté
De ses fameux remparts démentir la fierté :
Bientôt... Mais Wurts s'oppose à l'ardeur qui m'anime.
Finissons, il est temps : aussi bien si la rime
Allait mal-à-propos m'engager dans Arnheim,
Je ne sais pour sortir de porte qu'Hildesheim.

  Oh! que le ciel, soigneux de notre poésie,
Grand roi, ne nous fit-il plus voisins de l'Asie!
Bientôt victorieux de cent peuples altiers,
Tu nous aurais fourni des rimes à milliers.
Il n'est plaine en ces lieux si sèche et si stérile
Qui ne soit en beaux mots partout riche et fertile.
Là, plus d'un bourg fameux par son antique nom
Vient offrir à l'oreille un agréable son.
Quel plaisir de te suivre aux rives du Scamandre;
D'y trouver d'Ilion la poétique cendre;
De juger si les Grecs, qui brisèrent ses tours,
Firent plus en dix ans que Louis en dix jours!
Mais pourquoi sans raison désespérer ma veine?
Est-il dans l'univers de plage si lointaine
Où ta valeur, grand roi, ne te puisse porter,
Et ne m'offre bientôt des exploits à chanter?
Non, non, ne faisons plus de plaintes inutiles :
Puisqu'ainsi dans deux mois tu prends quarante villes,
Assuré des bons vers dont ton bras me répond,
Je t'attends dans deux ans aux bords de l'Hellespont.

---

(1) Commandant de l'armée ennemie.

EPITRE V.

A M. DE GUILLERAGUES,

SECRÉTAIRE DU CABINET.

Esprit né pour la cour, et maître en l'art de plaire,
Guilleragues, qui sais et parler et te taire,
Apprends-moi si je dois ou me taire, ou parler.
Faut-il dans la satire encor me signaler,
Et, dans ce champ fécond en plaisantes malices,
Faire encore aux auteurs redouter mes caprices?
Jadis, non sans tumulte, on m'y vit éclater,
Quand mon esprit plus jeune, et prompt à s'irriter,
Aspirait moins au nom de discret et de sage ;
Que mes cheveux plus noirs ombrageaient mon visage :
Maintenant, que le temps a mûri mes désirs,
Que mon âge, amoureux de plus sages plaisirs,
Bientôt s'en va frapper à son neuvième lustre (1)
J'aime mieux mon repos qu'un embarras illustre.
Que d'une égale ardeur mille auteurs animés
Aiguisent contre moi leurs traits envenimés;
Que tout, jusqu'à Pinchêne (2), et m'insulte et m'accable,
Aujourd'hui, vieux lion, je suis doux et traitable ;
Je n'arme point contre eux mes ongles émoussés.
Ainsi que mes beaux jours mes chagrins sont passés;
Je ne sens plus l'aigreur de ma bile première,
Et laisse aux froids rimeurs une libre carrière.
    Ainsi donc, philosophe à la raison soumis,
Mes défauts désormais sont mes seuls ennemis :
C'est l'erreur que je fuis ; c'est la vertu que j'aime.
Je songe à me connaître, et me cherche en moi-même.
C'est là l'unique étude où je veux m'attacher.
Que, l'astrolabe en main, un autre aille chercher
Si le soleil est fixe ou tourne sur son axe,
Si Saturne à nos yeux peut faire un parallaxe ;
Que Rohaut (3) vainement sèche pour concevoir

---

(1) A la quarante et unième année.
(2) Pinchêne était neveu de Voiture.
(3) Fameux cartésien.

Comment, tout étant plein, tout a pu se mouvoir;
Ou que Bernier (1) compose où le sec et l'humide
Des corps ronds et crochus errant parmi le vide :
Pour moi, sur cette mer qu'ici-bas nous courons,
Je songe à me pourvoir d'esquif et d'avirons,
A régler mes désirs, à prévenir l'orage,
Et sauver, s'il se peut, ma raison du naufrage.

C'est au repos d'esprit que nous aspirons tous;
Mais ce repos heureux se doit chercher en nous.
Un fou rempli d'erreurs, que le trouble accompagne,
Et malade à la ville ainsi qu'à la campagne,
En vain monte à cheval pour tromper son ennui :
Le chagrin monte en croupe, et galope avec lui.
Que crois-tu qu'Alexandre en ravageant la terre,
Cherche parmi l'horreur, le tumulte et la guerre?
Possédé d'un ennui qu'il ne saurait dompter,
Il craint d'être à soi-même, et songe à s'éviter.
C'est là ce qui l'emporte aux lieux où naît l'aurore,
Où le Perse est brûlé de l'astre qu'il adore.

De nos propres malheurs auteurs infortunés,
Nous sommes loin de nous à toute heure entraînés.
A quoi bon ravir l'or au sein du Nouveau-Monde?
Le bonheur tant cherché sur la terre et sur l'onde,
Est ici comme aux lieux où mûrit le coco,
Et se trouve à Paris de même qu'à Cusco (2) :
On ne le tira point des veines du Potose (3).
Qui vit content de rien possède toute chose.
Mais, sans cesse ignorants de nos propres besoins,
Nous demandons au ciel ce qu'il nous faut le moins.

Oh! que si cet hiver un rhume salutaire,
Guérissant de tous maux mon avare beau-père,
Pouvait, bien confessé, l'étendre en un cercueil,
Et remplir sa maison d'un agréable deuil!
Que mon âme, en ce jour de joie et d'opulence,
D'un superbe convoi craindrait peu la dépense!
Disait le mois passé, doux, honnête et soumis,
L'héritier affamé de ce riche commis
Qui, pour lui préparer cette douce journée,
Tourmenta quarante ans sa vie infortunée.
La mort vient de saisir le vieillard catharreux :
Voilà son gendre riche; en est-il plus heureux?
Tout fier du faux éclat de sa vaine richesse,
Déjà nouveau seigneur il vante sa noblesse.
Quoique fils de meunier, encor blanc du moulin,

---

(1) Célèbre voyageur, qui a composé un abrégé de la philosophie de Gassendi.
(2) Ville du Pérou.
3) Potosi, montagne où sont les mines d'argent les plus riches de l'Amérique.

ÉPITRE V.

Il est prêt à fournir ses titres en vélin.
En mille vains projets à toute heure il s'égare :
Le voilà fou, superbe, impertinent, bizarre,
Rêveur, sombre, inquiet, à soi-même ennuyeux.
Il vivrait plus content, si, comme ses aïeux,
Dans un habit conforme à sa vraie origine,
Sur le mulet encore il chargeait la farine.
 Mais ce discours n'est pas pour le peuple ignorant,
Que le faste éblouit d'un bonheur apparent.
L'argent, l'argent, dit-on ; sans lui tout est stérile :
La vertu sans argent n'est qu'un meuble inutile.
L'argent en honnête homme érige un scélérat ;
L'argent seul au palais peut faire un magistrat.
Qu'importe qu'en tous lieux on me traite d'infâme?
Dit ce fourbe sans foi, sans honneur et sans âme ;
Dans mon coffre, tout plein de rares qualités,
J'ai cent mille vertus en louis bien comptés.
Est-il quelque talent que l'argent ne me donne?
C'est ainsi qu'en son cœur ce financier raisonne.
Mais pour moi, que l'éclat ne saurait décevoir,
Qui mets au rang des biens l'esprit et le savoir,
J'estime autant Patru (1), même dans l'indigence,
Qu'un commis engraissé des malheurs de la France.
Non que je sois du goût de ce sage insensé
Qui, d'un argent commode esclave embarrassé,
Jeta tout dans la mer (2) pour crier : Je suis libre.
De la droite raison je sens mieux l'équilibre :
Mais je tiens qu'ici-bas, sans faire tant d'apprêts,
La vertu se contente et vit à peu de frais.
Pourquoi donc s'égarer en des projets si vagues?
 Ce que j'avance ici, crois-moi, cher Guilleragues
Ton ami dès l'enfance ainsi l'a pratiqué.
Mon père, soixante ans au travail appliqué,
En mourant me laissa, pour rouler et pour vivre,
Un revenu léger, et son exemple à suivre.
Mais bientôt amoureux d'un plus noble métier,
Fils, frère, oncle, cousin, beau-frère de greffier,
Pouvant charger mon bras d'une utile liasse,
J'allai loin du palais errer sur le Parnasse.
La famille en pâlit, et vit en frémissant
Dans la poudre du greffe un poëte naissant
On vit avec horreur une muse effrénée
Dormir chez un greffier la grasse matinée.
Dès-lors à la richesse il fallut renoncer.

---

(1) Fameux avocat, et un des bons grammairiens de notre siècle.
(2) Aristippe fit cette action ; et Diogène conseilla à Cratès, philosophe cynique, de faire la même chose.

Ne pouvant l'acquérir, j'appris à m'en passer ;
Et surtout redoutant la basse servitude,
La libre vérité fut toute mon étude.
Dans ce métier funeste à qui veut s'enrichir,
Qui l'eût cru que pour moi le sort dût se fléchir ?
Mais du plus grand des rois la bonté sans limite,
Toujours prête à courir au-devant du mérite,
Crut voir dans ma franchise un mérite inconnu,
Et d'abord de ses dons enfla mon revenu.
La brigue ni l'envie à mon bonheur contraires,
Ni les cris douloureux de mes vains adversaires,
Ne purent dans leur course arrêter ses bienfaits.
C'en est trop : mon bonheur a passé mes souhaits.
Qu'à son gré désormais la fortune me joue ;
On me verra dormir au branle de sa roue.
 Si quelque soin encore agite mon repos,
C'est l'ardeur de louer un si fameux héros.
Ce soin ambitieux me tirant par l'oreille,
La nuit, lorsque je dors, en sursaut me réveille :
Me dit que ces bienfaits, dont j'ose me vanter,
Par des vers immortels ont dû se mériter.
C'est là le seul chagrin qui trouble encor mon âme,
Mais si, dans le beau feu du zèle qui m'enflamme,
Par un ouvrage enfin des critiques vainqueur
Je puis sur ce sujet satisfaire mon cœur,
Guilleragues, plains-toi de mon humeur légère,
Si jamais, entraîné d'une ardeur étrangère,
Ou d'un vil intérêt reconnaissant la loi,
Je cherche mon bonheur autre part que chez moi.

ÉPITRE VI.

A M. DE LAMOIGNON,

AVOCAT-GÉNÉRAL.

Oui, Lamoignon (1), je fuis les chagrins de la ville,
Et contre eux la campagne est mon unique asyle.
Du lieu qui m'y retient veux-tu voir le tableau ?

---

(1) Chrétien-François de Lamoignon, depuis président à Mortier, fils de Guillaume de Lamoignon, premier président du parlement de Paris.

ÉPITRE VI.

C'est un petit village (1), ou plutôt un hameau,
Bâti sur le penchant d'un long rang de collines,
D'où l'œil s'égare au loin dans les plaines voisines.
La Seine, au pied des monts que son flot vient laver,
Voit du sein de ses eaux vingt îles s'élever,
Qui, partageant son cours en diverses manières,
D'une rivière seule y forment vingt rivières.
Tous ses bords sont couverts de saules non plantés,
Et de noyers souvent du passant insultés.
Le village au-dessus forme un amphithéâtre :
L'habitant ne connaît ni la chaux ni le plâtre ;
Et dans le roc, qui cède et se coupe aisément,
Chacun sait de sa main creuser son logement.
La maison du Seigneur, seule un peu plus ornée,
Se présente au dehors de murs environnée.
Le soleil en naissant la regarde d'abord,
Et le mont la défend des outrages du nord.
C'est là, cher Lamoignon, que mon esprit tranquille
Met à profit les jours que la Parque me file.
Ici dans un vallon bornant tous mes désirs,
J'achète à peu de frais de solides plaisirs :
Tantôt, un livre en main, errant dans les prairies,
J'occupe ma raison d'utiles rêveries :
Tantôt, cherchant la fin d'un vers que je construis,
Je trouve au coin d'un bois le mot qui m'avait fui :
Quelquefois, aux appas d'un hameçon perfide,
J'amorce en badinant, le poisson trop avide ;
Ou d'un plomb qui suit l'œil, et part avec l'éclair,
Je vais faire la guerre aux habitants de l'air.
Une table au retour, propre et non magnifique,
Nous présente un repas agréable et rustique :
Là, sans s'assujettir aux dogmes du Broussain,
Tout ce ce qu'on boit est bon, tout ce qu'on mange est sain.
La maison le fournit, la fermière l'ordonne.
Et mieux que Bergerat (2) l'appétit l'assaisonne.
O fortuné séjour ! ô champs aimés des cieux !
Que, pour jamais foulant vos prés délicieux,
Ne puis-je ici fixer ma course vagabonde,
Et connus de vous seuls oublier tout le monde !
 Mais à peine, du sein de vos vallons chéris
Arraché malgré moi, je rentre dans Paris,
Qu'en tous lieux les chagrins m'attendent au passage,
Un cousin, abusant d'un fâcheux parentage,
Veut qu'encor tout poudreux, et sans me débotter,

---

(1) Hautile, petite seigneurie près de la Roche-Guyon, appartenant à **mon neveu** l'illustre M. Dongois, greffier en chef du parlement.
(2) Fameux traiteur.

ÉPITRE VI.

Chez vingt juges pour lui j'aille solliciter :
Il faut voir de ce pas les plus considérables ;
L'un demeure au Marais et l'autre aux Incurables.
Je reçois vingt avis qui me glacent d'effroi :
Hier, dit-on, de vous on parla chez le roi,
Et d'attentat horrible on traita la satire.
Et le roi, que dit-il ? Le roi se prit à rire.
Contre vos derniers vers on est fort en courroux :
Pradon a mis au jour un livre contre vous ;
Et chez le chapelier du coin de notre place
Autour d'un caudebec (1) j'en ai lu la préface :
L'autre jour sur un mot la cour vous condamna :
Le bruit court qu'avant-hier on vous assassina :
Un écrit scandaleux sous votre nom se donne :
D'un pasquin qu'on a fait, au Louvre on vous soupçonne.
Moi ? Vous : on nous l'a dit dans le Palais-Royal (2).

Douze ans sont écoulés depuis le jour fatal
Qu'un libraire, imprimant les essais de ma plume,
Donna pour mon malheur un trop heureux volume ;
Toujours, depuis ce temps, en proie aux sots discours,
Contre eux la vérité m'est un faible secours.
Vient-il de la province une satire fade,
D'un plaisant du pays insipide boutade :
Pour la faire courir on dit qu'elle est de moi,
Et le sot campagnard le croit de bonne foi.
J'ai beau prendre à témoin et la cour et la ville :
Non ; à d'autres, dit-il ; on connaît votre style.
Combien de temps ces vers vous ont-ils bien coûté ?
Il ne sont pas de moi, monsieur, en vérité :
Peut-on m'attribuer ces sottises étranges ?
Ah ! monsieur, vos mépris vous servent de louanges.

Ainsi de cent chagrins dans Paris accablé,
Juge si, toujours triste, interrompu, troublé,
Lamoignon, j'ai le temps de courtiser les muses.
Le monde cependant se rit de mes excuses,
Croit que, pour m'inspirer sur chaque évènement,
Apollon doit venir au premier mandement.

Un bruit court que le roi va tout réduire en poudre,
Et dans Valencienne est entré comme un foudre ;
Que Cambrai, des Français l'épouvantable écueil,
A vu tomber enfin ses murs et son orgueil ;
Que devant Saint-Omer, Nassau, par sa défaite,
De Philippe vainqueur (3) rend la gloire complète.

---

(1) Sorte de chapeaux de laine qui se font à Caudebec, en Normandie.
(2) Allusion aux nouvellistes, qui s'assemblent dans le jardin de ce palais.
(3) La bataille de Cassel, gagnée par Monsieur, Philippe de France, frère uni roi, en 1677.

ÉPITRE VI.

Dieu sait comme les vers chez vous s'en vont couler!
Dit d'abord un ami qui veut me cajoler,
Et, dans ce temps guerrier et fécond en Achilles,
Croit que l'on fait les vers comme l'on prend les villes.
Mais moi dont le génie est mort en ce moment,
Je ne sais que répondre à ce vain compliment ;
Et justement confus de mon peu d'abondance,
Je me fais un chagrin du bonheur de la France.

Qu'heureux est le mortel qui, du monde ignoré,
Vit content de soi-même en un coin retiré ;
Que l'amour de ce rien qu'on nomme renommée
N'a jamais enivré d'une vaine fumée ;
Qui de sa liberté forme tout son plaisir,
Et ne rend qu'à lui seul compte de son loisir!
Il n'a point à souffrir d'affronts ni d'injustices,
Et du peuple inconstant il brave les caprices.
Mais nous autres faiseurs de livres et d'écrits,
Sur les bords du Permesse aux louanges nourris,
Nous ne saurions briser nos fers et nos entraves,
Du lecteur dédaigneux honorables esclaves.
Du rang où notre esprit une fois s'est fait voir,
Sans un fâcheux éclat nous ne saurions déchoir.
Le public enrichi du tribut de nos veilles,
Croit qu'on doit ajouter merveilles sur merveilles.
Au comble parvenus il veut que nous croissions :
Il veut en vieillissant que nous rajeunissions.
Cependant tout décroît ; et moi-même à qui l'âge
D'aucune ride encor n'a flétri le visage,
Déjà moins plein de feu, pour animer ma voix
J'ai besoin du silence et de l'ombre des bois :
Ma muse, qui se plaît dans leurs routes perdues,
Ne saurait plus marcher sur le pavé des rues.
Ce n'est que dans ces bois, propres à m'exciter,
Qu'Apollon quelquefois daigne encor m'écouter.

Ne demande donc plus par quelle humeur sauvage
Tout l'été, loin de toi, demeurant au village,
J'y passe obstinément les ardeurs du lion,
Et montre pour Paris si peu de passion.
C'est à toi, Lamoignon, que le rang, la naissance,
Le mérite éclatant, et la haute éloquence,
Appellent dans Paris aux sublimes emplois,
Qu'il sied bien d'y veiller pour le maintien des lois.
Tu dois là tous tes soins au bien de ta patrie :
Tu ne t'en peux bannir que l'orphelin ne crie ;
Que l'oppresseur ne montre un front audacieux :
Et Thémis pour voir clair a besoin de tes yeux.
Mais pour moi, de Paris citoyen inhabile,
Qui ne lui puis fournir qu'un rêveur inutile,
Il me faut du repos, des prés et des forêts.

Laisse-moi donc ici, sous leurs ombrages frais,
Attendre que septembre ait ramené l'automne,
Et que Cérès contente ait fait place à Pomone.
Quand Bacchus comblera de ses nouveaux bienfaits
Le vendangeur ravi de ployer sous le faix,
Aussitôt ton ami, redoutant moins la ville,
T'ira joindre à Paris, pour s'enfuir à Bâville (1).
Là, dans le seul loisir que Thémis t'a laissé,
Tu me verras souvent, à te suivre empressé,
Pour monter à cheval rappelant mon audace,
Apprenti cavalier galoper sur ta trace.
Tantôt sur l'herbe assis, au pied de ces coteaux
Où Polycrène (2) épand ses libérales eaux,
Lamoignon, nous irons, libres d'inquiétude,
Discourir des vertus dont tu fais ton étude ;
Chercher quels sont les biens véritables ou faux ;
Si l'honnête homme en soi doit souffrir des défauts ;
Quel chemin le plus droit à la gloire nous guide,
Ou la vaste science, ou la vertu solide.
C'est ainsi que chez toi tu sauras m'attacher.
Heureux si les fâcheux, prompts à nous y chercher,
N'y viennent point semer l'ennuyeuse tristesse !
Car, dans ce grand concours d'hommes de toute espèce
Que sans cesse à Bâville attire le devoir,
Au lieu de quatre amis qu'on attendait le soir,
Quelquefois de fâcheux arrivent trois volées,
Qui du parc à l'instant assiègent les allées.
Alors sauve qui peut : et quatre fois heureux
Qui sait pour s'échapper quelque antre ignoré d'eux !

ÉPITRE VII.

A M. RACINE.

Que tu sais bien, Racine, à l'aide d'un acteur,
Émouvoir, étonner, ravir un spectateur !
Jamais Iphigénie, en Aulide immolée,

---

(1) Maison de campagne de M. de Lamoignon.
(2) Fontaine à une demi-lieue de Bâville, ainsi nommée par feu M. le premier président de Lamoignon.

N'a coûté tant de pleurs à la Grèce asemblée,
Que dans l'heureux spectacle à nos yeux étalé
En a fait sous son nom verser la Champmelé (1).
Ne crois pas toutefois, par tes savants ouvrages,
Entraînant tous les cœurs gagner tous les suffrages.
Sitôt que d'Apollon un génie inspiré
Trouve loin du vulgaire un chemin ignoré,
En cent lieux contre lui les cabales s'amassent ;
Ses rivaux obscurcis autour de lui croassent ;
Et son trop de lumière importunant les yeux,
De ses propres amis lui fait des envieux.
La mort seule ici-bas, en terminant sa vie,
Peut calmer sur son nom l'injustice et l'envie ;
Faire au poids du bon sens peser tous ses écrits,
Et donner à ses vers leur légitime prix.
Avant qu'un peu de terre, obtenu par prière,
Pour jamais sous la tombe eût enfermé Molière,
Mille de ses beaux traits, aujourd'hui si vantés,
Furent des sots esprits à nos yeux rebutés.
L'ignorance et l'erreur à ses naissantes pièces,
En habits de marquis, en robes de comtesses,
Venaient pour diffamer son chef-d'œuvre nouveau,
Et secouaient la tête à l'endroit le plus beau.
Le commandeur voulait la scène plus exacte,
Le vicomte indigné sortait au second acte ;
L'un, défenseur zélé des bigots mis en jeu,
Pour prix de ses bons mots le condamnait au feu ;
L'autre, fougueux marquis, lui déclarant la guerre,
Voulait venger la cour immolée au parterre.
Mais, sitôt que d'un trait de ses fatales mains
Le Parque l'eut rayé du nombre des humains,
On reconnut le prix de sa muse éclipsée.
L'aimable Comédie, avec lui terrassée,
En vain d'un coup si rude espéra revenir,
Et sur ses brodequins ne put plus se tenir.
Tel fut chez nous le sort du théâtre comique.
Toi donc qui, t'élevant sur la scène tragique,
Suis les pas de Sophocle, et, seul de tant d'esprits,
De Corneille vieilli sais consoler Paris ;
Cesse de t'étonner si l'envie animée,
Attachant à ton nom sa rouille envenimée,
La calomnie en main, quelquefois te poursuit.
En cela, comme en tout, le ciel qui vous conduit,
Racine, fait briller sa profonde sagesse.
Le mérite en repos s'endort dans la paresse ;
Mais par les envieux un génie excité

---

(1) Célèbre comédienne.

Au comble de son art est mille fois monté :
Plus on veut l'affaiblir, plus il croit et s'élance.
Au Cid persécuté Cinna doit sa naissance ;
Et peut-être ta plume aux censeurs de Pyrrhus
Doit les plus nobles traits dont tu peignis Burrhus.
   Moi-même, dont la gloire ici moins répandue
Des pâles envieux ne blesse point la vue,
Mais qu'une humeur trop libre, un esprit peu soumis,
De bonne heure a pourvu d'utiles ennemis,
Je dois plus à leur haine, il faut que je l'avoue,
Qu'au faible et vain talent dont la France me loue.
Leur venin, qui sur moi brûle de s'épancher,
Tous les jours en marchant m'empêche de broncher.
Je songe, à chaque trait que ma plume hasarde,
Que d'un œil dangereux leur troupe me regarde.
Je sais sur leurs avis corriger mes erreurs,
Et je mets à profit leurs malignes fureurs.
Sitôt que sur un vice ils pensent me confondre,
C'est en me guérissant que je sais leur répondre :
Et plus en criminel ils pensent m'ériger,
Plus, croissant en vertu, je songe à me venger.
   Imite mon exemple ; et lorsqu'une cabale,
Un flot de vains auteurs follement te ravale,
Profite de leur haine et de leur mauvais sens,
Ris du bruit passager de leurs cris impuissants.
Que peut contre tes vers une ignorance vaine?
Le Parnasse français, ennobli par ta veine,
Contre tous ces complots saura te maintenir
Et soulever pour toi l'équitable avenir.
Et qui, voyant un jour la douleur vertueuse
De Phèdre, malgré soi, perfide, incestueuse,
D'un si noble travail justement étonné,
Ne bénira d'abord le siècle fortuné
Qui, rendu plus fameux par tes illustres veilles,
Vit naître sous ta main ces pompeuses merveilles !
   Cependant laisse ici gronder quelques censeurs
Qu'aigrissent de tes vers les charmantes douceurs.
Et qu'importe à nos vers que Perrin (1) les admire ;
Que l'auteur de Jonas s'empresse pour les lire ;
Qu'ils charment de Senlis le poète idiot (2),
Ou le sec traducteur du français d'Amyot :
Pourvu qu'avec éclat leurs rimes débitées
Soient du peuple, des grands, des provinces, goûtées ;
Pourvu qu'ils puissent plaire au plus puissant des rois;
Qu'à Chantilly Condé les souffre quelquefois;

---

(1) Il a traduit l'Énéide, et a fait le premier opéra qui ait paru en France.
(2) Linière.

Qu'Enghien en soit touché; que Colbert et Vivone,
Que Larochefoucauld, Marsillac et Pompone,
Et mille autres qu'ici je ne puis faire entrer,
A leurs traits délicats se laissent pénétrer?
Et plût au ciel encor, pour couronner l'ouvrage,
Que Montausier voulût leur donner son suffrage.
   C'est à de tels lecteurs que j'offre mes écrits.
Mais pour un tas grossier de frivoles esprits,
Admirateurs zélés de toute œuvre insipide,
Que, non loin de la place où Brioché (1) préside,
Sans chercher dans les vers ni cadence ni son,
Il s'en aille admirer le savoir de Pradon !

EPITRE VIII.

AU ROI.

Grand roi, cesse de vaincre, ou je cesse d'écrire.
Tu sais bien que mon style est né pour la satire;
Mais mon esprit, contraint de la désavouer,
Sous ton règne étonnant ne veut plus que louer.
Tantôt, dans les ardeurs de ce zèle incommode,
Je songe à mesurer les syllabes d'une ode :
Tantôt, d'une Énéide auteur ambitieux,
Je m'en forme déjà le plan audacieux :
Ainsi, toujours flatté d'une douce manie,
Je sens de jour en jour dépérir mon génie ;
Et mes vers, en ce style ennuyeux, sans appas,
Déshonorent ma plume, et ne t'honorent pas.
   Encor si ta valeur, à tout vaincre obstinée,
Nous laissait, pour le moins, respirer une année,
Peut-être mon esprit, prompt à ressusciter,
Du temps qu'il a perdu saurait se racquitter.
Sur ses nombreux défauts, merveilleux à décrire,
Le siècle m'offre encor plus d'un bon mot à dire.
Mais à peine Dinan et Limbourg sont forcés,
Qu'il faut chanter Bouchain et Condé terrassés.
Ton courage affamé de péril et de gloire,
Court d'exploits en exploits, de victoire en victoire,
Souvent ce qu'un seul jour te voit exécuter
Nous laisse pour un an d'actions à conter.

---

(1) Fameux joueur de marionnettes.

Que si quelquefois las de forcer des murailles,
Le soin de tes sujets te rappelle à Versailles,
Tu viens m'embarrasser de mille autres vertus;
Te voyant de plus près, je t'admire encor plus.
Dans les nobles douceurs d'un séjour plein de charmes,
Tu n'es pas moins héros qu'au milieu des alarmes :
De ton trône agrandi portant seul tout le faix,
Tu cultives les arts; tu répands les bienfaits;
Tu sais récompenser jusqu'aux muses critiques.
Ah ! crois-moi, c'en est trop. Nous autres satiriques,
Propres à relever les sottises du temps,
Nous sommes un peu nés pour être mécontents :
Notre muse, souvent paresseuse et stérile,
A besoin, pour marcher, de colère et de bile.
Notre style languit dans un remerciment :
Mais, grand roi, nous savons nous plaindre élégamment.
  Oh! que si je vivais sous les règnes sinistres
De ces rois nés valets de leurs propres ministres,
Et qui, jamais en main ne prenant le timon,
Aux exploits de leur temps ne prêtaient que leur nom;
Que, sans les fatiguer d'une louange vaine,
Aisément les bons mots couleraient de ma veine !
Mais toujours sous ton règne il faut se récrier :
Toujours, les yeux au ciel, il faut remercier.
Sans cesse à t'admirer ma critique forcée
N'a plus en écrivant de maligne pensée;
Et mes chagrins, sans fiel et presque évanouis,
Font grâce à tout le siècle en faveur de Louis.
En tous lieux cependant la Pharsale (1) approuvée,
Sans crainte de mes vers, va la tête levée;
La licence partout règne dans les écrits:
Déjà le mauvais sens reprenant ses esprits
Songe à nous redonner des poëmes épiques (2),
S'empare des discours mêmes académiques :
Perrin a de ses vers obtenu le pardon,
Et la scène française est en proie à Pradon.
Et moi, sur ce sujet loin d'exercer ma plume,
J'amasse de tes faits le pénible volume ;
Et ma muse, occupée à cet unique emploi,
Ne regarde, n'entend, ne connaît plus que toi.
  Tu le sais bien pourtant, cette ardeur empressée
N'est point en moi l'effet d'une âme intéressée.
Avant que tes bienfaits courussent me chercher,
Mon zèle impatient ne se pouvait cacher :
Je n'admirais que toi. Le plaisir de le dire

---

(1) La Pharsale de Brébeuf.
(2) *Childebrand* et *Charlemagne*, poëmes qui n'ont point réussi.

Vint m'apprendre à louer au sein de la satire.
Et, depuis que tes dons sont venus m'accabler,
Loin de sentir mes vers avec eux redoubler,
Quelquefois, le dirai-je ! un remords légitime,
Au fort de mon ardeur, vient refroidir ma rime.
Il me semble, grand roi, dans mes nouveaux écrits,
Que mon encens payé n'est plus du même prix.
J'ai peur que l'univers, qui sait ma récompense,
N'impute mes transports à ma reconnaissance ;
Et que par tes présents mon vers décrédité
N'ait moins de poids pour toi dans la postérité.

 Toutefois je sais vaincre un remords qui te blesse.
Si tout ce qui reçoit des fruits de ta largesse
A peindre tes exploits ne doit point s'engager,
Qui d'un si juste soin se pourra donc charger?
Ah ! plutôt de nos sons redoublons l'harmonie :
Le zèle à mon esprit tiendra lieu de génie.
Horace tant de fois dans mes vers imité,
De vapeurs en son temps, comme moi, tourmenté,
Pour amortir le feu de sa rate indocile,
Dans l'encre quelquefois sut égayer sa bile :
Mais de la même main qui peignit Tullius (1),
Qui d'affronts immortels couvrit Tigellius (2),
Il sut fléchir Glycère, il sut vanter Auguste,
Et marquer sur la lyre une cadence juste.
Suivons les pas fameux d'un si noble écrivain.
A ces mots quelquefois prenant la lyre en main,
Au récit que pour toi je suis prêt d'entreprendre,
Je crois voir les rochers accourir pour m'entendre ;
Et déjà mon vers coule à flots précipités,
Quand j'entends le lecteur qui me crie : Arrêtez :
Horace eut cent talents ; mais la nature avare
Ne vous a rien donné qu'un peu d'humeur bizarre :
Vous passez en audace et Perse et Juvénal ;
Mais sur le ton flatteur Pinchêne est votre égal.
A ce discours, grand roi, que pourrais-je répondre?
Je me sens sur ce point trop facile à confondre ;
Et, sans trop relever des reproches si vrais,
Je m'arrête à l'instant, j'admire et je me tais.

---

(1) Sénateur romain. César l'exclut du sénat ; mais il y entra après sa mort.
(2) Fameux musicien, fort chéri d'Auguste.

ÉPITRE IX.

A M. LE MARQUIS DE SEIGNELAY,

SECRÉTAIRE D'ÉTAT.

Dangereux ennemi de tout mauvais flatteur,
Seignelay (1), c'est en vain qu'un ridicule auteur,
Prêt à porter ton nom de l'Ebre (2) jusqu'au Gange (3),
Croit te prendre aux filets d'une sotte louange.
Aussitôt ton esprit, prompt à se révolter,
S'échappe et rompt le piége où l'on veut l'arrêter.
Il n'en est pas ainsi de ces esprits frivoles
Que tout flatteur endort au son de ses paroles !
Qui, dans un vain sonnet placés au rang des dieux,
Se plaisent à fouler l'Olympe radieux :
Et, fiers du haut étage où la Serre les loge,
Avalent sans dégoût le plus grossier éloge.
Tu ne te repais point d'encens à si bas prix.
Non que tu sois pourtant de ces rudes esprits
Qui regimbent toujours, quelque main qui les flatte.
Tu souffres la louange adroite et délicate
Dont la trop forte odeur n'ébranle point les sens.
Mais un auteur novice à répandre l'encens
Souvent à son héros, dans un bizarre ouvrage,
Donne de l'encensoir au travers du visage ;
Va louer Monterey (4) d'Oudenarde forcé,
Ou vante aux électeurs Turenne repoussé.
Tout éloge imposteur blesse une âme sincère.
Si, pour faire sa cour à ton illustre père,
Seignelay, quelque auteur, d'un faux zèle emporté,
Au lieu de peindre en lui la noble activité,
La solide vertu, la vaste intelligence,
Le zèle pour son roi, l'ardeur, la vigilance,
La constante équité, l'amour pour les beaux-arts,
Lui donnait les vertus d'Alexandre ou de Mars ;

---

(1) Jean-Baptiste Colbert, ministre et secrétaire d'état, mort en 1690, fils de Jean-Baptiste Colbert, ministre et secrétaire d'état.
(2) Rivière d'Espagne.
(3) Rivière des Indes.
(4) Gouverneur des Pays-Bas.

Et, pouvant justement l'égaler à Mécène,
Le comparait au fils (1) de Pélée ou d'Alcmène (2):
Ses yeux, d'un tel discours faiblement éblouis,
Bientôt dans ce tableau reconnaîtraient Louis;
Et, glaçant d'un regard la muse et le poète,
Imposeraient silence à sa verve indiscrète.
Un cœur noble est content de ce qu'il trouve en lui,
Et ne s'applaudit point des qualités d'autrui.
Que me sert en effet qu'un admirateur fade
Vante mon embonpoint, si je me sens malade;
Si dans cet instant même un feu séditieux
Fait bouillonner mon sang et pétiller mes yeux ?
Rien n'est beau que le vrai : le vrai seul est aimable;
Il doit régner partout, et même dans la fable :
De toute fiction l'adroite fausseté
Ne tend qu'à faire aux yeux briller la vérité.
Sais-tu pourquoi mes vers sont lus dans les provinces,
Sont recherchés du peuple, et reçus chez les princes ?
Ce n'est pas que leurs sons agréables, nombreux,
Soient toujours à l'oreille également heureux ;
Qu'en plus d'un lieu le sens n'y gêne la mesure,
Et qu'un mot quelquefois n'y brave la césure :
Mais c'est qu'en eux le vrai, du mensonge vainqueur,
Partout se montre aux yeux, et va saisir le cœur;
Que le bien et le mal y sont prisés au juste ;
Que jamais un faquin n'y tint un rang auguste ;
Et que mon cœur, toujours conduisant mon esprit,
Ne dit rien aux lecteurs, qu'à soi-même il n'ait dit.
Ma pensée au grand jour partout s'offre et s'expose ;
Et mon vers, bien ou mal, dit toujours quelque chose.
C'est par là quelquefois que ma rime surprend:
C'est là ce que n'ont point Jonas ni Childebrand,
Ni tous ces vains amas de frivoles sornettes,
Montre, Miroir d'amours, Amitiés, Amourettes,
Dont le titre souvent est l'unique soutien,
Et qui, parlant beaucoup, ne disent jamais rien.
 Mais peut-être, enivré des vapeurs de ma muse,
Moi-même en ma faveur, Seignelay, je m'abuse.
Cessons de nous flatter. Il n'est esprit si droit
Qui ne soit imposteur et faux par quelque endroit :
Sans cesse on prend le masque, et, quittant la nature,
On craint de se montrer sous sa propre figure.
Par là le plus sincère assez souvent déplaît.
Rarement un esprit ose être ce qu'il est.
Vois-tu cet importun que tout le monde évite;

---

(1) Achille
(2) Hercule.

ÉPITRE IX.

Cet homme à toujours fuir, qui jamais ne vous quitte?
Il n'est pas sans esprit : mais, né triste et pesant,
Il veut être folâtre, évaporé, plaisant ;
Il s'est fait de sa joie une loi nécessaire,
Et ne déplaît enfin que pour vouloir trop plaire.
  La simplicité plaît sans étude et sans art.
Tout charme en un enfant dont la langue sans fard,
A peine du filet encor débarrassée,
Sait d'un air innocent bégayer sa pensée.
Le faux est toujours fade, ennuyeux, languissant :
Mais la nature est vraie, et d'abord on la sent ;
C'est elle seule en tout qu'on admire et qu'on aime.
Un esprit né chagrin plaît par son chagrin même.
Chacun pris dans son air est agréable en soi :
Ce n'est que l'air d'autrui qui peut déplaire en moi.
  Ce marquis était né doux, commode, agréable :
On vantait en tous lieux sont ignorance aimable.
Mais, depuis quelques mois, devenu grand docteur,
Il a prix un faux air, une sotte hauteur :
Il ne veut plus parler que de rime et de prose ;
Des auteurs décriés il prend en main la cause ;
Il rit du mauvais goût de tant d'hommes divers,
Et va voir l'opéra seulement pour les vers.
Voulant se redresser, soi-même on s'estropie,
Et d'un original on fait une copie.
L'ignorance vaut mieux qu'un savoir affecté.
Rien n'est beau, je reviens, que par la vérité :
C'est par elle qu'on plaît, et qu'on peut longtemps plaire.
L'esprit lasse aisément, si le cœur n'est sincère.
En vain par sa grimace un bouffon odieux
A table nous fait rire, et divertit nos yeux :
Ses bons mots ont besoin de farine et de plâtre.
Prenez-le tête-à-tête, ôtez-lui son théâtre,
Ce n'est plus qu'un cœur bas, un coquin ténébreux :
Son visage essuyé n'a plus rien que d'affreux.
J'aime un esprit aisé qui se montre, qui s'ouvre,
Et qui plaît d'autant plus, que plus il se découvre.
Mais la seule vertu peut souffrir la clarté :
Le vice, toujours sombre, aime l'obscurité ;
Pour paraître au grand jour il faut qu'il se déguise :
C'est lui qui de nos mœurs a banni la franchise.
  Jadis l'homme vivait au travail occupé,
Et, ne trompant jamais, n'était jamais trompé :
On ne connaissait point la ruse et l'imposture ;
Le Normand même alors ignorait le parjure :
Aucun rhéteur encor, arrangeant le discours,
N'avait d'un art menteur enseigné les détours.
Mais sitôt qu'aux humains, faciles à séduire,
L'abondance eut donné le loisir de se nuire

La mollesse amena la fausse vanité.
Chacun chercha pour plaire un visage emprunté :
Pour éblouir les yeux, la fortune arrogante
Affecta d'étaler une pompe insolente ;
L'or éclata partout sur les riches habits ;
On polit l'émeraude, on tailla le rubis ;
Et la laine et la soie, en cent façons nouvelles,
Apprirent à quitter leurs couleurs naturelles.
La trop courte beauté monta sur des patins ;
La coquette tendit ses lacs tous les matins ;
Et, mettant la céruse et le plâtre en usage,
Composa de sa main les fleurs de son visage ;
L'ardeur de s'enrichir chassa la bonne foi :
Le courtisan n'eut plus de sentiments à soi.
Tout ne fut plus que fard, qu'erreur, que tromperie :
On vit partout régner la basse flatterie.
Le Parnasse surtout, fécond en imposteurs,
Diffama le papier par ses propos menteurs.
De là vint cet amas d'ouvrages mercenaires,
Stances, odes, sonnets, épîtres liminaires,
Où toujours le héros passe pour sans pareil,
Et, fût-il louche et borgne, est réputé soleil.

   Ne crois pas toutefois, sur ce discours bizarre,
Que, d'un frivole encens malignement avare,
J'en veuille sans raison frustrer tout l'univers.
La louange agréable est l'âme des beaux vers :
Mais je tiens comme toi, qu'il faut qu'elle soit vraie,
Et que son tour adroit n'ait rien qui nous effraie.
Alors, comme j'ai dit, tu la sais écouter,
Et sans crainte à tes yeux on pourrait t'exalter.
Mais, sans t'aller chercher des vertus dans les nues,
Il faudrait peindre en toi des vérités connues,
Décrire ton esprit ami de la raison ;
Ton ardeur pour ton roi puisée en ta maison ;
A servir ses desseins ta vigilance heureuse ;
Ta probité sincère, utile, officieuse.
Tel, qui hait à se voir peint en de faux portraits,
Sans chagrin voit tracer ses véritables traits.
Condé même (1), Condé, ce héros formidable,
Et, non moins qu'aux Flamands, aux flatteurs redoutables,
Ne s'offenserait pas si quelque adroit pinceau
Traçait de ses exploits le fidèle tableau ;
Et, dans Senef (2) en feu contemplant sa peinture,
Ne désavouerait pas Malherbe ni Voiture.
Mais malheur au poëte insipide, odieux,

---

(1) Louis de Bourbon, prince de Condé, mort en 1686.
(2) Combat fameux de monseigneur le prince.

Qui viendrait le glacer d'un éloge ennuyeux !
Il aurait beau crier : « Premier prince du monde !
« Courage sans pareil ! lumière sans seconde (1) ! »
Ses vers, jetés d'abord sans tourner le feuillet,
Iraient dans l'antichambre amuser Pacolet (2).

---

(1) Commencement du poëme de *Charlemagne*.
(2) Fameux valet de pied de monseigneur le prince.

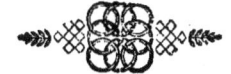

PRÉFACE

POUR LES TROIS DERNIÈRES ÉPITRES.

Je ne sais si les trois nouvelles épîtres que je donne ici au public auront beaucoup d'approbateurs; mais je sais bien que mes censeurs y trouveront abondamment de quoi exercer leur critique : car tout y est extrêmement hasardé. Dans le premier de ces trois ouvrages, sous prétexte de faire le procès à mes derniers vers, je fais moi-même mon éloge, et n'oublie rien de ce qui peut être dit à mon avantage; dans le second, je m'entretiens avec mon jardinier de choses très basses et très petites ; et dans le troisième, je décide hautement du plus grand et du plus important point de la religion, je veux dire de l'amour de Dieu. J'ouvre donc un beau champ à ces censeurs pour attaquer en moi et le poète orgueilleux, et le villageois grossier, et le théologien téméraire. Quelque fortes pourtant que soient leurs attaques, je doute qu'elles ébranlent la ferme résolution que j'ai prise il y a longtemps, de ne rien répondre, au moins sur le ton sérieux, à tout ce qu'ils écriront contre moi.

A quoi bon, en effet, perdre inutilement du papier? Si mes épîtres sont mauvaises, tout ce que je dirai ne les fera pas trouver bonnes; et si elles sont bonnes, tout ce qu'ils diront ne les fera pas trouver mauvaises. Le public n'est pas un juge qu'on puisse corriger, ni qui se règle par les passions d'autrui. Tout ce bruit, tous ces écrits qui se font ordinairement contre des ouvrages où l'on court, ne servent qu'à y faire encore plus courir, et à en mieux marquer le mérite. Il est de l'essence d'un bon livre d'avoir des censeurs; et la plus grande disgrâce qui puisse arriver à un écrit qu'on met au jour, ce n'est pas que beaucoup de gens en disent du mal, c'est que personne n'en dise rien.

Je me garderai donc bien de trouver mauvais qu'on attaque mes trois épîtres. Ce qu'il y a de certain, c'est que je les ai fort travaillées, et principalement celle de l'amour de Dieu, que j'ai retouchée plus d'une fois, et où j'avoue que j'ai employé tout le peu que je puis avoir d'esprit et de lumières. J'avais dessein d'abord de la donner toute seule : les deux autres me paraissaient trop frivoles pour être présentées au grand jour de l'impression avec un ouvrage si sérieux. Mais des amis très sensés m'ont fait comprendre que ces deux épîtres, quoique dans le style enjoué, étaient pourtant des épîtres morales, où il n'était rien enseigné que de vertueux; qu'ainsi étant liées avec l'autre, bien loin de lui nuire, elles pourraient même faire une diversité agréable; et que d'ailleurs beaucoup d'honnêtes gens souhaitant de les avoir toutes trois ensemble, je ne pouvais pas avec bienséance me dispenser de leur donner une si légère satisfaction. Je me suis rendu à ce sentiment, et on les trouvera rassemblées ici dans un même cahier. Cependant comme il y a des gens de piété qui, peut-être, ne se soucieront guère de lire les entretiens que je puis avoir avec mon jardinier et avec mes vers, il est bon de les avertir qu'il y a ordre de leur distribuer à part la dernière, savoir celle qui traite de l'amour de Dieu ; et que nonseulement je ne trouverai pas étrange qu'ils ne lisent que celle-là, mais que je me sens quelquefois moi-même en des dispositions d'esprit où je voudrais de bon cœur n'avoir de ma vie composé que ce seul ouvrage, qui vraisemblablement sera la dernière pièce de poésie qu'on aura de moi, mon génie pour les vers commençant à s'épuiser, et mes emplois historiques ne me laissant guère le temps de m'appliquer à chercher et à ramasser des rimes.

Voilà ce que j'avais à dire aux lecteurs. Avant, néanmoins, que de finir cette préface, il ne sera pas hors de propos, ce me semble, de rassurer des personnes timides, qui, n'ayant pas une fort grande idée de ma capacité en matière de théologie, douteront peut-être que tout ce que j'avance en mon épître, soit fort infaillible, et appréhenderont qu'en voulant les conduire je ne les égare. Afin donc qu'elles marchent sûrement, je leur dirai, vanité à part, que j'ai lu plusieurs fois cette épître à un fort grand nombre de docteurs de Sorbonne, de pères de l'Oratoire, et de jésuites très célèbres, qui tous y ont applaudi, et en ont trouvé la doctrine très saine et très pure; que beaucoup de prélats illustres à qui je l'ai récitée en ont jugé comme eux ; que Monseigneur l'évêque de Meaux (1), c'est-à-dire, une des plus grandes lumières qui aient éclairé l'Église dans les derniers siècles, a eu longtemps mon ouvrage entre les mains ; et qu'après l'avoir lu et relu plusieurs fois, il m'a non-seulement donné son approbation, mais a trouvé bon que je publiasse à tout le monde qu'il me la donnait ; enfin, que, pour mettre le comble à ma gloire, ce saint archevêque (2), dans le diocèse duquel j'ai le bonheur de me trouver, ce grand prélat, dis-je, aussi éminent en doctrine et en vertus qu'en dignité et en naissance, que le plus grand roi de l'univers, par un choix visiblement inspiré du ciel, a donné à la ville capitale de son royaume, pour assurer l'innocence et pour détruire l'erreur, Monseigneur l'archevêque de Paris, en un mot, a bien daigné aussi examiner soigneusement mon épître, et a eu même la bonté de me donner sur plus d'un endroit des conseils que j'ai suivis, et m'a enfin accordé aussi son approbation, avec des éloges dont je suis également ravi et confus.

Au reste, comme il y a des gens qui ont publié que mon épître n'était qu'une vaine déclamation, qui n'attaquait rien de réel ni qu'aucun homme eût jamais avancé, je veux bien, pour l'intérêt de la vérité, mettre ici la proposition que j'y combats, dans la langue et dans les termes qu'on la soutient en plus d'une école. La voici : « Attritio ex gehennæ metu sufficit, etiam sine ulla Dei dilectione, et « sine ullo ad Deum offensum respectu ; quia talis honesta et super-« naturalis est. » C'est cette proposition que j'attaque et que je soutiens fausse, abominable, et plus contraire à la vraie religion, que le luthéranisme ni le calvinisme. Cependant, je ne crois pas qu'on puisse nier qu'on ne l'ait encore soutenue depuis peu, et qu'on ne l'ait même insérée dans quelques catéchismes en des mots fort approchants des termes latins, que je viens de rapporter.

---

(1) Jacques-Bénigne Bossuet.
(2) Louis-Antoine de Noailles, cardinal-archevêque de Paris.

EPITRE X.

A MES VERS.

J'ai beau vous arrêter, ma remontrance est vaine :
Allez, partez, mes Vers, dernier fruit de ma veine.
C'est trop languir chez moi dans un obscur séjour :
La prison vous déplaît, vous cherchez le grand jour ;
Et déjà chez Barbin (1), ambitieux libelles,
Vous brûlez d'étaler vos feuilles criminelles.
Vains et faibles enfants dans ma vieillesse nés,
Vous croyez, sur les pas de vos heureux aînés,
Voir bientôt vos bons mots, passant du peuple aux princes,
Charmer également la ville et les provinces ;
Et, par le prompt effet d'un sel réjouissant,
Devenir quelquefois proverbes en naissant.
Mais perdez cette erreur dont l'appât vous amorce :
Le temps n'est plus, mes Vers, où ma muse en sa force,
Du Parnasse français formant les nourrissons,
De si riches couleurs habillait ses leçons ;
Quand mon esprit, poussé d'un courroux légitime,
Vint devant la raison plaider contre la rime ;
A tout le genre humain sut faire le procès,
Et s'attaqua soi-même avec tant de succès.
Alors il n'était point de lecteur si sauvage
Qui ne se déridât en lisant mon ouvrage,
Et qui, pour s'égayer, souvent, dans ses discours,
D'un mot pris en mes vers n'empruntât le secours.
   Mais aujourd'hui qu'enfin la vieillesse venue,
Sous mes faux (2) cheveux blonds déjà toute chenue,
A jeté sur ma tête, avec ses doigts pesants,
Onze lustres complets, surchargés de trois ans,
Cessez de présumer dans vos folles pensées,
Mes Vers, de voir en foule à vos rimes glacées
Courir, l'argent en main, les lecteurs empressés.
Nos beaux jours sont finis, nos honneurs sont passés :
Dans peu vous allez voir vos froides rêveries
Du public exciter les justes moqueries ;

---

(1) Libraire du palais.
(2) L'auteur avait pris la perruque.

Et leur auteur, jadis à Regnier préféré,
A Pinchêne, à Linière, à Perrin, comparé.
Vous aurez beau crier : « O vieillesse ennemie!
« N'a-t-il donc tant vécu que pour cette infamie (1)? »
Vous n'entendrez partout qu'injurieux brocards
Et sur vous et sur lui fondre de toutes parts.

 Que veut-il? dira-t-on ; quelle fougue indiscrète
Ramène sur les rangs encor ce vain athlète?
Quels pitoyables vers! quel style languissant!
Malheureux, laisse en paix ton cheval vieillissant,
De peur que tout-à-coup, efflanqué, sans haleine,
Il ne laisse, en tombant, son maître sur l'arène.
Ainsi s'expliqueront nos censeurs sourcilleux ;
Et bientôt vous verrez mille auteurs pointilleux,
Pièce à pièce épluchant vos sons et vos paroles,
Interdire chez vous l'entrée aux hyperboles ;
Traiter tout noble mot de terme hasardeux,
Et dans tous vos discours, comme monstres hideux,
Huer la métaphore et la métonymie,
Grands mots que Pradon croit des termes de chimie ;
Vous soutenir qu'un lit ne peut être effronté (2) ;
Que nommer la luxure est une impureté.
En vain contre ce flot d'aversion publique
Vous tiendrez quelque temps ferme sur la boutique ;
Vous irez à la fin, honteusement exclus,
Trouver au magasin Pyrame et Régulus (3),
Ou couvrir chez Thierry, d'une feuille encor neuve,
Les méditations de Buzée et d'Hayneuve ;
Puis, en tristes lambeaux semés dans les marchés,
Souffrir tous les affronts au Jonas reprochés.

 Mais quoi ! de ces discours bravant la vaine attaque,
Déjà, comme les vers de Cinna, d'Andromaque,
Vous croyez à grands pas chez la postérité
Courir, marqués au coin de l'immortalité !
Hé bien ! contentez donc l'orgueil qui vous enivre ;
Montrez-vous j'y consens : mais, du moins, dans mon livre ;
Commencez par vous joindre à mes premiers écrits.
C'est-là qu'à la faveur de vos frères chéris,
Peut-être enfin soufferts comme enfants de ma plume,
Vous pourrez vous sauver, épars dans le volume.
Que si mêmes un jour le lecteur grâcieux,
Amorcé par mon nom, sur vous tourne les yeux,
Pour m'en récompenser, mes Vers, avec usure,
De votre auteur alors faites-lui la peinture ;

---

(1) Vers du Cid.
(2) Terme de la dixième satire.
(3) Pièces de théâtre de Pradon.

Et surtout prenez soin d'effacer bien les traits
Dont tant de peintres faux ont flétri mes portraits.
Déposez hardiment qu'au fond cet homme horrible,
Ce censeur qu'ils ont peint si noir et si terrible,
Fut un esprit doux, simple, ami de l'équité,
Qui, cherchant dans ses vers la seule vérité,
Fit, sans être malin, ses plus grandes malices,
Et qu'enfin sa candeur seule a fait tous ses vices.
Dites que, harcelé par les plus vils rimeurs,
Jamais, blessant leurs vers, il n'effleura leurs mœurs :
Libre dans ses discours, mais pourtant toujours sage,
Assez faible de corps, assez doux de visage,
Ni petit, ni trop grand, très peu voluptueux,
Ami de la vertu plutôt que vertueux.

Que si quelqu'un, mes Vers, alors vous importune
Pour savoir mes parents, ma vie et ma fortune,
Contez-lui qu'allié d'assez hauts magistrats,
Fils d'un père greffier, né d'aïeux avocats,
Dès le berceau perdant une fort jeune mère
Réduit seize ans après à pleurer mon vieux père,
J'allai d'un pas hardi, par moi-même guidé,
Et de mon seul génie en marchant secondé,
Studieux amateur et de Perse et d'Horace,
Assez près de Regnier m'asseoir sur le Parnasse ;
Que, par un coup du sort au grand jour amené,
Et des bords du Permesse à la cour entraîné,
Je sus, prenant l'essor par des routes nouvelles,
Élever assez haut mes poétiques ailes ;
Que ce roi dont le nom fait trembler tant de rois
Voulut bien que ma main crayonnât ses exploits ;
Que plus d'un grand m'aima jusques à la tendresse ;
Que ma vue à Colbert inspirait l'allégresse ;
Qu'aujourd'hui même encor, de deux sens affaibli,
Retiré de la cour, et non mis en oubli,
Plus d'un héros, épris des fruits de mon étude,
Vient quelquefois chez moi (1) goûter la solitude.

Mais des heureux regards de mon astre étonnant
Marquez bien cet effet encor plus surprenant,
Qui dans mon souvenir aura toujours sa place :
Que de tant d'écrivains de l'école d'Ignace
Étant, comme je suis, ami si déclaré,
Ce docteur toutefois si craint, si révéré,
Qui contre eux de sa plume épuisa l'énergie,
Arnauld, le grand Arnauld, fit mon apologie (2).
Sur mon tombeau futur, mes Vers, pour l'énoncer,

---

(1) A Auteuil.
(2) M. Arnauld a fait une dissertation où il me justifie contre mes censeurs.

Courez en lettres d'or de ce pas vous placer;
Allez, jusqu'où l'aurore en naissant voit l'Hydaspe (1),
Chercher, pour l'y graver, le plus précieux jaspe.
Surtout à mes rivaux sachez bien l'étaler.
  Mais je vous retiens trop. C'est assez vous parler.
Déjà, plein du beau feu qui pour vous le transporte,
Barbin impatient chez moi frappe à la porte :
Il vient pour vous chercher. C'est lui : j'entends sa voix.
Adieu, mes Vers, adieu pour la dernière fois.

EPITRE XI.

A MON JARDINIER.

Laborieux valet du plus commode maître
Qui pour te rendre heureux ici-bas pouvait naître,
Antoine, gouverneur de mon jardin d'Auteuil,
Qui dirige chez moi l'if et le chevrefeuil,
Et sur mes espaliers, industrieux génie,
Sais si bien exercer l'art de la Quintinie (2) ;
Oh ! que de mon esprit triste et mal ordonné,
Ainsi que de ce champ par toi si bien orné,
Ne puis-je faire ôter les ronces, les épines,
Et des défauts sans nombre arracher les racines !
  Mais parle : raisonnons. Quand, du matin au soir,
Chez moi poussant la bêche, ou portant l'arrosoir,
Tu fais d'un sable aride une terre fertile,
Et rends tout mon jardin à tes lois si docile ;
Que dis-tu de m'y voir rêveur, capricieux,
Tantôt baissant le front, tantôt levant les yeux,
De paroles dans l'air par élans envolées
Effrayer les oiseaux perchés dans mes allées?
Ne soupçonnes-tu point qu'agité du démon,
Ainsi que ce cousin (3) des quatre fils Aymon
Dont tu lis quelquefois la merveilleuse histoire,
Je rumine en marchant quelque endroit du grimoire?
Mais non : tu te souviens qu'au village on t'a dit
Que ton maître est nommé pour coucher par écrit
Les faits d'un roi plus grand en sagesse, en vaillance,
Que Charlemagne aidé des douze pairs de France.

---

(1) Fleuve des Indes.
(2) Célèbre directeur des jardins du roi.
(3) Maugis.

Tu crois qu'il y travaille, et qu'au long de ce mur
Peut-être en ce moment il prend Mons et Namur,
 Que penserais-tu donc, si l'on t'allait apprendre
Que ce grand chroniqueur des gestes d'Alexandre,
Aujourd'hui méditant un projet tout nouveau,
S'agite, se démène, et s'use le cerveau,
Pour te faire à toi-même en rimes insensées
Un bizarre portrait de ses folles pensées?
Mon maître, dirais-tu, passe pour un docteur,
Et parle quelquefois mieux qu'un prédicateur :
Sous ces arbres pourtant de si vaines sornettes
Il n'irait point troubler la paix de ces fauvettes,
S'il lui fallait toujours, comme moi, s'exercer,
Labourer, couper, tondre, aplanir, palisser,
Et, dans l'eau de ses puits sans relâche tirée,
De ce sable étancher la soif démesurée.
 Antoine, de nous deux tu crois donc, je le vois,
Que le plus occupé dans ce jardin c'est toi!
Oh! que tu changerais d'avis et de langage,
Si deux jours seulement, libre du jardinage,
Tout-à-coup devenu poète et bel esprit,
Tu t'allais engager à polir un écrit
Qui dît, sans s'avilir, les plus petites choses;
Fît, des plus secs chardons, des œillets et des roses;
Et sût même aux discours de la rusticité
Donner de l'élégance et de la dignité;
Un ouvrage, en un mot, qui, juste en tous ses termes,
Sût plaire à d'Aguesseau (1), sût satisfaire Termes;
Sût, dis-je, contenter, en paraissant au jour,
Ce qu'ont d'esprits plus fins et la ville et la cour!
Bientôt de ce travail revenu sec et pâle,
Et le teint plus jauni que de vingt ans de hâle,
Tu dirais, reprenant ta pelle et ton rateau :
J'aime mieux mettre encor cent arpents au niveau,
Que d'aller follement, égaré dans les nues,
Me lasser à chercher des visions cornues,
Et, pour lier des mots si mal s'entr'accordants,
Prendre dans ce jardin la lune avec les dents.
 Approche donc, et viens; qu'un paresseux l'apprenne
Antoine, ce que c'est que fatigue et que peine.
L'homme ici-bas, toujours inquiet et gêné,
Est, dans le repos même, au travail condamné.
La fatigue l'y suit. C'est en vain qu'aux poètes
Les neuf trompeuses sœurs dans leurs douces retraites
Promettent du repos sous leurs ombrages frais :
Dans ces tranquilles bois pour eux plantés exprès,

---

(1) Alors avocat-général, et maintenant procureur-général.

ÉPITRE XI.

La cadence aussitôt, la rime, la césure,
La riche expression, la nombreuse mesure,
Sorcières dont l'amour sait d'abord les charmer,
De fatigues sans fin viennent les consumer.
Sans cesse poursuivant ces fugitives fées (1),
On voit sous les lauriers haleter les Orphées.
Leur esprit toutefois se plaît dans son tourment,
Et se fait de sa peine un noble amusement.
Mais je ne trouve point de fatigue si rude
Que l'ennuyeux loisir d'un mortel sans étude,
Qui, jamais ne sortant de sa stupidité,
Soutient, dans les langueurs de son oisiveté,
D'une lâche indolence esclave volontaire,
Le pénible fardeau de n'avoir rien à faire.
Vainement offusqué de ses pensers épais,
Loin du trouble et du bruit il croit trouver la paix :
Dans le calme odieux de sa sombre paresse,
Tous les honteux plaisirs, enfants de la mollesse,
Usurpant sur son âme un absolu pouvoir,
De monstrueux désirs le viennent émouvoir,
Irritent de ses sens la fureur endormie,
Et le font le jouet de leur triste infamie.
Puis sur leurs pas soudain arrivent les remords,
Et bientôt avec eux tous les fléaux du corps :
La pierre, la colique, et les gouttes cruelles ;
Guénaud, Rainssant, Brayer (2), presque aussi tristes qu'elles,
Chez l'indigne mortel courent tous s'assembler,
De travaux douloureux le viennent accabler ;
Sur le duvet d'un lit, théâtre de ses gênes,
Lui font scier des rocs, lui font fendre des chênes,
Et le mettent au point d'envier ton emploi.
Reconnais donc, Antoine, et conclus avec moi,
Que la pauvreté mâle, active et vigilante,
Est parmi les travaux, moins lasse et plus contente
Que la richesse oisive au sein des voluptés.
  Je te vais sur cela prouver deux vérités :
L'une, que le travail aux hommes nécessaire,
Fait leur félicité plutôt que leur misère ;
Et l'autre, qu'il n'est point de coupable en repos.
C'est ce qu'il faut ici montrer en peu de mots.
Suis-moi donc. Mais je vois, sur ce début de prône,
Que ta bouche déjà s'ouvre large d'une aune,
Et que, les yeux fermés, tu baisses le menton.
Ma foi, le plus sûr est de finir ce sermon.
Aussi bien j'aperçois ces melons qui t'attendent,

---

(1) Les Muses.
(2) Fameux médecins.

Et ces fleurs qui là-bas entre elles se demandent
S'il est fête au village, et pour quel saint nouveau
On les laisse aujourd'hui si longtemps manquer d'eau.

EPITRE XII.

SUR L'AMOUR DE DIEU.

A M. L'ABBÉ RENAUDOT.

Docte abbé, tu dis vrai, l'homme, au crime attaché,
En vain, sans aimer Dieu, croit sortir du péché.
Toutefois, n'en déplaise aux transports frénétiques
Du fougueux moine (1) auteur des troubles germaniques,
Des tourments de l'enfer la salutaire peur
N'est pas toujours l'effet d'une noire vapeur
Qui, de remords sans fruit agitant le coupable,
Aux yeux de Dieu le rend encor plus haïssable :
Cette utile frayeur, propre à nous pénétrer,
Vient souvent de la grâce en nous prête d'entrer,
Qui veut dans notre cœur se rendre la plus forte,
Et, pour se faire ouvrir, déjà frappe à la porte.
Si le pécheur, poussé de ce saint mouvement,
Reconnaissant son crime, aspire au sacrement,
Souvent Dieu tout-à-coup d'un vrai zèle l'enflamme
Le Saint Esprit revient habiter dans son âme,
Y convertit enfin les ténèbres en jour,
Et la crainte servile en filial amour.
C'est ainsi que souvent la sagesse suprême
Pour chasser le démon se sert du démon même.
Mais lorsqu'en sa malice un pécheur obstiné,
Des horreurs de l'enfer vainement étonné,
Loin d'aimer, humble fils, son véritable père,
Craint et regarde Dieu comme un tyran sévère,
Au bien qu'il nous promet ne trouve aucun appas,
Et souhaite en son cœur que ce Dieu ne soit pas :
En vain, la peur sur lui remportant la victoire,
Aux pieds d'un prêtre il court décharger sa mémoire ;
Vil esclave toujours sous le joug du péché,
Au démon qu'il redoute il demeure attaché.

---

(1) Luther.

ÉPITRE XII.

L'amour, essentiel à notre pénitence,
Doit être l'heureux fruit de notre repentance.
Non, quoi que l'ignorance enseigne sur ce point,
Dieu ne fait jamais grâce à qui ne l'aime point.
A le chercher la peur nous dispose et nous aide :
Mais il ne vient jamais, que l'amour ne succède.
Cessez de m'opposer vos discours imposteurs,
Confesseurs insensés, ignorants séducteurs,
Qui, pleins des vains propos que l'erreur vous débite,
Vous figurez qu'en vous un pouvoir sans limite
Justifie à coup sûr tout pécheur alarmé,
Et que sans aimer Dieu l'on peut en être aimé.
   Quoi donc! cher Renaudot, un chrétien effroyable,
Qui jamais, servant Dieu, n'eut d'objet que le diable,
Pourra, marchant toujours dans des sentiers maudits,
Par des formalités gagner le paradis!
Et parmi les élus, dans la gloire éternelle,
Pour quelques sacrements reçus sans aucun zèle,
Dieu fera voir aux yeux des saints épouvantés
Son ennemi mortel assis à ses côtés!
Peut-on se figurer de si folles chimères!
On voit pourtant, on voit des docteurs même austères,
Qui, les semant partout, s'en vont pieusement
De toute piété saper le fondement ;
Qui, le cœur infecté d'erreurs si criminelles,
Se disent hautement les purs, les vrais fidèles ;
Traitant d'abord d'impie et d'hérétique affreux
Quiconque ose pour Dieu se déclarer contre eux.
De leur audace en vain les vrais chrétiens gémissent :
Prêts à la repousser les plus hardis mollissent,
Et, voyant contre Dieu le diable accrédité,
N'osent qu'en bégayant prêcher la vérité.
Mollirons-nous aussi? Non, sans peur, sur ta trace,
Docte abbé, de ce pas j'irai leur dire en face :
Ouvrez les yeux enfin, aveugles dangereux.
Oui, je vous le soutiens, il serait moins affreux
De ne point reconnaître un Dieu maître du monde,
Et qui règle à son gré le ciel, la terre et l'onde,
Qu'en avouant qu'il est, et qu'il sut tout former,
D'oser dire qu'on peut lui plaire sans l'aimer.
Un si bas, si honteux, si faux christianisme
Ne vaut pas des Platons l'éclairé paganisme ;
Et chérir les vrais biens, sans en savoir l'auteur,
Vaut mieux que sans l'aimer, connaître un Créateur.
Expliquons-nous pourtant. Par cette ardeur si sainte,
Que je veux qu'en un cœur amène enfin la crainte,
Je n'entends pas ici ce doux saisissement,
Ces transports pleins de joie et de ravissement
Qui font des bienheureux la juste récompense,
Et qu'un cœur rarement goûte ici par avance

Dans nous l'amour de Dieu, fécond en saints désirs,
N'y produit pas toujours de sensibles plaisirs.
Souvent le cœur qui l'a ne le sait pas lui-même :
Tel craint de n'aimer pas, qui sincèrement aime ;
Et tel croit, au contraire, être brûlant d'ardeur,
Qui n'eut jamais pour Dieu que glace et que froideur.
C'est ainsi quelquefois qu'un indolent mystique (1)
Au milieu des péchés tranquille fanatique,
Du plus parfait amour pense avoir l'heureux don,
Et croit posséder Dieu, dans les bras du démon.

 Voulez-vous donc savoir si la foi dans votre âme
Allume les ardeurs d'une sincère flamme ?
Consultez-vous vous-même. A ses règles soumis,
Pardonnez-vous sans peine à tous vos ennemis ?
Combattez-vous vos sens ? domptez-vous vos faiblesses ?
Dieu dans le pauvre est-il l'objet de vos largesses ?
Enfin dans tous ses points pratiquez-vous sa loi ?
Oui, dites-vous. Allez, vous l'aimez, croyez-moi.
Qui fait exactement ce que ma loi commande,
A pour moi, dit ce Dieu, l'amour que je demande.
Faites-le donc ; et sûr qu'il nous veut sauver tous,
Ne vous alarmez point pour quelques vains dégoûts
Qu'en sa ferveur souvent la plus sainte âme éprouve :
Marchez, courez à lui : qui le cherche le trouve.
Et plus de votre cœur il paraît s'écarter,
Plus par vos actions songez à l'arrêter.
Mais ne soutenez point cet horrible blasphème,
Qu'un sacrement reçu, qu'un prêtre, que Dieu même,
Quoi que vos faux docteurs osent vous avancer,
De l'amour qu'on lui doit puissent vous dispenser.

 Mais s'il faut qu'avant tout, dans une âme chrétienne
Diront ces grands docteurs, l'amour de Dieu survienne,
Puisque ce seul amour suffit pour nous sauver,
De quoi le sacrement viendra-t-il nous laver ?
Sa vertu n'est donc plus qu'une vertu frivole ?
Oh ! le bel argument digne de leur école !
Quoi ! dans l'amour divin en nos cœurs allumé,
Le vœu du sacrement n'est-il pas renfermé ?
Un païen converti, qui croit un Dieu suprême,
Peut-il être chrétien qu'il n'aspire au baptême,
Ni le chrétien en pleurs être vraiment touché,
Qu'il ne veuille à l'église avouer son péché ?
Du funeste esclavage où le démon nous traîne
C'est le sacrement seul qui peut rompre la chaîne :
Aussi l'amour d'abord y court avidement ;

---

(1) Quiétistes, dont les erreurs ont été condamnées par les papes Innocent XI et Innocent XII.

Mais lui-même il en est l'âme et le fondement.
Lorsqu'un pécheur, ému d'une humble repentance,
Par les degrés prescrits court à la pénitence,
S'il n'y peut parvenir, Dieu sait les supposer.
Le seul amour manquant ne peut point s'excuser :
C'est par lui que dans nous la grâce fructifie;
C'est lui qui nous ranime et qui nous vivifie;
Pour nous rejoindre à Dieu, lui seul est le lien :
Et sans lui, foi, vertus, sacrements, tout n'est rien.
  A ces discours pressants que saurait-on répondre?
Mais approchez : je veux encor mieux vous confondre,
Docteur. Dites-moi donc : quand nous sommes absous,
Le Saint Esprit est-il, ou n'est-il pas en nous ?
S'il est en nous, peut-il, n'étant qu'amour lui-même,
Ne nous échauffer point de son amour suprême ?
Et s'il n'est pas en nous, Satan, toujours vainqueur,
Ne demeure-t-il pas maître de notre cœur?
Avouez donc qu'il faut qu'en nous l'amour renaisse :
Et n'allez point, pour fuir la raison qui vous presse,
Donner le nom d'amour au trouble inanimé
Qu'au cœur d'un criminel la peur seule a formé.
L'ardeur qui justifie, et que Dieu nous envoie,
Quoiqu'ici-bas souvent inquiète et sans joie,
Est pourtant cette ardeur, ce même feu d'amour,
Dont brûle un bienheureux en l'éternel séjour.
Dans le fatal instant qui borne notre vie,
Il faut que de ce feu notre âme soit remplie;
Et Dieu, sourd à nos cris s'il ne l'y trouve pas,
Ne l'y rallume plus après notre trépas.
Rendez-vous donc enfin à ces clairs syllogismes;
Et ne prétendez plus, par vos confus sophismes,
Pouvoir encore aux yeux du fidèle éclairé
Cacher l'amour de Dieu dans l'école égaré.
Apprenez que la gloire où le ciel nous appelle
Un jour des vrais enfants doit couronner le zèle,
Et non les froids remords d'un esclave craintif,
Où crut voir Abeli (1) quelque amour négatif.
  Mais quoi! j'entends déjà plus d'un fier scolastique
Qui, me voyant ici sur ce ton dogmatique
En vers audacieux traiter ces points sacrés,
Curieux, me demande où j'ai pris mes degrés;
Et si, pour m'éclairer sur ces sombres matières,
Deux cents auteurs extraits m'ont prêté leurs lumières ?
Non. Mais pour décider que l'homme, qu'un chrétien
Est obligé d'aimer l'unique auteur du bien,

---

(1) Auteur de la *Moëlle théologique*, qui soutient la fausse attrition par les raisons réfutées dans cette épitre.

Le Dieu qui le nourrit, le Dieu qui le fit naître,
Qui nous vint par sa mort donner un second être,
Faut-il avoir reçu le bonnet doctoral,
Avoir extrait Gamache, Isambert et Duval?
Dieu, dans son livre saint, sans chercher d'autre ouvrage,
Ne l'a-t-il pas écrit lui-même à chaque page?
De vains docteurs encore, ô prodige honteux!
Oserons-nous en faire un problème douteux!
Viendront traiter d'erreur digne de l'anathême
L'indispensable loi d'aimer Dieu pour lui-même,
Et, par un dogme faux dans nos jours enfanté,
Des devoirs du chrétien rayer la charité!
 Si j'allais consulter chez eux le moins sévère,
Et lui disais : Un fils doit-il aimer son père?
Ah! peut-on en douter? dirait-il brusquement.
Et quand je leur demande en ce même moment :
L'homme, ouvrage d'un Dieu seul bon et seul aimable,
Doit-il aimer ce Dieu, son père véritable?
Leur plus rigide auteur n'ose le décider,
Et craint, en l'affirmant, de se trop hasarder!
 Je ne m'en puis défendre ; il faut que je t'écrive
La figure bizarre, et pourtant assez vive,
Que je sus l'autre jour employer dans son lieu,
Et qui déconcerta ces ennemis de Dieu.
Au sujet d'un écrit qu'on nous venait de lire,
Un d'entre eux m'insulta sur ce que j'osai dire
Qu'il faut, pour être absous d'un crime confessé,
Avoir pour Dieu du moins un amour commencé.
Ce dogme, me dit-il, est un pur calvinisme.
O ciel! me voilà donc dans l'erreur, dans le schisme,
Et partant réprouvé! Mais, poursuivis-je alors,
Quand Dieu viendra juger les vivants et les morts,
Et des humbles agneaux, objets de sa tendresse,
Séparera des boucs la troupe pécheresse,
A tous il nous dira, sévère ou grâcieux,
Ce qui nous fit impurs ou justes à ses yeux.
Selon vous donc, à moi réprouvé, bouc infâme,
Va brûler, dira-t-il, en l'éternelle flamme,
Malheureux qui soutins que l'homme dut m'aimer ;
Et qui, sur ce sujet trop prompt à déclamer,
Prétendis qu'il fallait, pour fléchir ma justice,
Que le pécheur, touché de l'horreur de son vice,
De quelque ardeur pour moi sentît les mouvements,
Et gardât le premier de mes commandements !
Dieu, si je vous en crois, me tiendra ce langage ;
Mais à vous, tendre agneau, son plus cher héritage,
Orthodoxe ennemi d'un dogme si blâmé :
Venez, vous dira-t-il, venez, mon bien-aimé :
Vous qui, dans les détours de vos raisons subtiles

Embarrassant les mots d'un des plus saints conciles (1),
Avez délivré l'homme, ô l'utile docteur !
De l'importun fardeau d'aimer son Créateur ;
Entrez au ciel, venez, comblé de mes louanges,
Du besoin d'aimer Dieu désabuser les anges.
A de tels mots, si Dieu pouvait les prononcer,
Pour moi je répondrais, je crois, sans l'offenser :
Oh ! que pour vous mon cœur moins dur et moins farouche,
Seigneur, n'a-t-il, hélas ! parlé comme ma bouche !
Ce serait ma réponse à ce Dieu fulminant.
Mais vous, de ses douceurs objets fort surprenant,
Je ne sais pas comment, ferme en votre doctrine,
Des ironiques mots de sa bouche divine
Vous pourriez, sans rougeur et sans confusion,
Soutenir l'amertume et la dérision.
    L'audace du docteur, par ce discours frappée,
Demeura sans réplique à ma prosopopée.
Il sortit tout-à-coup, et, murmurant tout bas
Quelques termes d'aigreur que je n'entendis pas,
S'en alla chez Binsfeld, ou chez Basile Ponce, (2)
Sur l'heure à mes raisons chercher une réponse.

---

(1) Le concile de Trente.
(2) Deux défenseurs de la fausse attrition. Le premier était chanoine de Trèves, et l'autre était de l'ordre de Saint-Augustin.

L'ART POÉTIQUE.

CHANT PREMIER.

C'est en vain qu'au Parnasse un téméraire auteur
Pense de l'art des vers atteindre la hauteur :
S'il ne sent point du ciel l'influence secrète,
Si son astre en naissant ne l'a formé poète,
Dans son génie étroit il est toujours captif ;
Pour lui Phébus est sourd, et Pégase est rétif.
   O vous donc qui, brûlant d'une ardeur périlleuse,
Courez du bel esprit la carrière épineuse,
N'allez pas sur des vers sans fruit vous consumer,
Ni prendre pour génie un amour de rimer :
Craignez d'un vain plaisir les trompeuses amorces,
Et consultez longtemps votre esprit et vos forces.
   La Nature, fertile en esprits excellents,
Sait entre les auteurs partager les talents :
L'un peut tracer en vers une amoureuse flamme;
L'autre, d'un trait plaisant aiguiser l'épigramme :
Malherbe d'un héros peut vanter les exploits;
Racan, chanter Philis, les bergers et les bois.
Mais souvent un esprit qui se flatte et qui s'aime
Méconnaît son génie, et s'ignore soi-même :
Ainsi tel (1), autrefois qu'on vit avec Faret (2)
Charbonner de ses vers les murs d'un cabaret,
S'en va, mal à propos, d'une voix insolente,
Chanter du peuple hébreu la fuite triomphante,
Et, poursuivant Moïse au travers des déserts,
Court avec Pharaon se noyer dans les mers.
   Quelque sujet qu'on traite, ou plaisant, ou sublime ,
Que toujours le bon sens s'accorde avec la rime :

---

(1) Saint Amand, auteur du *Moïse sauvé*.
(2) Faret, auteur du livre intitulé l'*Honnête Homme*, et ami de saint Amand.

L'un l'autre vainement ils semblent se haïr ;
La rime est une esclave, et ne doit qu'obéir.
Lorsqu'à la bien chercher d'abord on s'évertue,
L'esprit à la trouver aisément s'habitue ;
Au joug de la raison sans peine elle fléchit,
Et, loin de la gêner, la sert et l'enrichit.
Mais, lorsqu'on la néglige, elle devient rebelle ;
Et, pour la rattraper, le sens court après elle.
Aimez donc la raison : que toujours vos écrits
Empruntent d'elle seule et leur lustre et leur prix.
 La plupart, emportés d'une fougue insensée,
Toujours loin du droit sens vont chercher leur pensée ;
Ils croiraient s'abaisser, dans leurs vers monstrueux,
S'ils pensaient ce qu'un autre a pu penser comme eux.
Évitons ces excès : laissons à l'Italie
De tous ces faux brilants l'éclatante folie.
Tout doit tendre au bon sens : mais pour y parvenir
Le chemin est glissant et pénible à tenir ;
Pour peu qu'on s'en écarte, aussitôt on se noie.
La raison pour marcher n'a souvent qu'une voie.
 Un auteur quelquefois trop plein de son objet
Jamais sans l'épuiser n'abandonne un sujet.
S'il rencontre un palais, il m'en dépeint la face ;
Il me promène après de terrasse en terrasse ;
Ici s'offre un perron ; là règne un corridor ;
Là ce balcon s'enferme en un balustre d'or.
Il compte des plafonds les ronds et les ovales ;
« Ce ne sont que festons, ce ne sont qu'astragales. (1) »
Je saute vingt feuillets pour en trouver la fin ;
Et je me sauve à peine au travers du jardin.
Fuyez de ces auteurs l'abondance stérile ;
Et ne vous chargez point d'un détail inutile.
Tout ce qu'on dit de trop est fade et rebutant ;
L'esprit rassasié le rejette à l'instant.
Qui ne sait se borner ne sut jamais écrire.
 Souvent la peur d'un mal nous conduit dans un pire :
Un vers était trop faible, et vous le rendez dur ;
J'évite d'être long, et je deviens obscur ;
L'un n'est point trop fardé; mais sa muse est trop nue.
L'autre a peur de ramper ; il se perd dans la nue.
 Voulez-vous du public mériter les amours ?
Sans cesse en écrivant variez vos discours.
Un style trop égal et toujours uniforme
En vain brille à nos yeux, il faut qu'il nous endorme.
On lit peu ces auteurs, nés pour nous ennuyer,
Qui toujours sur un ton semblent psalmodier.

---

(1) Vers de Scuderi.

Heureux qui, dans ses vers, sait d'une voix légère
Passer du grave au doux, du plaisant au sévère !
Son livre, aimé du ciel, et chéri des lecteurs,
Est souvent chez Barbin entouré d'acheteurs.
    Quoi que vous écriviez, évitez la bassesse :
Le style le moins noble a pourtant sa noblesse.
Au mépris du bon sens, le burlesque (1) effronté
Trompa les yeux d'abord, plut par sa nouveauté :
On ne vit plus en vers que pointes triviales ;
Le Parnasse parla le langage des halles :
La licence à rimer alors n'eut plus de frein ;
Apollon travesti devint un Tabarin.
Cette contagion infecta les provinces,
Du clerc et du bourgeois passa jusques aux princes :
Le plus mauvais plaisant eut ses approbateurs ;
Et, jusqu'à d'Assouci (2), tout trouva des lecteurs.
Mais de ce style enfin la cour désabusée
Dédaigna de ces vers l'extravagance aisée,
Distingua le naïf du plat et du bouffon,
Et laissa la province admirer le Typhon.
    Que ce style jamais ne souille votre ouvrage.
Imitons de Marot l'élégant badinage,
Et laissons le burlesque aux plaisants (3) du Pont-Neuf.
    Mais n'allez point aussi, sur les pas de Brébeuf,
Même en une Pharsale, entasser sur les rives
« De morts et de mourants cent montagnes plaintives. »
Prenez mieux votre ton. Soyez simple avec art,
Sublime sans orgueil, agréable sans fard.
    N'offrez rien au lecteur que ce qui peut lui plaire.
Ayez pour la cadence une oreille sévère :
Que toujours dans vos vers le sens coupant les mots,
Suspende l'hémistiche, en marque le repos.
    Gardez qu'une voyelle à courir trop hâtée
Ne soit d'une voyelle en son chemin heurtée.
    Il est un heureux choix de mots harmonieux.
Fuyez des mauvais sons le concours odieux :
Le vers le mieux rempli, la plus noble pensée,
Ne peut plaire à l'esprit quand l'oreille est blessée.
    Durant les premiers ans du Parnasse françois,
Le caprice tout seul faisait toutes les lois.
La rime, au bout des mots assemblés sans mesure,
Tenait lieu d'ornements, de nombre et de césure.

---

(1) Le style burlesque fut extrêmement en vogue depuis le commencement du dernier siècle jusques vers 1660 qu'il tomba.

(2) Pitoyable auteur, qui a composé l'*Ovide en belle humeur*.

(3) Les vendeurs de mithridate et les joueurs de marionnettes se mettent depuis longtemps sur le Pont-Neuf.

Villon sut le premier, dans ces siècles grossiers,
Débrouiller l'art confus de nos vieux romanciers (1).
Marot bientôt après fit fleurir les ballades,
Tourna des triolets, rima des mascarades,
A des refrains réglés asservit les rondeaux,
Et montra pour rimer des chemins tout nouveaux.
Ronsard, qui le suivit, par une autre méthode,
Réglant tout, brouilla tout, fit un art à sa mode,
Et toutefois longtemps eut un heureux destin.
Mais sa muse, en français parlant grec et latin,
Vit dans l'âge suivant, par un retour grotesque,
Tomber de ses grands mots le faste pédantesque.
Ce poète orgueilleux, trébuché de si haut,
Rendit plus retenus Desportes et Bertaut.
　Enfin Malherbe vint, et, le premier en France,
Fit sentir dans les vers une juste cadence,
D'un mot mis en sa place enseigna le pouvoir,
Et réduisit la muse aux règles du devoir.
Par ce sage écrivain la langue réparée
N'offrit plus rien de rude à l'oreille épurée.
Les stances avec grâce apprirent à tomber,
Et le vers sur le vers n'osa plus enjamber.
Tout reconnut ses lois ; et ce guide fidèle
Aux auteurs de ce temps sert encor de modèle.
Marchez donc sur ses pas ; aimez sa pureté,
Et de son tour heureux imitez la clarté.
Si le sens de vos vers tarde à se faire entendre,
Mon esprit aussitôt commence a se détendre ;
Et, de vos vains discours prompt à se détacher,
Ne suit point un auteur qu'il faut toujours chercher.
　Il est certains esprits dont les sombres pensées
Sont d'un nuage épais toujours embarrassés ;
Le jour de la raison ne le saurait percer.
Avant donc que d'écrire, apprenez à penser.
Selon que votre idée est plus ou moins obscure,
L'expression la suit, ou moins nette, ou plus pure.
Ce que l'on conçoit bien s'énonce clairement,
Et les mots pour le dire arrivent aisément.
　Surtout qu'en vos écrits la langue révérée
Dans vos plus grands excès vous soit toujours sacrée.
En vain vous me frappez d'un son mélodieux,
Si le terme est impropre, ou le tour vicieux :
Mon esprit n'admet point un pompeux barbarisme,
Ni d'un vers ampoulé l'orgueilleux solécisme,
Sans la langue, en un mot, l'auteur le plus divin

---

(1) La plupart de nos plus anciens romans français sont en vers confus et sans ordre, comme le roman de *la Rose* et plusieurs autres.

Est toujours, quoi qu'il fasse, un méchant écrivain.

Travaillez à loisir, quelque ordre qui vous presse (1)
Et ne vous piquez point d'une folle vitesse :
Un style si rapide, et qui court en rimant,
Marque moins trop d'esprit, que peu de jugement.
J'aime mieux un ruisseau qui, sur le molle arène,
Dans un pré plein de fleurs lentement se promène,
Qu'un torrent débordé qui, d'un cours orageux,
Roule, plein de gravier, sur un terrain fangeux.
Hâtez-vous lentement ; et, sans perdre courage,
Vingt fois sur le métier remettez votre ouvrage :
Polissez-le sans cesse et le repolissez ;
Ajoutez quelquefois, et souvent effacez.
C'est peu qu'en un ouvrage où les fautes fourmillent
Des traits d'esprit semés de temps en temps pétillent :
Il faut que chaque chose y soit mise en son lieu ;
Que le début, la fin, répondent au milieu ;
Que d'un art délicat les pièces assorties
N'y forment qu'un seul tout de diverses parties ;
Que jamais du sujet le discours s'écartant
N'aille chercher trop loin quelque mot éclatant.

Craignez-vous pour vos vers la censure publique ?
Soyez-vous à vous-même un sévère critique :
L'ignorance toujours est prête à s'admirer.

Faites-vous des amis prompts à vous censurer ;
Qu'ils soient de vos écrits les confidents sincères,
Et de tous vos défauts les zélés adversaires :
Dépouillez devant eux l'arrogance d'auteur.
Mais sachez de l'ami discerner le flatteur :
Tel vous semble applaudir, qui vous raille et vous joue.
Aimez qu'on vous conseille, et non pas qu'on vous loue.

Un flatteur aussitôt cherche à se récrier :
Chaque vers qu'il entend le fait extasier.
Tout est charmant, divin ; aucun mot ne le blesse :
Il trépigne de joie, il pleure de tendresse :
Il vous comble partout d'éloges fastueux.
La vérité n'a point cet air impétueux.

Un sage ami, toujours rigoureux, inflexible,
Sur vos fautes jamais ne vous laisse paisible :
Il ne pardonne point les endroits négligés ;
Il renvoie en leur lieu les vers mal arrangés ;
Il réprime des mots l'ambitieuse emphase ;
Ici le sens le choque, et plus loin c'est la phrase :
Votre construction semble un peu s'obscurcir ;
Ce terme est équivoque ; il le faut éclaircir :

---

(1) Scuderi disait toujours, pour s'excuser de travailler si vite, qu'il avait ordre de finir.

C'est ainsi que vous parle un ami véritable.
Mais souvent sur ses vers un auteur intraitable
A les protéger tous se croit intéressé,
Et d'abord prend en main le droit de l'offensé.
De ce vers, direz-vous, l'expression est basse.
Ah! monsieur, pour ce vers je vous demande grace,
Répondra-t-il d'abord. Ce mot me semble froid;
Je le retrancherais. C'est le plus bel endroit!
Ce tour ne me plaît pas. Tout le monde l'admire!
Ainsi toujours constant à ne se point dédire,
Qu'un mot dans son ouvrage ait paru vous blesser,
C'est un titre chez lui pour ne point l'effacer.
Cependant, à l'entendre, il chérit la critique :
Vous avez sur ses vers un pouvoir despotique.
Mais tout ce beau discours dont il vient vous flatter
N'est rien qu'un piége adroit pour vous les réciter.
Aussitôt il vous quitte; et, content de sa muse,
S'en va chercher ailleurs quelque fat qu'il abuse :
Car souvent il en trouve. Ainsi qu'en sots auteurs,
Notre siècle est fertile en sots admirateurs;
Et, sans ceux que fournit la ville et la province,
Il en est chez le duc, il en est chez le prince.
L'ouvrage le plus plat a, chez les courtisans,
De tout temps rencontré de zélés partisans;
Et, pour finir enfin par un trait de satire,
Un sot trouve toujours un plus sot qui l'admire.

CHANT SECOND.

Telle qu'une bergère, au plus beau jour de fête,
De superbes rubis ne charge point sa tête,
Et, sans mêler à l'or l'éclat des diamants,
Cueille en un champ voisin ses plus beaux ornements;
Telle, aimable en son air, mais humble dans son style,
Doit éclater sans pompe une élégante idylle.
Son tour simple et naïf n'a rien de fastueux,
Et n'aime point l'orgueil d'un vers présomptueux.
Il faut que sa douceur flatte, chatouille, éveille,
Et jamais de grands mots n'épouvante l'oreille.
Mais souvent dans ce style un rimeur aux abois
Jette là, de dépit, la flûte et le hautbois;
Et, follement pompeux, dans sa verve indiscrète,
Au milieu d'une églogue entonne la trompette.
De peur de l'écouter Pan fuit dans les roseaux;
Et les Nymphes, d'effroi, se cachent sous les eaux.

Au contraire cet autre, abject en son langage,
Fait parler ses bergers comme on parle au village.
Ses vers plats et grossiers, dépouillés d'agrément,
Toujours baisent la terre, et rampent tristement
On dirait que Ronsard, sur ses pipeaux rustiques,
Vient encor fredonner ses idylles gothiques,
Et changer, sans respect de l'oreille et du son,
Lycidas en Pierrot, et Philis en Toinon.

   Entre ces deux excès la route est difficile.
Suivez, pour la trouver, Théocrite et Virgile :
Que leurs tendres écrits, par les Grâces dictés,
Ne quittent point vos mains, jour et nuit feuilletés.
Seuls, dans leurs doctes vers, ils pourront vous apprendre
Par quel art sans bassesse un auteur peut descendre ;
Chanter Flore, les champs, Pomone, les vergers ;
Au combat de la flûte animer deux bergers;
Des plaisirs de l'amour vanter la douce amorce ;
Changer Narcisse en fleur, couvrir Daphné d'écorce,
Et par quel art encor l'églogue quelquefois
Rend dignes d'un consul (1) la campagne et les bois.
Telle est de ce poëme et la force et la grace.

   D'un ton un peu plus haut, mais pourtant sans audace,
La plaintive élégie, en longs habits de deuil,
Sait, les cheveux épars, gémir sur un cercueil.
Elle peint des amants la joie et la tristesse ;
Flatte, menace, irrite, apaise une maîtresse ;
Mais, pour bien exprimer ces caprices heureux,
C'est peu d'être poète, il faut être amoureux.

   Je hais ces vains auteurs dont la muse forcée
M'entretient de ses feux, toujours froide et glacée ;
Qui s'affligent par art, et, fous de sens rassis,
S'érigent, pour rimer, en amoureux transis ;
Leurs transports les plus doux ne sont que phrases vaines :
Ils ne savent jamais que se charger de chaînes,
Que bénir leur martyre, adorer leur prison,
Et faire quereller le sens et la raison.
Ce n'était pas jadis sur ce ton ridicule
Qu'Amour dictait les vers que soupirait Tibulle,
Ou que, du tendre Ovide animant les doux sons,
Il donnait de son art les charmantes leçons.
Il faut que le cœur seul parle dans l'élégie.

   L'ode, avec plus d'éclat, et non moins d'énergie,
Elevant jusqu'au ciel son vol ambitieux,
Entretient dans ses vers commerce avec les dieux.
Aux athlètes dans Pise (2) elle ouvre la barrière,

---

(1) Virgile, églogue IV, v. 3.
(2) Pise en Elide, où l'on célébrait les Jeux-Olympiques.

Chante un vainqueur poudreux au bout de la carrière,
Mène Achille sanglant aux bords du Simoïs,
Ou fait fléchir l'Escaut sous le joug de Louis.
Tantôt, comme une abeille ardente à son ouvrage,
Elle s'en va de fleurs dépouiller le rivage :
Elle peint les festins, les danses et les ris ;
Vante un baiser cueilli sur les lèvres d'Iris,
Qui mollement résiste, et, par un doux caprice,
Quelquefois le refuse, afin qu'on le ravisse (1).
Son style impétueux souvent marche au hasard :
Chez elle un beau désordre est un effet de l'art.
    Loin ces rimeurs craintifs dont l'esprit flegmatique
Garde dans ses fureurs un ordre didactique ;
Qui, chantant d'un héros les progrès éclatants,
Maigres historiens, suivront l'ordre des temps.
Ils n'osent un moment perdre un sujet de vue :
Pour prendre Dole, il faut que Lille soit rendue;
Et que leur vers exact, ainsi que Mézeray,
Ait fait déjà tomber les remparts de Courtray.
Apollon de son feu leur fut toujours avare.
    On dit, à ce propos, qu'un jour ce dieu bizarre,
Voulant pousser à bout tous les rimeurs français,
Inventa du sonnet les rigoureuses lois ;
Voulut qu'en deux quatrains de mesure pareille
La rime avec deux sons frappât huit fois l'oreille ;
Et qu'ensuite six vers artistement rangés
Fussent en deux tercets par le sens partagés.
Surtout de ce poëme il bannit la licence :
Lui-même en mesura le nombre et la cadence ;
Défendit qu'un vers faible y pût jamais entrer,
Ni qu'un mot déjà mis osât s'y remontrer.
Du reste il l'enrichit d'une beauté suprême :
Un sonnet sans défaut vaut seul un long poëme.
Mais en vain mille auteurs y pensent arriver ;
Et cet heureux phénix est encore à trouver.
A peine dans Gombaut, Mainard et Malleville,
En peut-on admirer deux ou trois entre mille :
Le reste, aussi peu lu que ceux de Pelletier,
N'a fait de chez Sercy (2) qu'un saut chez l'épicier.
Pour enfermer son sens dans la borne prescrite
La mesure est toujours trop longue ou trop petite.
    L'épigramme, plus libre, en son tour plus borné,
N'est souvent qu'un bon mot de deux rimes orné.
Jadis de nos auteurs les pointes ignorées
Furent de l'Italie en nos vers attirées.

---

(1) Horace, ode 12, liv. II.
(2) Libraire du palais.

CHANT SECOND.

Le vulgaire, ébloui de leur faux agrément,
A ce nouvel appât courut avidement.
La faveur du public excitant leur audace,
Leur nombre impétueux inonda le Parnasse :
Le madrigal d'abord en fut enveloppé ;
Le sonnet orgueilleux lui-même en fut frappé ;
La tragédie (1) en fit ses plus chères délices ;
L'élégie en orna ses douloureux caprices ;
Un héros sur la scène eut soin de s'en parer,
Et sans pointe un amant n'osa plus soupirer.
On vit tous les bergers, dans leurs plaintes nouvelles,
Fidèles à la pointe encor plus qu'à leurs belles ;
Chaque mot eut toujours deux visages divers :
La prose la reçut aussi bien que les vers ;
L'avocat au palais en hérissa son style,
Et le docteur (2) en chaire en sema l'évangile.

   La raison outragée enfin ouvrit les yeux,
La chassa pour jamais des discours sérieux ;
Et, dans tous ces écrits la déclarant infame,
Par grâce lui laissa l'entrée en l'épigramme,
Pourvu que sa finesse, éclatant à propos,
Roulât sur la pensée, et non pas sur les mots.
Ainsi de toutes parts les désordres cessèrent.
Toutefois à la cour les turlupins restèrent,
Insipides plaisants, bouffons infortunés,
D'un jeu de mots grossier partisans surannés.
Ce n'est pas quelquefois qu'une muse un peu fine
Sur un mot, en passant, ne joue et ne badine,
Et d'un sens détourné n'abuse avec succès :
Mais fuyez sur ce point un ridicule excès ;
Et n'allez pas toujours d'une pointe frivole
Aiguiser par la queue une épigramme folle.

   Tout poëme est brillant de sa propre beauté.
Le rondeau, né gaulois, a la naïveté.
La ballade, asservie à ses vieilles maximes,
Souvent doit tout son lustre au caprice des rimes.
Le madrigal, plus simple, et plus noble en son tour,
Respire la douceur, la tendresse et l'amour.

   L'ardeur de se montrer, et non pas de médire,
Arma la Vérité du vers de la satire.
Lucile le premier osa la faire voir ;
Aux vices des Romains présenta le miroir ;
Vengea l'humble vertu, de la richesse altière,
Et l'honnête homme à pied, du faquin en litière.

   Horace à cette aigreur mêla son enjouement :

---

(1) La *Sylvie* de Mairet.
(2) Le petit P. André, augustin.

On ne fut plus ni fat ni sot impunément ;
Et malheur à tout nom qui, propre à la censure,
Put entrer dans un vers sans rompre la mesure.
　Perse, en ses vers obscurs mais serrés et pressants,
Affecta d'enfermer moins de mots que de sens.
　Juvenal, élevé dans les cris de l'école,
Poussa jusqu'à l'excès sa mordante hyperbole.
Ses ouvrages, tout pleins d'affreuses vérités,
Etincellent pourtant de sublimes beautés :
Soit que (1), sur un écrit arrivé de Caprée,
Il brise de Séjan la statue adorée ;
Soit (2) qu'il fasse au conseil courir les sénateurs,
D'un tyran soupçonneux pâles adulateurs ;
Ou que (3), poussant à bout la luxure latine,
Aux portefaix de Rome il vende Messaline.
Ses écrits pleins de feu partout brillent aux yeux.
　De ces maîtres savants disciple ingénieux,
Regnier, seul parmi nous formé sur leurs modèles,
Dans son vieux style encore a des grâces nouvelles.
Heureux, si ses discours, craints du chaste lecteur,
Ne se sentaient des lieux où fréquentait l'auteur ;
Et si du son hardi de ses rimes cyniques
Il n'alarmait souvent les oreilles pudiques !
Le latin, dans les mots, brava l'honnêteté :
Mais le lecteur français veut être respecté ;
Du moindre sens impur la liberté l'outrage,
Si la pudeur des mots n'en adoucit l'image.
Je veux dans la satire un esprit de candeur,
Et suis un effronté qui prêche la pudeur.
　D'un trait de ce poëme, en bons mots si fertile,
Le Français, né malin, forma le vaudeville ;
Agréable indiscret, qui, conduit par le chant,
Passe de bouche en bouche, et s'accroît en marchant.
La liberté française en ses vers se déploie :
Cet enfant de plaisir veut naître dans la joie.
Toutefois n'allez pas, goguenard dangereux,
Faire Dieu le sujet d'un badinage affreux :
A la fin tous ces jeux, que l'athéisme élève,
Conduisent tristement le plaisant à la Grève.
Il faut, même en chanson, du bon sens et de l'art :
Mais pourtant on a vu le vin et le hasard
Inspirer quelquefois une muse grossière,
Et fournir, sans génie, un couplet à Linière.
Mais pour un vain bonheur qui vous a fait rimer

---

(1) Satire 10.
(2) Satire 4.
(3) Satire 6.

Gardez qu'un sot orgueil ne vous vienne enfumer.
Souvent l'auteur altier de quelque chansonnette
Au même instant prend droit de se croire poète :
Il ne dormira plus qu'il n'ait fait un sonnet;
Il met tous les matins six impromptus au net.
Encore est-ce un miracle, en ses vagues furies,
Si bientôt, imprimant ses sottes rêveries,
Il ne se fait graver au-devant du recueil,
Couronné de lauriers, par la main de Nanteuil (1).

CHANT TROISIEME.

Il n'est point de serpent, ni de monstre odieux,
Qui, par l'art imité, ne puisse plaire aux yeux;
D'un pinceau délicat l'artifice agréable
Du plus affreux objet fait un objet aimable.
Ainsi, pour nous charmer, la tragédie en pleurs
D'Œdipe tout sanglant (2) fit parler les douleurs,
D'Oreste parricide exprima les alarmes,
Et, pour nous divertir, nous arracha des larmes.
 Vous donc qui, d'un beau feu pour le théâtre épris,
Venez en vers pompeux y disputer le prix ,
Voulez-vous sur la scène étaler des ouvrages
Où tout Paris en foule apporte ses suffrages,
Et qui, toujours plus beaux plus ils sont regardés,
Soient au bout de vingt ans encor redemandés?
Que dans tous vos discours la passion émue
Aille chercher le cœur, l'échauffe et le remue.
Si d'un beau mouvement l'agréable fureur
Souvent ne nous remplit d'une douce terreur,
Ou n'excite en notre âme une pitié charmante,
En vain vous étalez une scène savante :
Vos froids raisonnements ne feront qu'attiédir
Un spectateur toujours paresseux d'applaudir,
Et qui, des vains efforts de votre rhétorique
Justement fatigué, s'endort, ou vous critique.
Le secret est d'abord de plaire et de toucher :
Inventez des ressorts qui puissent m'attacher.
 Que dès les premiers vers l'action préparée
Sans peine du sujet aplanisse l'entrée
Je me ris d'un acteur qui, lent à s'exprimer,

---

(1) Fameux graveur.
(2) Sophocle.

De ce qu'il veut, d'abord, ne sait pas m'informer ;
Et qui, débrouillant mal une pénible intrigue,
D'un divertissement me fait une fatigue.
J'aimerais mieux encor qu'il déclinât son nom (1),
Et dît, je suis Oreste, ou bien Agamemnon,
Que d'aller, par un tas de confuses merveilles,
Sans rien dire à l'esprit, étourdir les oreilles :
Le sujet n'est jamais assez tôt expliqué.
   Que le lieu de la scène y soit fixe et marqué.
Un rimeur, sans péril, delà les Pyrénées,
Sur la scène en un jour renferme des années :
Là souvent le héros d'un spectacle grossier,
Enfant au premier acte, est barbon au dernier.
Mais nous, que la raison à ses règles engage,
Nous voulons qu'avec art l'action se ménage ;
Qu'en un lieu, qu'en un jour, un seul fait accompli
Tienne jusqu'à la fin le théâtre rempli.
   Jamais au spectateur n'offrez rien d'incroyable :
Le vrai peut quelquefois n'être pas vraisemblable.
Une merveille absurde est pour moi sans appas :
L'esprit n'est point ému de ce qu'il ne croit pas.
Ce qu'on ne doit point voir, qu'un récit nous l'expose :
Les yeux en le voyant saisiraient mieux la chose ;
Mais il est des objets que l'art judicieux
Doit offrir à l'oreille et reculer des yeux.
   Que le trouble, toujours croissant de scène en scène,
A son comble arrivé se débrouille sans peine.
L'esprit ne se sent point plus vivement frappé
Que lorsqu'en un sujet d'intrigue enveloppé
D'un secret tout-à-coup la vérité connue
Change tout, donne à tout une face imprévue.
   La tragédie, informe et grossière en naissant,
N'était qu'un simple chœur, où chacun en dansant,
Et du dieu des raisins entonnant les louanges,
S'efforçait d'attirer de fertiles vendanges.
Là, le vin et la joie éveillant les esprits,
Du plus habile chantre un bouc était le prix.
   Thespis fut le premier qui, barbouillé de lie,
Promena par les bourgs (2) cette heureuse folie ;
Et, d'acteurs mal ornés chargeant un tombereau,
Amusa les passants d'un spectacle nouveau.
   Eschyle dans le chœur jeta les personnages,
D'un masque plus honnête habilla les visages,
Sur les ais d'un théâtre en public exhaussé
Fit paraître l'acteur d'un brodequin chaussé.

---

(1) Il y a de pareils exemples dans Euripide.
(2) Les bourgs de l'Attique.

Sophocle enfin, donnant l'essor à son génie
Accrut encor la pompe, augmenta l'harmonie,
Intéressa le chœur dans toute l'action,
Des vers trop raboteux polit l'expression,
Lui donna chez les Grecs cette hauteur divine (1)
Où jamais n'atteignit la faiblesse latine.
  Chez nos dévôts aïeux le théâtre abhorré
Fut longtemps dans la France un plaisir ignoré.
De pélerins (2), dit-on, une troupe grossière
En public à Paris y monta la première ;
Et, sottement zélée en sa simplicité,
Joua les saints, la Vierge, et Dieu, par piété.
Le savoir, à la fin dissipant l'ignorance,
Fit voir de ce projet la dévote imprudence.
On chassa ces docteurs prêchant sans mission ;
On vit renaître Hector, Andromaque, Ilion (3).
Seulement les acteurs laissant le masque antique (4),
Le violon tint lieu (5) de chœur et de musique.
  Bientôt l'amour, fertile en tendres sentiments,
S'empara du théâtre ainsi que des romans.
De cette passion la sensible peinture
Est pour aller au cœur la route la plus sûre.
Peignez donc, j'y consens, les héros amoureux ;
Mais ne m'en formez pas des bergers doucereux :
Qu'Achille aime autrement que Thyrsis et Philène ;
N'allez pas d'un Cyrus nous faire un Artamène ;
Et que l'amour, souvent de remords combattu,
Paraisse une faiblesse et non une vertu.
  Des héros de roman fuyez les petitesses :
Toutefois aux grands cœurs donnez quelques faiblesses.
Achille déplairait, moins bouillant et moins prompt :
J'aime à lui voir verser des pleurs pour un affront.
A ces petits défauts marqués dans sa peinture,
L'esprit avec plaisir reconnaît la nature.
Qu'il soit sur ce modèle en vos écrits tracé :
Qu'Agamemnon soit fier, superbe, intéressé,
Que pour ses dieux Énée ait un respect austère.
Conservez à chacun son propre caractère.
Des siècles, des pays, étudiez les mœurs :

---

(1) Voyez Quintilien, liv. X, chap. I.
(2) Leurs pièces sont imprimées.
(3) Ce ne fut que sous Louis XIII que la tragédie commença à prendre une bonne forme en France.
(4) Ce masque antique s'appliquait sur le visage de l'acteur, et représentait le personnage que l'on introduisait sur la scène.
(5) *Esther* et *Athalie* ont montré combien on a perdu en supprimant les chœurs et la musique.

Les climats font souvent les diverses humeurs.
 Gardez donc de donner, ainsi que dans Clélie,
L'air et l'esprit français à l'antique Italie;
Et, sous des noms romains faisant notre portrait,
Peindre Caton galant et Brutus dameret.
Dans un roman frivole aisément tout s'excuse;
C'est assez qu'en courant la fiction amuse;
Trop de rigueur alors serait hors de saison :
Mais la scène demande une exacte raison;
L'étroite bienséance y veut être gardée.
 D'un nouveau personnage inventez-vous l'idée?
Qu'en tout avec soi-même il se montre d'accord,
Et qu'il soit jusqu'au bout tel qu'on l'a vu d'abord.
 Souvent, sans y penser, un écrivain qui s'aime
Forme tous ses héros semblables à soi-même :
Tout a l'humeur gasconne en un auteur gascon;
Calprenède et Juba (1) parlent du même ton.
 La nature est en nous plus diverse et plus sage;
Chaque passion parle un différent langage :
La colère est superbe, et veut des mots altiers;
L'abattement s'explique en des termes moins fiers.
 Que devant Troie en flamme Hécube désolée
Ne vienne pas pousser une plainte ampoulée,
Ni sans raison décrire en quel affreux pays
Par sept bouches l'Euxin reçoit le Tanaïs (2).
Tous ces pompeux amas d'expressions frivoles
Sont d'un déclamateur amoureux de paroles.
Il faut dans la douleur que vous vous abaissiez :
Pour me tirer des pleurs, il faut que vous pleuriez.
Ces grands mots dont alors l'acteur emplit sa bouche
Ne partent point d'un cœur que sa misère touche.
 Le théâtre, fertile en censeurs pointilleux,
Chez nous pour se produire est un champ périlleux.
Un auteur n'y fait pas de faciles conquêtes;
Il trouve à le siffler des bouches toujours prêtes;
Chacun le peut traiter de fat et d'ignorant;
C'est un droit qu'à la porte on achète en entrant.
Il faut qu'en cent façons, pour plaire, il se replie:
Que tantôt il s'élève et tantôt s'humilie;
Qu'en nobles sentiments il soit partout fécond;
Qu'il soit aisé, solide, agréable, profond;
Que de traits surprenants sans cesse il nous réveille;
Qu'il courre dans ses vers de merveille en merveille;
Et que tout ce qu'il dit, facile à retenir,
De son ouvrage en nous laisse un long souvenir.

---

(1) Héros de la *Cléopâtre*.
(2) Sénèque le tragique, *Troade*, sc. I.

CHANT TROISIÈME.

Ainsi, la tragédie agit, marche, et s'explique.
　　D'un air plus grand encor la poésie épique,
Dans le vaste récit d'une longue action,
Se soutient par la fable, et vit de fiction.
Là pour nous enchanter tout est mis en usage :
Tout prend un corps, une âme, un esprit, un visage
Chaque vertu devient une divinité :
Minerve est la prudence, et Vénus la beauté.
Ce n'est plus la vapeur qui produit le tonnerre,
C'est Jupiter armé pour effrayer la terre ;
Un orage terrible aux yeux des matelots,
C'est Neptune en courroux qui gourmande les flots ;
Echo n'est plus un son qui dans l'air retentisse,
C'est une nymphe en pleurs qui se plaint de Narcisse.
Ainsi, dans cet amas de nobles fictions,
Le poète s'égaie en mille inventions,
Orne, élève, embellit, agrandit toutes choses,
Et trouve sous sa main des fleurs toujours écloses.
　　Qu'Énée et ses vaisseaux, par le vent écartés,
Soient aux bords africains d'un orage emportés :
Ce n'est qu'une aventure ordinaire et commune,
Qu'un coup peu surprenant des traits de la fortune.
Mais que Junon, constante en son aversion,
Poursuive sur les flots les restes d'Ilion ;
Qu'Éole, en sa faveur, les chassant d'Italie,
Ouvre aux vents mutinés les prisons d'Éolie ;
Que Neptune en courroux s'élevant sur la mer,
D'un mot calme les flots, mette la paix dans l'air,
Délivre les vaisseaux, des syrtes les arrache :
C'est là ce qui surprend, frappe, saisit, attache.
Sans tous ces ornements le vers tombe en langueur ;
La poésie est morte (1), ou rampe sans vigueur ;
Le poète n'est plus qu'un orateur timide,
Qu'un froid historien d'une fable insipide.
　　C'est donc bien vainement que nos auteurs déçus,
Bannissant de leurs vers ces ornements reçus,
Pensent faire agir Dieu, ses saints et ses prophètes,
Comme ces dieux éclos du cerveau des poètes ;
Mettent à chaque pas le lecteur en enfer ;
N'offrent rien qu'Astaroth, Belzébuth, Lucifer.
De la foi d'un Chrétien les mystères terribles
D'ornements égayés ne sont point susceptibles :
L'Évangile à l'esprit n'offre de tous côtés
Que pénitence à faire et tourments mérités ;
Et de vos fictions le mélange coupable
Même à ses vérités donne l'air de la Fable.

---

(1) L'auteur avait en vue Saint-Sorlin des Marets, qui a écrit contre la Fable.

Et quel objet enfin à présenter aux yeux
Que le diable toujours hurlant contre les cieux (1),
Qui de votre héros veut rabaisser la gloire,
Et souvent avec Dieu balancer la victoire.
 Le Tasse, dira-t-on, l'a fait avec succès.
Je ne veux point ici lui faire son procès :
Mais, quoi que notre siècle à sa gloire publie,
Il n'eût point de son livre illustré l'Italie,
Si son sage héros, toujours en oraison,
N'eût fait que mettre enfin Satan à la raison ;
Et si Renaud, Argant, Tancrède et sa maîtresse,
N'eussent de son sujet égayé la tristesse.
 Ce n'est pas que j'approuve, en un sujet chrétien (2),
Un auteur follement idolâtre et païen.
Mais, dans une profane et riante peinture,
De n'oser de la Fable employer la figure ;
De chasser les tritons de l'empire des eaux ;
D'ôter à Pan sa flûte, aux Parques leurs ciseaux ;
D'empêcher que Caron, dans la fatale barque,
Ainsi que le berger ne passe le monarque :
C'est d'un scrupule vain s'alarmer sottement,
Et vouloir aux lecteurs plaire sans agrément.
Bientôt ils défendront de peindre la Prudence,
De donner à Thémis ni bandeau ni balance,
De figurer aux yeux la Guerre au front d'airain,
Ou le Temps qui s'enfuit une horloge à la main ;
Et partout des discours, comme une idolâtrie,
Dans leur faux zèle iront chasser l'allégorie.
Laissons-les s'applaudir de leur pieuse erreur.
Mais pour nous, bannissons une vaine terreur ;
Et, fabuleux chrétiens, n'allons point, dans nos songes,
Du Dieu de vérité faire un Dieu de mensonges.
 La Fable offre à l'esprit mille agréments divers.
Là tous les noms heureux semblent nés pour les vers :
Ulysse, Agamemnon, Oreste, Idoménée,
Hélène, Ménélas, Pâris, Hector, Énée.
Oh ! le plaisant projet d'un poète ignorant,
Qui de tant de héros va choisir Childebrand !
D'un seul nom quelquefois le son dur ou bizarre
Rend un poëme entier ou burlesque ou barbare.
 Voulez-vous longtemps plaire et jamais ne lasser ?
Faites choix d'un héros propre à m'intéresser,
En valeur éclatant, en vertus magnifique ;
Qu'en lui, jusqu'aux défauts, tout se montre héroïque ;
Que ses faits surprenants soient dignes d'être ouïs ;

---

(1) Voyez le Tasse.
(2) Voyez l'Arioste.

Qu'il soit tel que César, Alexandre, ou Louis :
Non tel que Polynice et son perfide (1) frère ;
On s'ennuie aux exploits d'un conquérant vulgaire.
 N'offrez point un sujet d'incidents trop chargé.
Le seul courroux d'Achille, avec art ménagé,
Remplit abondamment une Iliade entière :
Souvent trop d'abondance appauvrit la matière.
 Soyez vif et pressé dans vos narrations :
Soyez riche et pompeux dans vos descriptions.
C'est là qu'il faut des vers étaler l'élégance :
N'y présentez jamais de basse circonstance.
N'imitez pas ce fou (2) qui, décrivant les mers,
Et peignant, au milieu de leurs flots entr'ouverts
L'Hébreu sauvé du joug de ses injustes maîtres,
Met pour les voir passer, les poissons (3) aux fenêtres ;
Peint le petit enfant qui va, saute, revient,
Et joyeux à sa mère offre un caillou qu'il tient.
Sur de trop vains objets c'est arrêter la vue.
 Donnez à votre ouvrage une juste étendue.
Que le début soit simple et n'ait rien d'affecté.
N'allez pas dès l'abord, sur Pégase monté,
Crier à vos lecteurs d'une voix de tonnerre :
« Je chante le vainqueur des vainqueurs de la terre (4). »
Que produira l'auteur après tous ces grands cris ?
La montagne en travail enfante une souris.
Oh ! que j'aime bien mieux cet auteur plein d'adresse
Qui, sans faire d'abord de si haute promesse,
Me dit d'un ton aisé, doux, simple, harmonieux :
« Je chante les combats et cet homme pieux
« Qui, des bords phrygiens conduit dans l'Ausonie,
« Le premier aborda les champs de Lavinie ! »
Sa muse en arrivant ne met pas tout en feu,
Et, pour donner beaucoup, ne nous promet que peu.
Bientôt vous la verrez, prodiguant les miracles,
Du destin des Latins prononcer les oracles ;
Du Styx et d'Achéron peindre les noirs torrents,
Et déjà les Césars dans l'Élysée errants.
 De figures sans nombre égayez votre ouvrage ;
Que tout y fasse aux yeux une riante image :
On peut être à la fois et pompeux et plaisant ;
Et je hais un sublime ennuyeux et pesant.

---

(1) Polynice et Étéocle, frères ennemis, auteurs de la guerre de Thèbes. Voyez *Thébaïde* de Stace.

(2) Saint-Amand

(3) Les poissons ébahis les regardent passer.
Moïse sauvé.

(4) *Alaric*, poëme de Scuderi, liv. I.

J'aime mieux Arioste et ses fables comiques,
Que ces auteurs toujours froids et mélancoliques,
Qui dans leur sombre humeur se croiraient faire affront
Si les Grâces jamais leur déridaient le front.
   On dirait que pour plaire, instruit par la nature,
Homère ait à Vénus (1) dérobé sa ceinture.
Son livre est d'agrément un fertile trésor :
Tout ce qu'il a touché se convertit en or ;
Tout reçoit dans ses mains une nouvelle grace ;
Partout il divertit, et jamais il ne lasse.
Une heureuse chaleur anime ses discours :
Il ne s'égare point en de trop longs détours.
Sans garder dans ses vers un ordre méthodique,
Son sujet de soi-même et s'arrange et s'explique ;
Tout, sans faire d'apprêts, si prépare aisément ;
Chaque vers, chaque mot court à l'évènement.
Aimez donc ses écrits, mais d'un amour sincère :
C'est avoir profité que de savoir s'y plaire.
   Un poëme excellent, où tout marche et se suit,
N'est pas de ces travaux qu'un caprice produit ;
Il veut du temps, des soins ; et ce pénible ouvrage
Jamais d'un écolier ne fut l'apprentissage.
Mais souvent parmi nous un poète sans art,
Qu'un beau feu quelquefois échauffa par hasard,
Enflant d'un vain orgueil son esprit chimérique,
Fièrement prend en main la trompette héroïque ;
Sa muse déréglée, en ses vers vagabonds,
Ne s'élève jamais que par sauts et par bonds ;
Et son feu, dépourvu de sens et de lecture,
S'éteint à chaque pas, faute de nourriture.
Mais en vain le public, prompt à le mépriser,
De son mérite faux le veut désabuser ;
Lui-même, applaudissant à son maigre génie,
Se donne par ses mains l'encens qu'on lui dénie :
Virgile, au prix de lui, n'a point d'invention ;
Homère n'entend point la noble fiction.
Si contre cet arrêt le siècle se rebelle,
A la postérité d'abord il en appelle :
Mais attendant qu'ici le bon sens de retour
Ramène triomphants ses ouvrages au jour,
Leur tas au magasin, cachés à la lumière,
Combattent tristement les vers et la poussière.
Laissons les donc entre eux s'escrimer en repos ;
Et, sans nous égarer, suivons notre propos.
   Des succès fortunés du spectacle tragique
Dans Athènes naquit la comédie antique.

---

(1) Iliade, liv. XIV.

Là le Grec, né moqueur, par mille jeux plaisants,
Distilla le venin de ses traits médisants.
Aux accès insolents d'une bouffonne joie
La sagesse, l'esprit, l'honneur furent en proie.
On vit par le public un poète avoué
S'enrichir aux dépens du mérite joué;
Et Socrate par lui, dans un chœur de nuées (1),
D'un vil amas de peuple attirer les huées.
Enfin de la licence on arrêta le cours :
Le magistrat des lois emprunta le secours,
Et, rendant par édit les poètes plus sages,
Défendit de marquer les noms et les visages.
Le théâtre perdit son antique fureur :
La comédie apprit à rire sans aigreur,
Sans fiel et sans venin sut instruire et reprendre,
Et plut innocemment dans les vers de Ménandre.
Chacun, peint avec art dans ce nouveau miroir,
S'y vit avec plaisir, ou crut ne s'y point voir :
L'avare, des premiers, rit du tableau fidèle
D'un avare souvent tracé sur son modèle ;
Et mille fois un fat finement exprimé
Méconnut le portrait sur lui-même formé.

Que la nature donc soit votre étude unique,
Auteurs qui prétendez aux honneurs du comique.
Quiconque voit bien l'homme, et, d'un esprit profond,
De tant de cœurs cachés a pénétré le fond;
Qui sait bien ce que c'est qu'un prodigue, un avare,
Un honnête homme, un fat, un jaloux, un bizarre,
Sur une scène heureuse il peut les étaler,
Et les faire à nos yeux vivre, agir et parler.
Présentez-en partout les images naïves ;
Que chacun y soit peint des couleurs les plus vives.
La nature, féconde en bizarres portraits,
Dans chaque âme est marquée à de différents traits ;
Un geste la découvre, un rien la fait paraître :
Mais tout esprit n'a pas des yeux pour la connaître.

Le temps, qui change tout, change aussi nos humeurs:
Chaque âge a ses plaisirs, son esprit et ses mœurs.

Un jeune homme, toujours bouillant dans ses caprices,
Est prompt à recevoir l'impression des vices;
Est vain dans ses discours, volage en ses désirs,
Rétif à la censure, et fou dans les plaisirs.

L'âge viril, plus mûr, inspire un air plus sage,
Se pousse auprès des grands, s'intrigue, se ménage,
Contre les coups du sort songe à se maintenir,
Et loin dans le présent regarde l'avenir.

---

(1) Les *Nuées*, comédie d'Aristophane.

La vieillesse chagrine incessamment amasse ;
Garde, non pas pour soi, les trésors qu'elle entasse,
Marche en tous ses desseins d'un pas lent et glacé ;
Toujours plaint le présent et vante le passé ;
Inhabile aux plaisirs dont la jeunesse abuse,
Blâme en eux les douceurs que l'âge lui refuse.
    Ne faites point parler vos acteurs au hasard,
Un vieillard en jeune homme, un jeune homme en vieillard.
    Etudiez la cour, et connaissez la ville :
L'une et l'autre est toujours en modèles fertile.
C'est par-là que Molière, illustrant ses écrits,
Peut-être de son art eût remporté le prix,
Si, moins ami du peuple, en ses doctes peintures
Il n'eût point fait souvent grimacer ses figures,
Quitté, pour le bouffon, l'agréable et le fin,
Et sans honte à Térence allié Tabarin :
Dans ce sac ridicule où Scapin s'enveloppe
Je ne reconnais plus l'auteur du Misanthrope (1).
    Le comique, ennemi des soupirs et des pleurs,
N'admet point en ses vers de tragiques douleurs ;
Mais son emploi n'est pas d'aller, dans une place,
De mots sales et bas charmer la populace :
Il faut que ses acteurs badinent noblement ;
Que son nœud bien formé se dénoue aisément ;
Que l'action, marchant où la raison la guide,
Ne se perde jamais dans une scène vide ;
Que son style humble et doux se relève à propos ;
Que ses discours, partout fertiles en bons mots,
Soient pleins de passions finement maniées,
Et les scènes toujours l'une à l'autre liées.
Aux dépens du bon sens gardez de plaisanter :
Jamais de la nature il ne faut s'écarter.
Contemplez de quel air un père dans Térence (2)
Vient d'un fils amoureux gourmander l'imprudence ;
De quel air cet amant écoute ses leçons,
Et court chez sa maîtresse oublier ces chansons.
Ce n'est pas un portrait, une image semblable ;
C'est un amant, un fils, un père véritable.
    J'aime sur le théâtre un agréable auteur
Qui, sans se diffamer aux yeux du spectateur,
Plaît par la raison seule, et jamais ne la choque ;
Mais pour un faux plaisant à grossière équivoque,
Qui pour me divertir n'a que la saleté,
Qu'il s'en aille, s'il veut, sur deux tréteaux monté,
Amusant le Pont-Neuf de ses sornettes fades,
Aux laquais assemblés jouer ses mascarades.

---

(1) Comédie de Molière.
(2) Voyez Simon dans l'*Andrienne*, et Démée dans les *Adelphes*.

CHANT QUATRIÈME.

Dans Florence jadis vivait un médecin,
Savant hableur, dit-on, et célèbre assassin,
Lui seul y fit longtemps la publique misère :
Là le fils orphelin lui redemande un père;
Ici le frère pleure un frère empoisonné :
L'un meurt vide de sang, l'autre plein de séné :
Le rhume à son aspect se change en pleurésie,
Et par lui la migraine est bientôt frénésie.
Il quitte enfin la ville, en tous lieux détesté.
De tous ses amis morts un seul ami resté,
Le mène en sa maison de superbe structure.
C'était un riche abbé, fou de l'architecture.
Le médecin d'abord semble né dans cet art,
Déjà de bâtiments parle comme Mansard :
D'un salon qu'on élève il condamne la face ;
Au vestibule obscur il marque une autre place ;
Approuve l'escalier tourné d'autre façon.
Son ami le conçoit, et mande son maçon.
Le maçon vient, écoute, approuve, et se corrige.
Enfin, pour abréger un si plaisant prodige,
Notre assassin renonce à son art inhumain ;
Et désormais, la règle et l'équerre à la main,
Laissant de Galien la science suspecte,
De méchant médecin devient bon architecte.
 Son exemple est pour nous un précepte excellent.
Soyez plutôt maçon, si c'est votre talent,
Ouvrier estimé dans un art nécessaire,
Qu'écrivain du commun, et poète vulgaire.
Il est dans tout autre art des degrés différents,
On peut avec honneur remplir les seconds rangs;
Mais, dans l'art dangereux de rimer et d'écrire,
Il n'est point de degrés du médiocre au pire :
Qui dit froid écrivain dit détestable auteur.
Boyer (1) est à Pinchêne égal pour le lecteur ;
On ne lit guère plus Rampale et Ménardière,
Que Magnon (2), du Souhait (3), Corbin (4), et la Morlière (5).

---

(1) Auteur médiocre.
(2) Magnon a composé un poëme fort long, intitulé l'*Encyclopédie*.
(3) Du Souhait avait traduit l'Iliade en prose.
(4) Corbin avait traduit la Bible mot à mot.
(5) La Morlière, méchant poète.

Un fou du moins fait rire, et peut nous égayer ;
Mais un froid écrivain ne sait rien qu'ennuyer.
J'aime mieux Bergerac (1) et sa burlesque audace
Que ces vers où Motin se morfond et nous glace.

Ne vous enivrez point des éloges flatteurs
Qu'un amas quelquefois de vains admirateurs
Vous donne en ces réduits, prompts à crier : Merveille !
Tel écrit récité se soutint à l'oreille,
Qui, dans l'impression au grand jour se montrant,
Ne soutient pas des yeux le regard pénétrant (2).
On sait de cent auteurs l'aventure tragique :
Et Gombaud tant loué garde encor la boutique.

Écoutez tout le monde, assidu consultant :
Un fat quelquefois ouvre un avis important.
Quelques vers toutefois qu'Apollon vous inspire,
En tous lieux aussitôt ne courez pas les lire.
Gardez-vous d'imiter ce rimeur furieux (3)
Qui, de ses vains écrits lecteur harmonieux,
Aborde en récitant quiconque le salue,
Et poursuit de ses vers les passants dans la rue.
Il n'est temple si saint des anges respecté (4)
Qui soit contre sa muse un lieu de sûreté.

Je vous l'ai déjà dit, aimez qu'on vous censure,
Et, souple à la raison, corrigez sans murmure ;
Mais ne vous rendez pas dès qu'un sot vous reprend.
Souvent dans son orgueil un subtil ignorant
Par d'injustes dégoûts combat toute une pièce,
Blâme des plus beaux vers la noble hardiesse.
On a beau réfuter ses vains raisonnements,
Son esprit se complaît dans ses faux jugements ;
Et sa faible raison, de clarté dépourvue,
Pense que rien n'échappe à sa débile vue.
Ses conseils sont à craindre ; et, si vous les croyez,
Pensant fuir un écueil, souvent vous vous noyez.

Faites choix d'un censeur solide et salutaire
Que la raison conduise et le savoir éclaire,
Et dont le crayon sûr d'abord aille chercher
L'endroit que l'on sent faible, et qu'on se veut cacher.
Lui seul éclaircira vos doutes ridicules,
De votre esprit tremblant levera les scrupules.
C'est lui qui vous dira par quel transport heureux
Quelquefois dans sa course un esprit vigoureux
Trop resserré par l'art sort des règles prescrites,

---

(1) Cyrano de Bergerac, auteur du Voyage de la lune.
(2) Chapelain.
(3) Du Perrier.
(4) Il récita de ses vers à l'auteur, malgré lui, dans une église.

CHANT QUATRIÈME.

Et de l'art même apprend à franchir leurs limites.
Mais ce parfait censeur se trouve rarement.
Tel excelle à rimer qui juge sottement :
Tel s'est fait par ses vers distinguer dans la ville,
Qui jamais de Lucain n'a distingué Virgile.

   Auteurs, prêtez l'oreille à mes instructions.
Voulez-vous faire aimer vos riches fictions?
Qu'en savantes leçons votre muse fertile
Partout joigne au plaisant le solide et l'utile.
Un lecteur sage fuit un vain amusement,
Et veut mettre à profit son divertissement.

   Que votre âme et vos mœurs, peintes dans vos ouvrages,
N'offrent jamais de vous que de nobles images.
Je ne puis estimer ces dangereux auteurs
Qui de l'honneur, en vers, infâmes déserteurs,
Trahissant la vertu sur un papier coupable,
Aux yeux de leurs lecteurs rendent le vice aimable.

   Je ne suis pas pourtant de ces tristes esprits
Qui, bannissant l'amour de tous chastes écrits,
D'un si riche ornement veulent priver la scène ;
Traitent d'empoisonneurs et Rodrigue et Chimène.
L'amour le moins honnête exprimé chastement
N'excite point en nous de honteux mouvement.
Didon a beau gémir et m'étaler ses charmes,
Je condamne sa faute en partageant ses larmes.

   Un auteur vertueux, dans ses vers innocents,
Ne corrompt point le cœur en chatouillant les sens :
Son feu n'allume point de criminelle flamme.
Aimez donc la vertu, nourrissez-en votre ame :
En vain l'esprit est plein d'une noble vigueur ;
Le vers se sent toujours des bassesses du cœur.

   Fuyez surtout, fuyez, ces basses jalousies,
Des vulgaires esprits malignes frénésies.
Un sublime écrivain n'en peut être infecté ;
C'est un vice qui suit la médiocrité.
Du mérite éclatant cette sombre rivale
Contre lui chez les grands incessamment cabale ;
Et, sur les pieds en vain tâchant de se hausser,
Pour s'égaler à lui cherche à le rabaisser.
Ne descendons jamais dans ces lâches intrigues :
N'allons point à l'honneur par de honteuses brigues.

   Que les vers ne soient pas votre éternel emploi.
Cultivez vos amis, soyez homme de foi :
C'est peu d'être agréable et charmant dans un livre,
Il faut savoir encore et converser et vivre.

   Travaillez pour la gloire, et qu'un sordide gain
Ne soit jamais l'objet d'un illustre écrivain.
Je sais qu'un noble esprit peut, sans honte et sans crime,
Tirer de son travail un tribut légitime :

Mais je ne puis souffrir ces auteurs renommés
Qui, dégoûtés de gloire, et d'argent affamés,
Mettent leur Apollon aux gages d'un libraire,
Et font d'un art divin un métier mercenaire.

 Avant que la raison, s'expliquant par la voix,
Eût instruit les humains, eût enseigné des lois,
Tous les hommes suivaient la grossière nature,
Dispersés dans les bois couraient à la pâture ;
La force tenait lieu de droit et d'équité ;
Le meurtre s'exerçait avec impunité.
Mais du discours enfin l'harmonieuse adresse
De ces sauvages mœurs adoucit la rudesse,
Rassembla les humains dans les forêts épars,
Enferma les cités de murs et de remparts,
De l'aspect du supplice effraya l'insolence,
Et sous l'appui des lois mit la faible innocence.
Cet ordre fut, dit-on, le fruit des premiers vers.
De là sont nés ces bruits reçus dans l'univers,
Qu'aux accents dont Orphée emplit les monts de Thrace
Les tigres amollis dépouillaient leur audace ;
Qu'aux accords d'Amphion les pierres se mouvaient,
Et sur les murs Thébains en ordre s'élevaient.
L'harmonie en naissant produisit ces miracles.
Depuis, le ciel en vers fit parler les oracles ;
Du sein d'un prêtre, ému d'une divine horreur,
Apollon par des vers exhala sa fureur.
Bientôt, ressuscitant les héros des vieux âges,
Homère aux grands exploits anima les courages.
Hésiode à son tour, par d'utiles leçons,
Des champs trop paresseux vint hâter les moissons.
En mille écrits fameux la sagesse tracée
Fut, à l'aide des vers, aux mortels annoncée ;
Et partout des esprits ses préceptes vainqueurs,
Introduits par l'oreille, entrèrent dans les cœurs.
Pour tant d'heureux bienfaits les Muses révérées
Furent d'un juste encens dans la Grèce honorées ;
Et leur art, attirant le culte des mortels,
A sa gloire en cent lieux vit dresser des autels.
Mais enfin, l'indigence amenant la bassesse,
Le Parnasse oublia sa première noblesse.
Un vil amour du gain, infectant les esprits,
De mensonges grossiers souilla tous les écrits ;
Et partout, enfantant mille ouvrages frivoles,
Trafiqua du discours et vendit les paroles.

 Ne vous flétrissez point par un vice si bas.
Si l'or seul a pour vous d'invincibles appas,
Fuyez ces lieux charmants qu'arrose le Permesse :
Ce n'est point sur ses bords qu'habite la richesse.
Aux plus savants auteurs, comme aux plus grands guerriers,

CHANT QUATRIÈME.

Apollon ne promet qu'un nom et des lauriers.
 Mais quoi! dans la disette une muse affamée
Ne peut pas, dira-t-on, subsister de fumée.
Un auteur qui, pressé d'un besoin importun,
Le soir entend crier ses entrailles à jeun,
Goûte peu d'Hélicon les douces promenades ;
Horace a bu son soûl quand il voit les Ménades,
Et, libre du souci qui trouble Colletet,
N'attend pas pour dîner le succès d'un sonnet.
 Il est vrai : mais enfin cette affreuse disgrace
Rarement parmi nous afflige le Parnasse.
Et que craindre en ce siècle, où toujours les beaux-arts
D'un astre favorable éprouvent les regards ;
Où d'un prince éclairé la sage prévoyance
Fait partout au mérite ignorer l'indigence?
 Muses, dictez sa gloire à tous vos nourrissons :
Son nom vaut mieux pour eux que toutes vos leçons.
Que Corneille, pour lui rallumant son audace,
Soit encor le Corneille et du Cid et d'Horace ;
Que Racine, enfantant des miracles nouveaux,
De ses héros sur lui forme tous les tableaux ;
Que de son nom, chanté par la bouche des belles,
Benserade en tous lieux amuse les ruelles ;
Que Segrais dans l'églogue en charme les forêts;
Que pour lui l'épigramme aiguise tous ses traits.
Mais quel heureux auteur, dans une autre Énéide,
Aux bords du Rhin tremblant conduira cet Alcide?
Quelle savante lyre au bruit de ses exploits
Fera marcher encor les rochers et les bois;
Chantera le Batave, éperdu dans l'orage,
Soi-même se noyant pour sortir du naufrage ;
Dira les bataillons sous Mastricht enterrés,
Dans ces affreux assauts du soleil éclairés?
 Mais tandis que je parle, une gloire nouvelle
Vers ce vainqueur rapide aux Alpes vous appelle.
Déjà Dole et Salins (1) sous le joug ont ployé ;
Besançon fume encor sous son roc foudroyé.
Où sont ces grands guerriers dont les fatales ligues
Devaient à ce torrent opposer tant de digues?
Est-ce encore en fuyant qu'ils pensent l'arrêter,
Fiers du honteux honneur d'avoir su l'éviter ?
Que de remparts détruits ! que de villes forcées !
Que de moissons de gloire en courant amassées !
 Auteurs, pour les chanter redoublez vos transports;
Le sujet ne veut pas de vulgaires efforts.
 Pour moi, qui, jusqu'ici nourri dans la satire,

---

(1) **Places** de la Franche-Comté, prises en plein hiver.

N'ose encor manier la trompette et la lyre,
Vous me verrez pourtant, dans ce champ glorieux,
Vous animer du moins de la voix et des yeux ;
Vous offrir ces leçons que ma muse au Parnasse
Rapporta, jeune encor, du commerce d'Horace ;
Seconder votre ardeur, échauffer vos esprits,
Et vous montrer de loin la couronne et le prix.
Mais aussi pardonnez, si plein de ce beau zèle,
De tous vos pas fameux, observateur fidèle,
Quelquefois du bon or je sépare le faux,
Et des auteurs grossiers j'attaque les défauts :
Censeur un peu fâcheux, mais souvent nécessaire,
Plus enclin à blâmer, que savant à bien faire.

LE LUTRIN

POËME HÉROÏ-COMIQUE.

AVIS AU LECTEUR.

Il serait inutile maintenant de nier que le poëme suivant a été composé à l'occasion d'un différend assez léger, qui s'émut dans une des plus célèbres églises de Paris, entre le trésorier et le chantre. Mais c'est tout ce qu'il y a de vrai. Le reste, depuis le commencement jusqu'à la fin, est une pure fiction : et tous les personnages y sont non-seulement inventés, mais j'ai eu soin même de les faire d'un caractère directement opposé au caractère de ceux qui desservent cette église, dont la plupart, et principalement les chanoines, sont tous gens, non-seulement d'une fort grande probité, mais de beaucoup d'esprit, et entrelesquels il y en a tel à qui je demanderais aussi volontiers son sentiment sur mes ouvrages, qu'à beaucoup de messieurs de l'Académie. Il ne faut donc pas s'étonner si personne n'a été offensé de l'impression de ce poëme, puisqu'il n'y a en effet personne qui y soit véritablement attaqué. Un prodigue ne s'avise guère de s'offenser de voir rire d'un avare, ni un dévot de voir tourner en ridicule un libertin.

Je ne dirai point comment je fus engagé à travailler à cette bagatelle sur une espèce de défi qui me fut fait en riant par feu M. le premier président de Lamoignon, qui est celui que j'y peins sous le nom d'Ariste. Ce détail, à mon avis, n'est pas fort nécessaire. Mais je croirais me faire un trop grand tort si je laissais échapper cette occasion d'apprendre à ceux qui l'ignorent, que ce grand personnage, durant sa vie, m'a honoré de son amitié. Je commençai à le connaître dans le temps que mes satires faisaient le plus de bruit; et l'accès obligeant qu'il me donna dans son illustre maison fit avantageusement mon apologie contre ceux qui voulaient m'accuser alors de libertinage et de mauvaises mœurs. C'était un homme d'un savoir étonnant, et passionné admirateur de tous les bons livres de l'antiquité ; et c'est ce qui lui fit souffrir plus aisément mes ouvrages, où il crut entrevoir quelque goût des anciens. Comme sa piété était sincère, elle était aussi fort gaie, et n'avait rien d'embarrassant. Il ne s'effraya point du nom de satire que portaient ces ouvrages, où il ne vit en effet que des vers et des auteurs attaqués. Il me loua même plusieurs fois d'avoir purgé, pour ainsi dire, ce genre de poésie de la saleté qui lui avait été jusqu'alors comme affectée. J'eus donc le bonheur de ne lui être pas désagréable. Il m'appela à tous ses plaisirs et à tous ses divertissements : c'est-à-dire à ses lectures et à ses promenades. Il me favorisa même quelquefois de sa plus étroite confidence, et me fit voir à fond son âme entière. Et que n'y vis-je point ! Quel trésor surprenant de probité et de justice ! Quel fonds inépuisable de piété et de zèle ! Bien que sa vertu jetât un fort grand éclat au dehors, c'était tout autre chose au dedans ; et on voyait bien qu'il avait soin d'en tempérer les rayons, pour ne pas blesser les yeux d'un siècle aussi corrompu que le nôtre. Je fus sincèrement épris de tant de qualités admirables ; et s'il eut beaucoup de bonne volonté pour moi, j'eus aussi pour lui une très forte attache. Les soins que je lui rendis ne furent mêlés d'aucune raison d'intérêt mercenaire ; et je songeai bien plus à profiter de sa conversation que de son crédit. Il mourut dans le temps que cette amitié était en son plus haut point ; et le souvenir de sa perte m'afflige encore tous les jours. Pourquoi faut-il que des hommes si dignes de vivre soient si tôt enlevés du monde, tandis que des misérables et des gens de rien arrivent à une extrême vieillesse ! Je ne m'étendrai pas davantage sur un sujet si triste, car je sens bien que si je continuais à en parler, je ne pourrais m'empêcher de mouiller peut-être de larmes la préface d'un ouvrage de pure plaisanterie.

ARGUMENT.

Le trésorier remplit la première dignité du chapitre dont il est ici parlé, et il officie avec toutes les marques de l'épiscopat. Le chantre remplit la seconde dignité. Il y avait autrefois dans le chœur, à la place de celui-ci, un énorme pupitre ou lutrin, qui le couvrait presque tout entier. Il le fit ôter. Le trésorier voulut le faire remettre. De là arriva une dispute, qui fait le sujet de ce poëme.

LE LUTRIN

POËME HÉROI-COMIQUE.

CHANT PREMIER.

Je chante les combats, et ce prélat terrible
Qui, par ses longs travaux et sa force invincible,
Dans une illustre église exerçant son grand cœur,
Fit placer à la fin un lutrin dans le chœur.
C'est en vain que le chantre, abusant d'un faux titre,
Deux fois l'en fit ôter par les mains du chapitre :
Ce prélat, sur le banc de son rival altier
Deux fois le reportant, l'en couvrit tout entier.
   Muse, redis-moi donc quelle ardeur de vengeance
De ces hommes sacrés rompit l'intelligence,
Et troubla si longtemps deux célèbres rivaux.
Tant de fiel entre-t-il dans l'âme des dévots !
   Et toi, fameux héros (1), dont la sage entremise
De ce schisme naissant débarrassa l'Église,
Viens d'un regard heureux animer mon projet,
Et garde-toi de rire en ce grave sujet.
   Parmi les doux plaisirs d'une paix fraternelle
Paris voyait fleurir son antique chapelle :
Ses chanoines vermeils et brillants de santé
S'engraissaient d'une longue et sainte oisiveté ;
Sans sortir de leurs lits, plus doux que leurs hermines,
Ces pieux fainéants faisaient chanter matines,
Veillaient à bien dîner, et laissaient en leur lieu
A des chantres gagés le soin de louer Dieu :
Quand la Discorde, encor toute noire de crimes,
Sortant des Cordeliers pour aller aux Minimes (2),
Avec cet air hideux qui fait frémir la Paix,
S'arrêta près d'un arbre au pied de son palais.
Là, d'un œil attentif contemplant son empire,

---

(1) M. le premier président de Lamoignon.
(2) Il y eut de grandes brouilleries dans ces deux couvents, à l'occasion de quelques supérieurs qu'on y voulait élire.

A l'aspect du tumulte elle-même s'admire.
Elle y voit par le coche et d'Evreux et du Mans
Accourir à grands flots ses fidèles Normands :
Elle y voit aborder le marquis, la comtesse,
Le bourgeois, le manant, le clergé, la noblesse ;
Et partout des plaideurs les escadrons épars
Faire autour de Thémis flotter ses étendards.
Mais une église seule à ses yeux immobile
Garde au sein du tumulte une assiette tranquille.
Elle seule la brave ; elle seule aux procès
De ses paisibles murs veut défendre l'accès.
La Discorde, à l'aspect d'un calme qui l'offense,
Fait siffler ses serpents, s'excite à la vengeance :
Sa bouche se remplit d'un poison odieux,
Et de longs traits de feu lui sortent par les yeux.

Quoi ! dit-elle d'un ton qui fit trembler les vitres,
J'aurai pu jusqu'ici brouiller tous les chapitres,
Diviser Cordeliers, Carmes et Célestins ;
J'aurai fait soutenir un siége aux Augustins :
Et cette église seule, à mes ordres rebelle,
Nourrira dans son sein une paix éternelle !
Suis-je donc la Discorde ? et, parmi les mortels,
Qui voudra désormais encenser mes autels (1) ?

A ces mots, d'un bonnet couvrant sa tête énorme,
Elle prend d'un vieux chantre et la taille et la forme :
Elle peint de bourgeons son visage guerrier,
Et s'en va de ce pas trouver le trésorier.

Dans le réduit obscur d'une alcove enfoncée
S'élève un lit de plume à grands frais amassée :
Quatre rideaux pompeux, par un double contour,
En défendent l'entrée à la clarté du jour.
Là, parmi les douceurs d'un tranquille silence,
Règne sur le duvet une heureuse indolence :
C'est là que le prélat, muni d'un déjeûner,
Dormant d'un léger somme, attendait le dîner.
La jeunesse en sa fleur brille sur son visage :
Son menton sur son sein descend à double étage ;
Et son corps ramassé dans sa courte grosseur
Fait gémir les coussins sous sa molle épaisseur.

La déesse en entrant, qui voit la nappe mise,
Admire un si bel ordre, et reconnaît l'Église :
Et, marchant à grands pas vers le lieu du repos,
Au prélat sommeillant elle adresse ces mots :

Tu dors, Prélat, tu dors, et là haut à ta place
Le chantre aux yeux du chœur étale son audace.
Chante les orémus, fait des processions,

---

(1) Virgile, Enéide, liv. I, v. 52.

Et répand à grands flots les bénédictions.
Tu dors ! Attends-tu donc que, sans bulle et sans titre,
Il te ravisse encor le rochet et la mitre ?
Sors de ce lit oiseux qui te tient attaché,
Et renonce au repos, ou bien à l'évêché.
 Elle dit, et, du vent de sa bouche profane,
Lui souffle avec ces mots l'ardeur de la chicane.
Le prélat se réveille, et, plein d'émotion,
Lui donne toutefois la bénédiction.
 Tel qu'on voit un taureau qu'une guêpe en furie
A piqué dans les flancs aux dépens de sa vie ;
Le superbe animal, agité de tourments,
Exale sa douleur en longs mugissements ;
Tel le fougueux prélat, que ce songe épouvante,
Querelle en se levant et laquais et servante ;
Et, d'un juste courroux rallumant sa vigueur,
Même avant le dîner, parle d'aller au chœur.
Le prudent Gilotin, son aumônier fidèle,
En vain par ses conseils sagement le rappelle ;
Lui montre le péril ; que midi va sonner ;
Qu'il va faire, s'il sort, refroidir le dîner.
 Quelle fureur, dit-il, quel aveugle caprice,
Quand le dîner est prêt, vous appelle à l'office ?
De votre dignité soutenez mieux l'éclat :
Est-ce pour travailler que vous êtes prélat ?
A quoi bon ce dégoût et ce zèle inutile ?
Est-il donc pour jeûner quatre-temps ou vigile ?
Reprenez vos esprits, et souvenez-vous bien
Qu'un dîner réchauffé ne valut jamais rien.
 Ainsi dit Gilotin ; et ce ministre sage
Sur table, au même instant, fait servir le potage.
Le prélat voit la soupe, et, plein d'un saint respect,
Demeure quelque temps muet à cet aspect.
Il cède, il dîne enfin : mais, toujours plus farouche,
Les morceaux trop hâtés se pressent dans sa bouche.
Gilotin en gémit, et, sortant de fureur,
Chez tous ses partisans va semer la terreur.
On voit courir chez lui leurs troupes éperdues,
Comme l'on voit marcher les bataillons de grues (1)
Quand le Pygmée altier, redoublant ses efforts,
De l'Hèbre (2) ou du Strymon (3) vient d'occuper les bords.
A l'aspect imprévu de leur foule agréable,
Le prélat radouci veut se lever de table :
La couleur lui renaît, sa voix change de ton ;

---

(1) Homère, Iliade, liv. III, v. 6.
(2) Fleuve de Thrace.
(3) Fleuve de l'ancienne Thrace.

Il fait par Gilotin rapporter un jambon.
Lui-même le premier pour honorer la troupe,
D'un vin pur et vermeil il fait remplir sa coupe;
Il l'avale d'un trait : et chacun l'imitant,
La cruche au large ventre est vide en un instant.
Sitôt que du nectar la troupe est abreuvée,
On dessert : et soudain, la nappe étant levée,
Le prélat, d'une voix conforme à son malheur,
Leur confie en ces mots sa trop juste douleur :
 Illustres compagnons de mes longues fatigues,
Qui m'avez soutenu par vos pieuses ligues,
Et par qui, maître enfin d'un chapitre insensé,
Seul à Magnificat je me vois encensé ;
Souffrirez-vous toujours qu'un orgueilleux m'outrage;
Que le chantre à vos yeux détruise votre ouvrage,
Usurpe tous mes droits, et s'égalant à moi,
Donne à votre lutrin et le ton et la loi ?
Ce matin même encor, ce n'est point un mensonge,
Une divinité me l'a fait voir en songe:
L'insolent, s'emparant du fruit de mes travaux,
A prononcé pour moi le Benedicat vos !
Oui, pour mieux m'égorger, il prend mes propres armes.
 Le prélat à ces mots verse un torrent de larmes.
Il veut, mais vainement, poursuivre son discours;
Ses sanglots redoublés en arrêtent le cours.
Le zélé Gilotin, qui prend part à sa gloire,
Pour lui rendre la voix fait rapporter à boire :
Quand Sidrac, à qui l'âge allonge le chemin,
Arrive dans la chambre, un bâton à la main.
Ce vieillard dans le chœur a déjà vu quatre âge :
Il sait de tous les temps les différents usages :
Et son rare savoir, de simple marguillier (1),
L'éleva par degrés au rang de chevecier (2).
A l'aspect du prélat qui tombe en défaillance,
Il devine son mal, il se ride, il s'avance;
Et d'un ton paternel réprimant ses douleurs :
 Laisse au chantre, dit-il, la tristesse et les pleurs,
Prélat ; et, pour sauver tes droits et ton empire,
Ecoute seulement ce que le ciel m'inspire.
Vers cet endroit du chœur où le chantre orgueilleux
Montre, assis à ta gauche, un front si sourcilleux,
Sur ce rang d'ais serrés qui forment sa clôture
Fut jadis un lutrin d'inégale structure,
Dont les flancs élargis de leur vaste contour
Ombrageaient pleinement tous les lieux d'alentour.

---

(1) C'est celui qui a soin des reliques.
(2) C'est celui qui a soin des chapes et de la cire.

Derrière ce lutrin, ainsi qu'au fond d'un antre,
A peine sur son banc on discernait le chantre :
Tandis qu'à l'autre banc le prélat radieux,
Découvert au grand jour, attirait tous les yeux.
Mais un démon, fatal à cette ample machine,
Soit qu'une main la nuit eût hâté sa ruine,
Soit qu'ainsi de tout temps l'ordonnât le destin,
Fit tomber à nos yeux le pupitre un matin.
J'eus beau prendre le ciel et le chantre à partie,
Il fallut l'emporter dans notre sacristie,
Où depuis trente hivers, sans gloire enseveli,
Il languit tout poudreux dans un honteux oubli.
Entends-moi donc, Prélat. Dès que l'ombre tranquille
Viendra d'un crêpe noir envelopper la ville,
Il faut que trois de nous, sans tumulte et sans bruit,
Partent à la faveur de la naissante nuit,
Et, du lutrin rompu réunissant la masse,
Aillent d'un zèle adroit le remettre en sa place.
Si le chantre demain ose le renverser,
Alors de cent arrêts tu le peux terrasser.
Pour soutenir tes droits, que le ciel autorise,
Abyme tout plutôt : c'est l'esprit de l'Église ;
C'est par là qu'un prélat signale sa vigueur.
Ne borne pas ta gloire à prier dans un chœur :
Ces vertus dans Aleth peuvent être en usage ;
Mais dans Paris, plaidons : c'est là notre partage.
Tes bénédictions dans le trouble croissant,
Tu pourras les répandre et par vingt et par cent ;
Et, pour braver le chantre en son orgueil extrême,
Les répandre à ses yeux, et le bénir lui-même.

Ce discours aussitôt frappe tous les esprits ;
Et le prélat charmé l'approuve par des cris.
Il veut que, sur-le-champ, dans la troupe on choisisse
Les trois que Dieu destine à ce pieux office :
Mais chacun prétend part à cet illustre emploi.
Le sort, dit le prélat, vous servira de loi (1).
Que l'on tire au billet ceux que l'on doit élire.
Il dit, on obéit, on se presse d'écrire.
Aussitôt trente noms, sur le papier tracés,
Sont au fond d'un bonnet par billets entassés.
Pour tirer ces billets avec moins d'artifice,
Guillaume, enfant de chœur, prête sa main novice :
Son front nouveau tondu, symbole de candeur,
Rougit, en approchant, d'une honnête pudeur.
Cependant le prélat, l'œil au ciel, la main nue,
Bénit trois fois les noms, et trois fois les remue.

---

(1) Homère, Iliade, liv. VII, v. 171.

Il tourne le bonnet : l'enfant tire ; et Brontin
Est le premier des noms qu'apporte le destin.
Le prélat en conçoit un favorable augure,
Et ce nom dans la troupe excite un doux murmure.
On se tait ; et bientôt on voit paraître au jour
Le nom, le fameux nom du perruquier l'Amour (1).
Ce nouvel Adonis, à la blonde crinière,
Est l'unique souci d'Anne sa perruquière :
Ils s'adorent l'un l'autre ; et ce couple charmant
S'unit longtemps, dit-on, avant le sacrement :
Mais, depuis trois moissons, à leur saint assemblage
L'official a joint le nom de mariage.
Ce perruquier superbe est l'effroi du quartier,
Et son courage est peint sur son visage altier.
Un des noms reste encore, et le prélat par grâce
Une dernière fois les brouille et les ressasse.
Chacun croit que son nom est le dernier des trois.
Mais que ne dis-tu point, ô puissant porte-croix,
Boirude, sacristain, cher appui de ton maître,
Lorsqu'aux yeux du prélat tu vis ton nom paraître !
On dit que ton front jaune, et ton teint sans couleur,
Perdit en ce moment son antique pâleur ;
Et que ton corps goutteux, plein d'une ardeur guerrière,
Pour sauter au plancher fit deux pas en arrière.
Chacun bénit tout haut l'arbitre des humains,
Qui remet leur bon droit en de si bonnes mains.
Aussitôt on se lève ; et l'assemblée en foule,
Avec un bruit confus, par les portes s'écoule.
  Le prélat resté seul calme un peu son dépit,
Et jusques au souper se couche et s'assoupit.

CHANT SECOND.

Cependant cet oiseau qui prône les merveilles (2),
Ce monstre composé de bouches et d'oreilles,
Qui, sans cesse volant de climats en climats,
Dit partout ce qu'il sait et ce qu'il ne sait pas ;
La Renommée enfin, cette prompte courrière,
Va d'un mortel effroi glacer la perruquière ;

---

(1) Molière a peint le caractère de cet homme dans son *Médecin malgré lui*, à la fin de la première scène, sur ce que M. Despréaux lui en avait dit.

(2) Enéide, liv. IV, v. 173.

Lui dit que son époux, d'un faux zèle conduit,
Pour placer un lutrin doit veiller cette nuit.

   A ce triste récit, tremblante, désolée,
Elle accourt, l'œil en feu, la tête échevelée,
Et trop sûre d'un mal qu'on pense lui céler :

   Oses-tu bien encor, traître, dissimuler (1) ?
Dit-elle : et ni la foi que ta main m'a donnée,
Ni nos embrassements qu'a suivis l'hyménée,
Ni ton épouse enfin toute prête à périr,
Ne sauraient donc t'ôter cette ardeur de courir !
Perfide ! si du moins, à ton devoir fidèle,
Tu veillais pour orner quelque tête nouvelle !
L'espoir d'un juste gain consolant ma langueur
Pourrait de ton absence adoucir la longueur.
Mais quel zèle indiscret, quelle aveugle entreprise
Arme aujourd'hui ton bras en faveur d'une église?
Où vas-tu, cher époux? est-ce que tu me fuis?
As-tu donc oublié tant de si douces nuits?
Quoi ! d'un œil sans pitié vois-tu couler mes larmes?
Au nom de nos baisers jadis si pleins de charmes,
Si mon cœur, de tout temps facile à tes désirs,
N'a jamais d'un moment différé tes plaisirs ;
Si, pour te prodiguer mes plus tendres caresses,
Je n'ai point exigé ni serments, ni promesses ;
Si toi seul à mon lit enfin eus toujours part;
Diffère au moins d'un jour ce funeste départ.

   En achevant ces mots, cette amante enflammée
Sur un placet voisin tombe demi-pâmée.
Son époux s'en émeut, et son cœur éperdu
Entre deux passions demeure suspendu ;
Mais enfin rappelant son audace première :

   Ma femme, lui dit-il d'une voix douce et fière,
Je ne veux point nier les solides bienfaits
Dont ton amour prodigue a comblé mes souhaits,
Et le Rhin de ses flots ira grossir la Loire
Avant que tes faveurs sortent de ma mémoire;
Mais ne présume pas qu'en te donnant ma foi
L'hymen m'ait pour jamais asservi sous ta loi.
Si le ciel en mes mains eût mis ma destinée,
Nous aurions fui tous deux le joug de l'hyménée ;
Et, sans nous opposer ces devoirs prétendus,
Nous goûterions encor des plaisirs défendus.
Cesse donc à mes yeux d'étaler un vain titre :
Ne m'ôte pas l'honneur d'élever un pupitre ;
Et toi-même, donnant un frein à tes désirs,
Raffermis ma vertu qu'ébranlent tes soupirs.

---

(1) Enéide, liv. IV, v. 305.

Que te dirai-je enfin ? c'est le ciel qui m'appelle.
Une église, un prélat m'engage en sa querelle.
Il faut partir : j'y cours. Dissipe tes douleurs,
Et ne me trouble plus par ces indignes pleurs.
 Il la quitte à ces mots. Son amante effarée
Demeure le teint pâle, et la vue égarée :
La force l'abandonne ; et sa bouche, trois fois
Voulant le rappeler, ne trouve plus de voix.
Elle fuit, et, de pleurs inondant son visage,
Seule pour s'enfermer vole au cinquième étage.
Mais, d'un bouge prochain accourant à ce bruit,
Sa servante Alizon la rattrape et la suit.
 Les ombres cependant, sur la ville épandues,
Du faîte des maisons descendent dans les rues (1).
Le souper hors du chœur chasse les chapelains,
Et de chantres buvant les cabarets sont pleins.
Le redouté Brontin, que son devoir éveille,
Sort à l'instant, chargé d'une triple bouteille,
D'un vin dont Gilotin, qui savait tout prévoir,
Au sortir du conseil eut soin de le pourvoir.
L'odeur d'un jus si doux lui rend le faix moins rude.
Il est bientôt suivi du sacristain Boirude ;
Et tous deux, de ce pas, s'en vont avec chaleur
Du trop lent perruquier réveiller la valeur.
Partons, lui dit Brontin : déjà le jour plus sombre,
Dans les eaux s'éteignant, va faire place à l'ombre.
D'où vient ce noir chagrin que je lis dans tes yeux?
Quoi! le pardon sonnant te retrouve en ces lieux !
Où donc est ce grand cœur dont tantôt l'allégresse
Semblait du jour trop long accuser la paresse ?
Marche, et suis nous du moins où l'honneur nous attend.
 Le perruquier honteux rougit en l'écoutant.
Aussitôt de longs clous il prend une poignée :
Sur son épaule il charge une lourde cognée ;
Et derrière son dos, qui tremble sous le poids,
Il attache une scie en forme de carquois :
Il sort au même instant, il se met à leur tête.
A suivre ce grand chef l'un et l'autre s'apprête :
Leur cœur semble allumé d'un zèle tout nouveau ;
Brontin tient un maillet ; et Boirude, un marteau.
La lune, qui du ciel voit leur démarche altière,
Retire en leur faveur sa paisible lumière.
La Discorde en sourit, et, les suivant des yeux,
De joie, en les voyant, pousse un cri dans les cieux.
L'air, qui gémit du cri de l'horrible déesse,
Va jusques dans Citeaux réveiller la Mollesse.

---

(1) Virgile, églog. I, v. 83.

C'est là qu'en un dortoir elle fait son séjour :
Les Plaisirs nonchalants folâtrent à l'entour ;
L'un pétrit dans un coin l'embonpoint des chanoines :
L'autre broie en riant le vermillon des moines :
La Volupté la sert avec des yeux dévots,
Et toujours le Sommeil lui verse des pavots.
Ce soir, plus que jamais, en vain il les redouble,
La Mollesse à ce bruit se réveille, se trouble :
Quand la Nuit, qui déjà va tout envelopper,
D'un funeste récit vient encor la frapper ;
Lui conte du prélat l'entreprise nouvelle :
Aux pieds des murs sacrés d'une sainte chapelle,
Elle a vu trois guerriers, ennemis de la paix,
Marcher à la faveur de ses voiles épais.
La Discorde en ces lieux menace de s'accroître :
Demain avec l'aurore un lutrin va paraître,
Qui doit y soulever un peuple de mutins :
Ainsi le ciel l'écrit au livre des destins.

  A ce triste discours, qu'un long soupir achève,
La Mollesse, en pleurant, sur un bras se relève,
Ouvre un œil languissant, et, d'une faible voix,
Laisse tomber ces mots qu'elle interrompt vingt fois :
O Nuit ! que m'as-tu dit ? quel démon sur la terre
Souffle dans tous les cœurs la fatigue et la guerre ?
Hélas ! qu'est devenu ce temps, cet heureux temps,
Où les rois s'honoraient du nom de fainéants,
S'endormaient sur le trône, et, me servant sans honte
Laissaient leur sceptre aux mains ou d'un maire ou d'un comte!
Aucun soin n'approchait de leur paisible cour :
On reposait la nuit, on dormait tout le jour.
Seulement au printemps, quand Flore dans les plaines
Faisait taire des vents les bruyantes haleines,
Quatre bœufs attelés, d'un pas tranquille et lent,
Promenaient dans Paris le monarque indolent.
Ce doux siècle n'est plus. Le ciel impitoyable
A placé sur le trône un prince infatigable.
Il brave mes douceurs, il est sourd à ma voix :
Tous les jours il m'éveille au bruit de ses exploits.
Rien ne peut arrêter sa vigilante audace :
L'été n'a point de feux, l'hiver n'a point de glace.
J'entends à son seul nom tous mes sujets frémir
En vain deux fois la paix a voulu l'endormir ;
Loin de moi son courage, entraîné par la gloire,
Ne se plaît qu'à courir de victoire en victoire.
Je me fatiguerais à te tracer le cours
Des outrages cruels qu'il me fait tous les jours.
Je croyais, loin des lieux d'où ce prince m'exile,
Que l'Église du moins m'assurait un asile.
Mais en vain j'espérais y régner sans effroi :

Moines, abbés, prieurs, tout s'arme contre moi.
Par mon exil honteux la Trappe (1) est ennoblie;
J'ai vu dans Saint Denys la réforme établie;
Le Carme, le Feuillant, s'endurcit aux travaux;
Et la règle déjà se remet dans Clairvaux.
Cîteaux dormait encore, et la sainte Chapelle
Conservait du vieux temps l'oisiveté fidèle :
Et voici qu'un lutrin, prêt à tout renverser,
D'un séjour si chéri vient encor me chasser !
O toi, de mon repos, compagne aimable et sombre,
A de si noirs forfaits prêteras-tu ton ombre ?
Ah ! Nuit, si tant de fois, dans les bras de l'amour,
Je t'admis aux plaisirs que je cachais au jour,
Du moins ne permets pas... La Mollesse oppressée
Dans sa bouche à ce mot sent sa langue glacée;
Et, lasse de parler, succombant sous l'effort,
Soupire, étend les bras, ferme l'œil, et s'endort.

CHANT TROISIEME.

Mais la nuit aussitôt de ses ailes affreuses
Couvre des Bourguignons les campagnes vineuses,
Revole vers Paris, et, hâtant son retour,
Déjà de Mont-Lhéri voit la fameuse tour (2).
Ses murs, dont le sommet se dérobe à la vue,
Sur la cime d'un roc s'alongent dans la nue,
Et, présentant de loin leur objet ennuyeux,
Du passant qui le fuit semblent suivre les yeux.
Mille oiseaux effrayants, mille corbeaux funèbres,
De ces murs désertés habitent les ténèbres.
Là, depuis trente hivers, un hibou retiré
Trouvait contre le jour un refuge assuré.
Des désastres fameux ce messager fidèle
Sait toujours des malheurs la première nouvelle,
Et, tout prêt d'en semer le présage odieux,
Il attendait la nuit dans ces sauvages lieux.
Aux cris qu'à son abord vers le ciel il envoie,
Il rend tous ses voisins attristés de sa joie.
La plaintive Prognée de douleur en frémit;
Et, dans les bois prochains, Philomèle en gémit.

---

(1) Abbaye de Saint-Bernard, dans laquelle l'abbé Armand Bouthillier de Rancé a mis la réforme.
(2) Tour très haute, à cinq lieues de Paris, sur le chemin d'Orléans.

Suis-moi, lui dit la Nuit. L'oiseau plein d'allégresse
Reconnaît à ce ton la voix de sa maîtresse.
Il la suit : et tous deux, d'un cours précipité,
De Paris à l'instant abordent la cité;
Là, s'élançant d'un vol que le vent favorise,
Ils montent au sommet de la fatale église.
La Nuit baisse la vue, et, du haut du clocher,
Observe les guerriers, les regarde marcher.
Elle voit le barbier qui, d'une main légère,
Tient un verre de vin qui rit dans la fougère;
Et chacun, tour-à-tour s'inondant de ce jus,
Célébrer, en buvant, Gilotin et Bacchus.
Ils triomphent, dit-elle, et leur âme abusée
Se promet dans mon ombre une victoire aisée :
Mais allons; il est temps qu'ils connaissent la Nuit.
A ces mots, regardant le hibou qui la suit,
Elle perce les murs de la voûte sacrée ;
Jusqu'à la sacristie elle s'ouvre une entrée,
Et, dans le ventre creux du pupitre fatal,
Va placer de ce pas le sinistre animal.

 Mais les trois champions, pleins de vin et d'audace,
Du palais cependant passent la grande place ;
Et, suivant de Bacchus les auspices sacrés,
De l'auguste chapelle ils montent les degrés.
Ils atteignaient déjà le superbe portique
Où Ribou le libraire, au fond de sa boutique,
Sous vingt fidèles clefs, garde et tient en dépôt
L'amas toujours entier des écrits de Haynaut :
Quand Boirude, qui voit que le péril approche,
Les arrête, et, tirant un fusil de sa poche,
Des veines d'un caillou (1), qu'il frappe au même instant,
Il fait jaillir un feu qui pétille en sortant ;
Et bientôt, au brasier d'une mèche enflammée,
Montre, à l'aide du soufre, une cire allumée.
Cet astre tremblotant, dont le jour les conduit,
Est pour eux un soleil au milieu de la nuit.
Le temple à sa faveur est ouvert par Boirude :
Ils passent de la nef la vaste solitude,
Et dans la sacristie entrant, non sans terreur,
En percent jusqu'au fond la ténébreuse horreur.

 C'est là que du lutrin gît la machine énorme :
La troupe quelque temps en admire la forme.
Mais le barbier, qui tient les moments précieux :
Ce spectacle n'est pas pour amuser nos yeux,
Dit-il : le temps est cher, portons-le dans le temple :
C'est là qu'il faut demain qu'un prélat le contemple.

---

(1) Virg. Géorg. liv. I, v. 135; et Enéide, l. I, v. 178.

Et d'un bras, à ces mots, qui peut tout ébranler,
Lui-même, se courbant, s'apprête à le rouler.
Mais à peine il y touche (1), ô prodige incroyable !
Que du pupitre sort une voix effroyable.
Brontin en est ému ; le sacristain pâlit ;
Le perruquier commence à regretter son lit.
Dans son hardi projet toutefois il s'obstine ;
Lorsque des flancs poudreux de la vaste machine
L'oiseau sort en courroux, et, d'un cri menaçant,
Achève d'étonner le barbier frémissant :
De ses ailes dans l'air secouant la poussière,
Dans la main de Boirude il éteint la lumière.
Les guerriers à ce coup demeurent confondus ;
Ils regagnent la nef, de frayeur éperdus :
Sous leurs corps tremblotants leurs genoux s'affaiblissent,
D'une subite horreur leurs cheveux se hérissent ;
Et bientôt, au travers des ombres de la nuit,
Le timide escadron se dissipe et s'enfuit.

 Ainsi lorsqu'en un coin, qui leur tient lieu d'asile,
D'écoliers libertins une troupe indocile,
Loin des yeux d'un préfet au travail assidu,
Va tenir quelquefois un brelan défendu :
Si du vaillant Argus la figure effrayante
Dans l'ardeur du plaisir à leurs yeux se présente,
Le jeu cesse à l'instant, l'asile est déserté,
Et tout fuit à grands pas le tyran redouté.

 La Discorde, qui voit leur honteuse disgrace,
Dans les airs cependant tonne, éclate, menace,
Et, malgré la frayeur dont leurs cœurs sont glacés,
S'apprête à réunir ses soldats dispersés.
Aussitôt de Sidrac elle emprunte l'image :
Elle ride son front, alonge son visage,
Sur un bâton noueux laisse courber son corps,
Dont la chicane semble animer les ressorts ;
Prend un cierge en sa main, et, d'une voix cassée,
Vient ainsi gourmander la troupe terrassée.

 Lâches, où fuyez-vous ? quelle peur vous abat ?
Aux cris d'un vil oiseau vous cédez sans combat !
Où sont ces beaux discours jadis si pleins d'audace ?
Craignez-vous d'un hibou l'impuissante grimace ?
Que feriez-vous, hélas ! si quelque exploit nouveau
Chaque jour, comme moi, vous traînait au barreau ;
S'il fallait, sans amis, briguant une audience,
D'un magistrat glacé soutenir la présence,
Ou, d'un nouveau procès hardi solliciteur,
Aborder sans argent un clerc de rapporteur ?

---

(1) Énéide, liv. III, v. 39.

Croyez-moi, mes enfants, je vous parle à bon titre :
J'ai moi seul autrefois plaidé tout un chapitre ;
Et le barreau n'a point de monstres si hagards,
Dont mon œil n'ait cent fois soutenu les regards.
Tous les jours sans trembler j'assiégeais leurs passages.
L'Église était alors fertile en grands courages :
Le moindre d'entre nous, sans argent, sans appui,
Eût plaidé le prélat, et le chantre avec lui.
Le monde, de qui l'âge avance les ruines,
Ne peut plus enfanter de ces âmes divines (1) :
Mais que vos cœurs, du moins, imitant leurs vertus,
De l'aspect d'un hibou ne soient pas abattus.
Songez quel déshonneur va souiller votre gloire,
Quand le chantre demain entendra sa victoire.
Vous verrez tous les jours le chanoine insolent,
Au seul mot de hibou, vous sourire en parlant.
Votre âme, à ce penser, de colère murmure :
Allez donc de ce pas en prévenir l'injure ;
Méritez les lauriers qui vous sont réservés,
Et ressouvenez-vous quel prélat vous servez.
Mais déjà la fureur dans vos yeux étincelle :
Marchez, courez, volez où l'honneur vous appelle.
Que le prélat, surpris d'un changement si prompt,
Apprenne la vengeance aussitôt que l'affront.

    En achevant ces mots, la déesse guerrière
De son pied trace en l'air un sillon de lumière ;
Rend aux trois champions leur intrépidité,
Et les laisse tout pleins de sa divinité.

    C'est ainsi, grand Condé, qu'en ce combat célèbre (2),
Où ton bras fit trembler le Rhin, l'Escaut et l'Ebre,
Lorsqu'aux plaines de Lens nos bataillons poussés
Furent presque à tes yeux ouverts ou renversés,
Ta valeur, arrêtant les troupes fugitives,
Rallia d'un regard leurs cohortes craintives ;
Répandit dans leurs rangs ton esprit belliqueux,
Et força la victoire à te suivre avec eux.

    La colère à l'instant succédant à la crainte,
Ils rallument le feu de leur bougie éteinte :
Ils rentrent ; l'oiseau sort : l'escadron raffermi
Rit du honteux départ d'un si faible ennemi.
Aussitôt dans le chœur la machine emportée
Est sur le banc du chantre à grand bruit remontée.
Ses ais demi-pourris, que l'âge a relâchés,
Sont à coups de maillet unis et rapprochés.
Sous les coups redoublés tous les bancs retentissent,
Les murs en sont émus, les voûtes en mugissent,

---

(1) Iliade, liv. I. Discours de Nestor.
(2) En 1648.

Et l'orgue même en pousse un long gémissement.
Que fais-tu, chantre, hélas! dans ce triste moment?
Tu dors d'un profond somme, et ton cœur sans alarmes
Ne sait pas qu'on bâtit l'instrument de tes larmes!
Oh! que si quelque bruit, par un heureux réveil,
T'annonçait du lutrin le funeste appareil;
Avant que de souffrir qu'on en posât la masse,
Tu viendrais en apôtre expirer dans ta place;
Et, martyr glorieux d'un point d'honneur nouveau
Offrir ton corps aux clous et ta tête au marteau.
Mais déjà sur ton banc la machine enclavée
Est, durant ton sommeil, à ta honte élevée.
Le sacristain achève en deux coups de rabot;
Et le pupitre enfin tourne sur son pivot.

CHANT QUATRIÈME.

Les cloches, dans les airs, de leurs voix argentines,
Appelaient à grand bruit les chantres à matines;
Quand leur chef (1), agité d'un sommeil effrayant,
Encor tout en sueur se réveille en criant.
Aux élans redoublés de sa voix douloureuse,
Tous ses valets tremblants quittent la plume oiseuse;
Le vigilant Girot court à lui le premier :
C'est d'un maître si saint le plus digne officier;
La porte dans le chœur à sa garde est commise :
Valet souple au logis, fier huissier à l'église.
Quel chagrin, lui dit-il, trouble votre sommeil?
Quoi! voulez-vous au chœur prévenir le soleil?
Ah! dormez, et laissez à des chantres vulgaires
Le soin d'aller sitôt mériter leurs salaires.
Ami, lui dit le chantre encor pâle d'horreur,
N'insulte point, de grâce, à ma juste terreur :
Mêle plutôt ici tes soupirs à mes plaintes,
Et tremble en écoutant le sujet de mes craintes.
Pour la seconde fois un sommeil grâcieux
Avait sous ses pavots appesanti mes yeux :
Quand, l'esprit enivré d'une douce fumée,
J'ai cru remplir au chœur ma place accoutumée.
Là, triomphant aux yeux des chantres impuissants,
Je bénissais le peuple, et j'avalais l'encens :

---

(1) Le chantre.

CHANT QUATRIÈME.

Lorsque du fond caché de notre sacristie
Une épaisse nuée à longs flots est sortie,
Qui, s'ouvrant à mes yeux, dans un bleuâtre éclat
M'a fait voir un serpent conduit par le prélat.
Du corps de ce dragon, plein de soufre et de nitre,
Une tête sortait en forme de pupitre,
Dont le triangle affreux, tout hérissé de crins,
Surpassait en grosseur nos plus épais lutrins.
Animé par son guide, en sifflant il s'avance :
Contre moi sur mon banc je le vois qui s'élance.
J'ai crié, mais en vain : et, fuyant sa fureur,
Je me suis réveillé plein de trouble et d'horreur.
 Le chantre, s'arrêtant à cet endroit funeste,
A ses yeux effrayés laisse dire le reste.
Girot en vain l'assure, et, riant de sa peur,
Nomme sa vision l'effet d'une vapeur :
Le désolé vieillard, qui hait la raillerie,
Lui défend de parler, sort du lit en furie.
On apporte à l'instant ses somptueux habits.
Où sur l'ouate molle éclata le tabis.
D'une longue soutane il endosse la moire,
Prend ses gants violets, les marques de sa gloire ;
Et saisit, en pleurant, ce rochet qu'autrefois
Le prélat trop jaloux lui rogna de trois doigts.
Aussitôt d'un bonnet ornant sa tête grise,
Déjà l'aumuce en main il marche vers l'église,
Et, hâtant de ses ans l'importune langueur,
Court, vole, et, le premier, arrive dans le chœur.
 O toi qui, sur ces bords qu'une eau dormante mouille
Vis combattre autrefois le rat et la grenouille (1) ;
Qui, par les traits hardis d'un bizarre pinceau,
Mis l'Italie en feu pour la perte d'un seau (2) ;
Muse, prête à ma bouche une voix plus sauvage,
Pour chanter le dépit, la colère, la rage,
Que le chantre sentit allumer dans son sang
A l'aspect du pupitre élevé sur son banc.
D'abord pâle et muet, de colère immobile,
A force de douleur, il demeura tranquille ;
Mais sa voix s'échappant au travers des sanglots
Dans sa bouche à la fin fit passage à ces mots :
La voilà donc, Girot, cette hydre épouvantable
Que m'a fait voir un songe, hélas ! trop véritable !
Je le vois ce dragon tout prêt à m'égorger,
Ce pupitre fatal qui me doit ombrager !
Prélat, que t'ai-je fait ? quelle rage envieuse

---

(1) Homère a fait le poëme de la Guerre des Rats et des Grenouilles.
(2) *La Secchia rapita,* poëme italien.

Rend pour me tourmenter ton âme ingénieuse?
Quoi! même dans ton lit, cruel, entre deux draps,
Ta profane fureur ne se repose pas!
O ciel! quoi! sur mon banc une honteuse masse
Désormais me va faire un cachot de ma place!
Inconnu dans l'église, ignoré dans ce lieu,
Je ne pourrai donc plus être vu que de Dieu!
Ah! plutôt qu'un moment cet affront m'obscurcisse,
Renonçons à l'autel, abandonnons l'office;
Et, sans lasser le ciel par des chants superflus,
Ne voyons plus un chœur où l'on ne nous voit plus.
Sortons... Mais cependant mon ennemi tranquille
Jouira sur son banc de ma rage inutile,
Et verra dans le chœur le pupitre exhaussé
Tourner sur le pivot où sa main l'a placé!
Non, s'il n'est abattu, je ne saurais plus vivre.
A moi, Girot, je veux que mon bras m'en délivre.
Périssons s'il le faut, mais de ses ais brisés
Entraînons, en mourant, les restes divisés.

 A ces mots, d'une main par la rage affermie,
Il saisissait déjà la machine ennemie,
Lorsqu'en ce sacré lieu, par un heureux hasard,
Entre Jean le choriste, et le sonneur Girard,
Deux Manseaux renommés, en qui l'expérience
Pour les procès est jointe à la vaste science.
L'un et l'autre aussitôt prend part à son affront.
Toutefois condamnant un mouvement trop prompt,
Du lutrin, disent-ils, abattons la machine :
Mais ne nous chargeons pas tout seuls de sa ruine;
Et que tantôt, aux yeux du chapitre assemblé,
Il soit sous trente mains en plein jour accablé.

 Ces mots des mains du chantre arrachent le pupitre.
J'y consens, leur dit-il; assemblons le chapitre.
Allez donc de ce pas, par de saints hurlements,
Vous-mêmes appeler les chanoines dormants.
Partez. Mais ce discours les surprend et les glace.
Nous! qu'en ce vain projet, pleins d'une folle audace,
Nous allions, dit Girard, la nuit nous engager!
De notre complaisance osez-vous l'exiger?
Hé! seigneur! quand nos cris pourraient, du fond des rues,
De leurs appartements percer les avenues,
Réveiller ces valets autour d'eux étendus,
De leur sacré repos ministres assidus,
Et pénétrer des lits au bruit inaccessibles;
Pensez-vous, au moment que les ombres paisibles
A ces lits enchanteurs ont su les attacher,
Que la voix d'un mortel les en puisse arracher?
Deux chantres feront-ils, dans l'ardeur de vous plaire,
Ce que depuis trente ans six cloches n'ont pu faire?

CHANT QUATRIÈME.

Ah! je vois bien où tend tout ce discours trompeur,
Reprend le chaud vieillard : le prélat vous fait peur.
Je vous ai vus cent fois, sous sa main bénissante,
Courber servilement une épaule tremblante.
Hé bien ! allez; sous lui fléchissez les genoux :
Je saurai réveiller les chanoines sans vous.
Viens, Girot, seul ami qui me reste fidèle :
Prenons du saint jeudi la bruyante crecelle (1).
Suis-moi. Qu'à son lever le soleil aujourd'hui
Trouve tout le chapitre éveillé devant lui.

    Il dit. Du fond poudreux d'une armoire sacrée
Par les mains de Girot la crecelle est tirée.
Ils sortent à l'instant, et, par d'heureux efforts,
Du lugubre instrument font crier les ressorts.
Pour augmenter l'effroi, la Discorde infernale
Monte dans le palais, entre dans la grand'salle,
Et, du fond de cet antre, au travers de la nuit,
Fait sortir le démon du tumulte et du bruit.
Le quartier alarmé n'a plus d'yeux qui sommeillent ;
Déjà de toutes parts les chanoines s'éveillent :
L'un croit que le tonnerre est tombé sur les toits,
Et que l'église brûle une seconde fois (2) ;
L'autre, encore agité de vapeurs plus funèbres,
Pense être au jeudi saint, croit que l'on dit ténèbres,
Et déjà tout confus, tenant midi sonné,
En soi-même frémit de n'avoir point dîné.

    Ainsi, lorsque tout prêt à briser cent murailles
Louis, la foudre en main abandonnant Versailles,
Au retour du soleil et des zéphyrs nouveaux,
Fait dans les champs de Mars déployer ses drapeaux;
Au seul bruit répandu de sa marche étonnante,
Le Danube s'émeut, le Tage s'épouvante,
Bruxelles attend le coup qui la doit foudroyer,
Et le Batave encore est prêt à se noyer.

    Mais en vain dans leurs lits un juste effroi les presse :
Aucun ne laisse encor la plume enchanteresse.
Pour les en arracher Girot s'inquiétant
Va crier qu'au chapitre un repas les attend.
Ce mot dans tous les cœurs répand la vigilance :
Tout s'ébranle, tout sort, tout marche en diligence.
Ils courent au chapitre, et chacun se pressant
Flatte d'un doux espoir son appétit naissant.
Mais, ô d'un déjeuner vaine et frivole attente !
A peine ils sont assis, que, d'une voix dolente,
Le chantre désolé, lamentant son malheur,

---

(1) Instrument dont on se sert le jeudi saint au lieu de cloches.
(2) Le toit de la Sainte-Chapelle fut brûlé en 1618.

Fait mourir l'appétit et naître la douleur.
Le seul chanoine Evrard, d'abstinence incapable,
Ose encor proposer qu'on apporte la table.
Mais il a beau presser, aucun ne lui répond :
Quand, le premier rompant ce silence profond,
Alain tousse et se lève; Alain, ce savant homme,
Qui de Bauny vingt fois a lu toute la somme,
Qui possède Abéli, qui sait tout Raconis,
Et même entend, dit-on, le latin d'A-Kempis.

N'en doutez point, leur dit ce savant canoniste,
Ce coup part, j'en suis sûr, d'une main janséniste.
Mes yeux en sont témoins : j'ai vu moi-même hier
Entrer chez le prélat le chapelain Garnier.
Arnaud, cet hérétique ardent à nous détruire,
Par ce ministre adroit tente de le séduire :
Sans doute il aura lu dans son saint Augustin
Qu'autrefois saint Louis érigea ce lutrin;
Il va nous inonder des torrents de sa plume.
Il faut, pour lui répondre, ouvrir plus d'un volume.
Consultons sur ce point quelque auteur signalé ;
Voyons si des lutrins Bauny n'a point parlé :
Étudions enfin, il en est temps encore;
Et, pour ce grand projet, tantôt dès que l'aurore
Rallumera le jour dans l'onde enseveli,
Que chacun prenne en main le moelleux Abéli (1).

Ce conseil imprévu de nouveau les étonne :
Surtout le gras Evrard d'épouvante en frissonne.
Moi, dit-il, qu'à mon âge, écolier tout nouveau,
J'aille pour un lutrin me troubler le cerveau!
O le plaisant conseil! Non, non, songeons à vivre:
Va maigrir, si tu veux, et sécher sur un livre.
Pour moi, je lis la bible autant que l'alcoran :
Je sais ce qu'un fermier nous doit rendre par an ;
Sur quelle vigne à Reims nous avons hypothèque :
Vingt muids rangés chez moi font ma bibliothèque.
En plaçant un pupitre on croit nous rabaisser :
Mon bras seul sans latin saura le renverser.
Que m'importe qu'Arnaud me condamne ou m'approuve?
J'abats ce qui me nuit partout où je le trouve :
C'est là mon sentiment. A quoi bon tant d'apprêts?
Du reste déjeûnons, messieurs, et buvons frais.

Ce discours, que soutient l'embonpoint du visage,
Rétablit l'appétit, réchauffe le courage :
Mais le chantre surtout en paraît rassuré.
Oui, dit-il, le pupitre a déjà trop duré.
Allons sur sa ruine assurer ma vengeance :

---

(1) Fameux auteur, qui a fait la *Moelle théologique (Medulla theologica)*.

Donnons à ce grand œuvre une heure d'abstinence,
Et qu'au retour tantôt un ample déjeûner
Longtemps nous tienne à table, et s'unisse au dîner.
 Aussitôt il se lève, et la troupe fidèle,
Par ces mots attirants sent redoubler son zèle.
Ils marchent droit au chœur d'un pas audacieux,
Et bientôt le lutrin se fait voir à leurs yeux.
A ce terrible objet aucun d'eux ne consulte,
Sur l'ennemi commun ils fondent en tumulte,
Ils sapent le pivot, qui se défend en vain ;
Chacun sur lui d'un coup veut honorer sa main.
Enfin sous tant d'efforts la machine succombe,
Et son corps entr'ouvert chancèle, éclate et tombe :
Tel sur les monts glacés des farouches Gélons (1)
Tombe un chêne battu des voisins aquilons ;
Ou tel, abandonné de ses poutres usées,
Fond enfin un vieux toit sous ses tuiles brisées.
La masse est emportée, et ses ais arrachés
Sont aux yeux des mortels chez le chantre cachés.

CHANT CINQUIÈME.

 L'Aurore cependant, d'un juste effroi troublée,
Des chanoines levés voit la troupe assemblée,
Et contemple longtemps, avec des yeux confus,
Ces visages fleuris qu'elle n'a jamais vus.
Chez Sidrac aussitôt Brontin d'un pied fidèle
Du pupitre abattu va porter la nouvelle.
Le vieillard de ses soins bénit l'heureux succès,
Et sur un bois détruit bâtit mille procès.
L'espoir d'un doux tumulte échauffant son courage,
Il ne sent plus le poids ni les glaces de l'âge ;
Et chez le trésorier, de ce pas, à grand bruit,
Vient éclater au jour les crimes de la nuit.
 Au récit imprévu de l'horrible insolence,
Le prélat hors du lit impétueux s'élance
Vainement d'un breuvage à deux mains apporté
Gilotin avant tout le veut voir humecté :
Il veut partir à jeun. Il se peigne, il s'apprête ;
L'ivoire trop hâté deux fois rompt sur sa tête,
Et deux fois de sa main le buis tombe en morceaux :

---

(1) Peuples de Sarmatie, voisins du Borysthène.

Tel Hercule filant rompait tous les fuseaux.
Il sort demi-paré. Mais déjà sur sa porte
Il voit de saints guerriers une ardente cohorte,
Qui tous, remplis pour lui d'une égale vigueur,
Sont prêts, pour le servir, à déserter le chœur.
Mais le vieillard condamne un projet inutile.
Nos destins, sont, dit-il, écrits chez la Sybille :
Son antre n'est pas loin; allons la consulter,
Et subissons la loi qu'elle nous va dicter.
Il dit : à ce conseil, où la raison domine,
Sur ses pas au barreau la troupe s'achemine,
Et bientôt, dans le temple, entend, non sans frémir,
De l'antre redouté les soupiraux gémir.
 Entre ces vieux appuis dont l'affreuse grand'salle
Soutient l'énorme poids de sa voûte infernale,
Est un pilier fameux (1), des plaideurs respecté,
Et toujours de Normands à midi fréquenté.
Là, sur des tas poudreux de sacs et de pratique,
Hurle tous les matins une Sybille étique :
On l'appelle Chicane; et ce monstre odieux
Jamais pour l'équité n'eut d'oreilles ni d'yeux.
La Disette au teint blême, et la triste Famine,
Les Chagrins dévorants, et l'infâme Ruine,
Enfants infortunés de ses raffinements,
Troublent l'air d'alentour de longs gémissements.
Sans cesse feuilletant les lois et la coutume,
Pour consumer autrui, le monstre se consume;
Et, dévorant maison, palais, châteaux entiers,
Rend pour des monceaux d'or de vains tas de papiers.
Sous le coupable effort de sa noire insolence,
Thémis a vu cent fois chanceler sa balance.
Incessamment il va de détour en détour.
Comme un hibou, souvent il se dérobe au jour :
Tantôt, les yeux en feu, c'est un lion superbe;
Tantôt, humble serpent, il se glisse sous l'herbe.
En vain, pour le dompter, le plus juste des rois
Fit régler le chaos des ténébreuses lois :
Ses griffes vainement par Pussort (2) accourcies,
Se ralongent déjà, toujours d'encre noircies ;
Et ses ruses, perçant et digues et remparts,
Par cent brèches déjà rentrent de toutes parts.
 Le vieillard humblement l'aborde et le salue;
Et faisant, avant tout, briller l'or à sa vue :
Reine des longs procès, dit-il, dont le savoir
Rend la force inutile, et les lois sans pouvoir,

---

(1) Le pilier des consultations.
(2) M. Pussort, conseiller d'état, est celui qui a le plus contribué à faire le Code.

Toi, pour qui dans le Mans le laboureur moissonne,
Pour qui naissent à Caen tous les fruits de l'automne :
Si, dès mes premiers ans, heurtant tous les mortels,
L'encre a toujours pour moi coulé sur tes autels.
Daigne encor me connaître en ma saison dernière :
D'un prélat qui t'implore exauce la prière.
Un rival orgueilleux, de sa gloire offensé,
A détruit le lutrin par nos mains redressé.
Épuise en sa faveur ta science fatale :
Du digeste et du code ouvre-nous le dédale ;
Et montre-nous cet art, connu de tes amis,
Qui, dans ses propres lois, embarrasse Thémis.

 La Sybille, à ces mots, déjà hors d'elle-même,
Fait lire sa fureur sur son visage blême,
Et, pleine du démon qui la vient oppresser,
Par ces mots étonnants tâche à le repousser :

 Chantres, ne craignez plus une audace insensée.
Je vois, je vois au chœur la masse replacée :
Mais il faut des combats. Tel est l'arrêt du sort ;
Et surtout évitez un dangereux accord.

 Là bornant son discours, encor tout écumante,
Elle souffle aux guerriers l'esprit qui la tourmente ;
Et dans leurs cœurs brûlants de la soif de plaider
Verse l'amour de nuire, et la peur de céder.

 Pour tracer à loisir une longue requête,
A retourner chez soi leur brigade s'apprête.
Sous leurs pas diligents le chemin disparaît,
Et le pilier, loin d'eux, déjà baisse et décroît.

 Loin du bruit cependant les chanoines à table
Immolent trente mets à leur faim indomptable.
Leur appétit fougueux, par l'objet excité,
Parcourt tous les recoins d'un monstrueux pâté ;
Par le sel irritant la soif est allumée :
Lorsque d'un pied léger la prompte Renommée,
Semant partout l'effroi, vient au chantre éperdu
Conter l'affreux détail de l'oracle rendu.
Il se lève, enflammé de muscat et de bile,
Et prétend à son tour consulter la Sibylle.
Evrard a beau gémir du repas déserté,
Lui-même est au barreau par le nombre emporté.
Par les détours étroits d'une barrière oblique,
Ils gagnent les degrés, et le perron antique
Où sans cesse, étalant bons et méchants écrits,
Barbin vend aux passants des auteurs à tout prix (1).

 Là le chantre à grand bruit arrive et se fait place,
Dans le fatal instant que, d'une égale audace,

---

(1) Barbin se piquait de savoir vendre des livres quoique méchants.

Le prélat et sa troupe, à pas tumultueux,
Descendaient du palais l'escalier tortueux.
L'un et l'autre rival, s'arrêtant au passage,
Se mesure des yeux, s'observe, s'envisage ;
Une égale fureur anime leurs esprits :
Tels deux fougueux taureaux (1), de jalousie épris,
Auprès d'une génisse au front large et superbe
Oubliant tous les jours le pâturage et l'herbe,
A l'aspect l'un de l'autre embrasés, furieux,
Déjà le front baissé, se menacent des yeux.
Mais Evrard, en passant coudoyé par Boirude,
Ne sait point contenir son aigre inquiétude :
Il entre chez Barbin, et, d'un bras irrité,
Saisissant du Cyrus un volume écarté,
Il lance au sacristain le tome épouvantable.
Boirude fuit le coup : le volume effroyable
Lui rase le visage, et, droit dans l'estomac,
Va frapper en sifflant l'infortuné Sidrac.
Le vieillard, accablé de l'horrible Artamène,
Tombe aux pieds du prélat, sans pouls et sans haleine.
Sa troupe le croit mort, et chacun empressé
Se croit frappé du coup dont il le voit blessé.
Aussitôt contre Evrard vingt champions s'élancent ;
Pour soutenir leur choc les chanoines s'avancent.
La Discorde triomphe, et du combat fatal
Par un cri donne en l'air l'effroyable signal.

   Chez le libraire absent tout entre, tout se mêle :
Les livres sur Evrard fondent comme la grêle
Qui, dans un grand jardin, à coups impétueux,
Abat l'honneur naissant des rameaux fructueux.
Chacun s'arme au hasard du livre qu'il rencontre :
L'un tient l'Édit d'amour, l'autre en saisit la Montre (2);
L'un prend le seul Jonas qu'on ait vu relié ;
L'autre un Tasse français (3), en naissant oublié.
L'élève de Barbin, commis à la boutique,
Veut en vain s'opposer à leur fureur gothique ;
Les volumes, sans choix à la tête jetés,
Sur le perron poudreux volent de tous côtés :
Là, près d'un Guarini, Térence tombe à terre ;
Là, Xénophon dans l'air heurte contre un la Serre,
Oh ! que d'écrits obscurs, de livres ignorés,
Furent en ce grand jour de la poudre tirés !
Vous en fûtes tirés, Almerinde et Simandre :
Et toi, rebut du peuple, inconnu Caloandre (4),

---

(1) Virgile, Géorg. liv. III, v. 215.
(2) De Bonnecorse
(3) Traduction de Le Clerc.
(4) Roman italien, traduit par Scudéri.

CHANT CINQUIÈME.

Dans ton repos, dit-on, saisi par Gaillerbois,
Tu vis le jour alors pour la première fois.
Chaque coup sur la chair laisse une meurtrissure :
Déjà plus d'un guerrier se plaint d'une blessure.
D'un le Vayer épais Giraut est renversé :
Marineau, d'un Brébeuf a l'épaule blessé,
En sent par tout le bras une douleur amère ;
Et maudit la Pharsale aux provinces si chère.
D'un Pinchêne in-quarto Dodillon étourdi
A longtemps le teint pâle et le cœur affadi.
Au plus fort du combat le chapelain Garagne,
Vers le sommet du front atteint d'un Charlemagne,
(Des vers de ce poëme effet prodigieux)!
Tout prêt à s'endormir, bâille, et ferme les yeux.
A plus d'un combattant la Clélie est fatale :
Girou dix fois par elle éclate et se signale.
Mais tout cède aux efforts du chanoine Fabri.
Ce guerrier, dans l'église aux querelles nourri,
Est robuste de corps, terrible de visage,
Et de l'eau dans son vin n'a jamais su l'usage.
Il terrasse lui seul et Guilbert et Grasset,
Et Gorillon la basse, et Grandin le fausset,
Et Gerbais l'agréable, et Guerin l'insipide.
  Des chantres désormais la brigade timide
S'écarte, et du palais regagne les chemins :
Telle, à l'aspect d'un loup, terreur des champs voisins,
Fuit d'agneaux effrayés une troupe bélante ;
Ou tels devant Achille, aux campagnes du Xanthe,
Les Troyens se sauvaient à l'abri de leurs tours,
Quand Brontin à Boirude adresse ce discours :
  Illustre porte-croix, par qui notre bannière
N'a jamais en marchant fait un pas en arrière,
Un chanoine lui seul triomphant du prélat
Du rochet à nos yeux ternira-t-il l'éclat ?
Non, non : pour te couvrir de sa main redoutable (1),
Accepte de mon corps l'épaisseur favorable.
Viens, et, sous ce rempart, à ce guerrier hautain
Fais voler ce Quinault qui me reste à la main.
A ces mots, il lui tend le doux et tendre ouvrage.
Le sacristain, bouillant de zèle et de courage,
Le prend, se cache, approche, et, droit entre les yeux,
Frappe du noble écrit l'athlète audacieux.
Mais c'est pour l'ébranler une faible tempête,
Le livre sans vigueur mollit contre sa tête.
Le chanoine les voit, de colère embrasé :
Attendez, leur dit-il, couple lâche et rusé,

---

(1) Iliade, liv. VIII, v. 267.

Et jugez si ma main, aux grands exploits novice,
Lance à mes ennemis un livre qui mollisse.
A ces mots il saisit un vieil Infortiat (1),
Grossi des visions d'Accurse et d'Alciat,
Inutile ramas de gothique écriture,
Dont quatre ais mal unis formaient la couverture,
Entourée à demi d'un vieux parchemin noir,
Où pendait à trois clous un reste de fermoir.
Sur l'ais qui le soutient auprès d'un Avicenne (2),
Deux des plus forts mortels l'ébranleraient à peine :
Le chanoine pourtant l'enlève sans effort,
Et, sur le couple pâle et déjà demi-mort,
Fait tomber à deux mains l'effroyable tonnerre.
Les guerriers de ce coup vont mesurer la terre,
Et, du bois et des clous meurtris et déchirés,
Longtemps, loin du perron, roulent sur les degrés.
 Au spectacle étonnant de leur chute imprévue,
Le prélat pousse un cri qui pénètre la nue.
Il maudit dans son cœur le démon des combats,
Et de l'horreur du coup il recule six pas.
Mais bientôt rappelant son antique prouesse
Il tire du manteau sa dextre vengeresse ;
Il part, et, de ses doigts saintement alongés,
Bénit tous les passants, en deux files rangés.
Il sait que l'ennemi, que ce coup va surprendre,
Désormais sur ses pieds ne l'oserait attendre,
Et déjà voit pour lui tout le peuple en courroux
Crier aux combattants : Profanes, à genoux !
Le chantre, qui de loin voit approcher l'orage,
Dans son cœur éperdu cherche en vain du courage :
Sa fierté l'abandonne, il tremble, il cède, il fuit.
Le long des sacrés murs sa brigade le suit :
Tout s'écarte à l'instant ; mais aucun n'en réchappe :
Partout le doigt vainqueur les suit et les rattrape.
Evrard seul, en un coin prudemment retiré,
Se croyait à couvert de l'insulte sacré :
Mais le prélat vers lui fait une marche adroite,
Il l'observe de l'œil ; et tirant vers la droite,
Tout d'un coup tourne à gauche, et d'un bras fortuné
Bénit subitement le guerrier consterné.
Le chanoine, surpris de la foudre mortelle,
Se dresse, et lève en vain une tête rebelle ;
Sur ses genoux tremblants il tombe à cet aspect,
Et donne à la frayeur ce qu'il doit au respect.
Dans le temple aussitôt le prélat plein de gloire

---

(1) Livre de droit d'une grosseur énorme.
(2) Auteur arabe.

Va goûter les doux fruits de sa sainte victoire ;
Et de leur vain projet les chanoines punis
S'en retournent chez eux, éperdus, et bénis.

CHANT SIXIÈME.

Tandis que tout conspire à la guerre sacrée,
La Piété sincère, aux Alpes retirée (1),
Du fond de son désert entend les tristes cris,
De ses sujets cachés dans les murs de Paris.
Elle quitte à l'instant sa retraite divine :
La Foi, d'un pas certain, devant elle chemine ;
L'Espérance au front gai l'appuie et la conduit ;
Et, la bourse à la main, la Charité la suit.
Vers Paris elle vole, et, d'une audace sainte,
Vient aux pieds de Thémis proférer cette plainte :
   Vierge, effroi des méchants, appui de mes autels,
Qui, la balance en main, règle tous les mortels,
Ne viendrai-je jamais en tes bras salutaires
Que pousser des soupirs et pleurer mes misères !
Ce n'est donc pas assez qu'au mépris de tes lois
L'Hypocrisie ait pris et mon nom et ma voix ;
Que, sous ce nom sacré, partout ses mains avares
Cherchent à me ravir crosses, mitres, tiares !
Faudra-t-il voir encor cent monstres furieux
Ravager mes états usurpés à tes yeux !
Dans les temps orageux de mon naissant empire,
Au sortir du baptême on courait au martyre.
Chacun, plein de mon nom, ne respirait que moi :
Le fidèle, attentif aux règles de sa loi,
Fuyant des vanités la dangereuse amorce,
Aux honneurs appelé, n'y montait que par force :
Ces cœurs, que les bourreaux ne faisaient point frémir,
A l'offre d'une mitre étaient prêts à gémir ;
Et, sans peur des travaux, sur mes traces divines
Couraient chercher le ciel au travers des épines.
Mais, depuis que l'Église eut, aux yeux des mortels,
De son sang en tous lieux cimenté ses autels,
Le calme dangereux succédant aux orages,
Une lâche tiédeur s'empara des courages,
De leur zèle brûlant l'ardeur se ralentit ;

---

(1) La Grande-Chartreuse est dans les Alpes.

Sous le joug des péchés leur foi s'appesantit :
Le moine secoua le cilice et la haire,
Le chanoine indolent apprit à ne rien faire ;
Le prélat, par la brigue aux honneurs parvenu,
Ne sut plus qu'abuser d'un ample revenu,
Et pour toutes vertus fit, au dos d'un carrosse,
A côté d'une mitre armorier sa crosse;
L'Ambition partout chassa l'Humilité ;
Dans la crasse du froc logea la Vanité.
Alors de tous les cœurs l'union fut détruite.
Dans mes cloîtres sacrés la Discorde introduite
Y bâtit de mon bien ses plus sûrs arsenaux ;
Traîne tous mes sujets au pied des tribunaux.
En vain à ses fureurs j'opposai mes prières ;
L'insolente, à mes yeux, marcha sous mes bannières.
Pour comble de misère, un tas de faux docteurs
Vint flatter les péchés de discours imposteurs ;
Infectant les esprits d'exécrables maximes,
Voulut faire à Dieu même approuver tous les crimes.
Une servile peur tint lieu de charité,
Le besoin d'aimer Dieu passa pour nouveauté ;
Et chacun à mes pieds, conservant sa malice,
N'apporta de vertu que l'aveu de son vice.

   Pour éviter l'affront de ces noirs attentat,
J'allai chercher le calme au séjour des frimats,
Sur ces monts entourés d'une éternelle glace
Où jamais au printemps les hivers n'ont fait place.
Mais, jusques dans la nuit de mes sacrés déserts,
Le bruit de mes malheurs fait retentir les airs.
Aujourd'hui même encore une voix trop fidèle
M'a d'un triste désastre apporté la nouvelle :
J'apprends que, dans ce temple où le plus saint (1) des rois
Consacra tout le fruit de ses pieux exploits,
Et signala pour moi sa pompeuse largesse,
L'implacable Discorde et l'infâme Mollesse,
Foulant aux pieds les lois, l'honneur et le devoir,
Usurpent en mon nom le souverain pouvoir.
Souffriras-tu, ma sœur, une action si noire?
Quoi! ce temple, à ta porte, élevé pour ma gloire,
Où jadis des humains j'attirais tous les vœux,
Sera de leurs combats le théâtre honteux !
Non, non, il faut enfin que ma vengeance éclate :
Assez et trop longtemps l'impunité les flatte.
Prends ton glaive, et, fondant sur ces audacieux,
Viens aux yeux des mortels justifier les cieux.
   Ainsi parle à sa sœur cette vierge enflammée :

---

(1) Saint Louis, fondateur de la Sainte-Chapelle.

CHANT SIXIÈME.

La grâce est dans ses yeux d'un feu pur allumée.
Thémis sans différer lui promet son secours,
La flatte, la rassure, et lui tient ce discours :
   Chère et divine sœur, dont les mains secourables
Ont tant de fois séché les pleurs des misérables,
Pourquoi toi-même, en proie à tes vives douleurs,
Cherches-tu sans raison à grossir tes malheurs?
En vain de tes sujets l'ardeur est ralentie ;
D'un ciment éternel ton Église est bâtie,
Et jamais de l'enfer les noirs frémissements
N'en sauraient ébranler les fermes fondements.
Au milieu des combats, des troubles, des querelles,
Ton nom encor chéri vit au sein des fidèles.
Crois-moi, dans ce lieu même où l'on veut t'opprimer,
Le trouble qui t'étonne est facile à calmer ;
Et, pour y rappeler la paix tant désirée,
Je vais t'ouvrir, ma sœur, une route assurée.
Prête-moi donc l'oreille, et retiens tes soupirs.
   Vers ce temple fameux, si chers à tes désir
Où le ciel fut pour toi si prodigue en miracles,
Non loin de ce palais où je rends mes oracles,
Est un vaste séjour des mortels révéré,
Et de clients soumis à toute heure entouré,
Là, sous le faix pompeux de ma pourpre honorable,
Veille au soin de ma gloire un homme incomparable (1),
Ariste, dont le Ciel et Louis ont fait choix
Pour régler ma balance et dispenser mes lois.
Par lui dans le barreau sur mon trône affermie,
Je vois hurler en vain la chicane ennemie ;
Par lui la vérité ne craint plus l'imposteur,
Et l'orphelin n'est plus dévoré du tuteur.
Mais pourquoi vainement t'en retracer l'image ?
Tu le connais assez : Ariste est ton ouvrage.
C'est toi qui le formas dès ses plus jeunes ans :
Son mérite sans tache est un de tes présents.
Tes divines leçons, avec le lait sucées,
Allumèrent l'ardeur de ses nobles pensées.
Aussi son cœur, pour toi brûlant d'un si beau feu,
N'en fit point dans le monde un lâche désaveu ;
Et son zèle hardi, toujours prêt à paraître,
N'alla point se cacher dans les ombres d'un cloître.
Va le trouver, ma sœur : à ton auguste nom,
Tout s'ouvrira d'abord en sa sainte maison.
Ton visage est connu de sa noble famille ;
Tout y garde tes lois, enfants, sœurs, femme, fille.
Tes yeux d'un seul regard sauront le pénétrer ;
Et, pour obtenir tout, tu n'as qu'à te montrer.

---

(1) M. de Lamoignon, premier président.

Là s'arrête Thémis. La Piété charmée
Sent renaître la joie en son âme calmée.
Elle court chez Ariste; et s'offrant à ses yeux :
  Que me sert, lui dit-elle, Ariste, qu'en tous lieux
Tu signales pour moi ton zèle et ton courage,
Si la Discorde impie à ta porte m'outrage?
Deux puissants ennemis, par elle envenimés,
Dans ces murs, autrefois si saints, si renommés,
A mes sacrés autels font un profane insulte,
Remplissent tout d'effroi, de trouble et de tumulte.
De leur crime à leurs yeux va-t'en peindre l'horreur :
Sauve-moi, sauve-les de leur propre fureur.
  Elle sort à ces mots. Le héros en prière
Demeure tout couvert de feux et de lumière.
De la céleste fille il reconnaît l'éclat,
Et mande au même instant le chantre et le prélat.
  Muse, c'est à ce coup que mon esprit timide
Dans sa course élevée a besoin qu'on le guide,
Pour chanter par quels soins, par quels nobles travaux
Un mortel sut fléchir ces superbes rivaux.
  Mais plutôt, toi qui fis ce merveilleux ouvrage,
Ariste, c'est à toi d'en instruire notre âge.
Seul tu peux révéler par quel art tout puissant
Tu rendis tout-à-coup le chantre obéissant.
Tu sais par quel conseil rassemblant le chapitre
Lui-même, de sa main, reporta le pupitre ;
Et comment le prélat, de ses respects content,
Le fit du banc fatal enlever à l'instant.
Parle donc : c'est à toi d'éclaircir ces merveilles.
Il me suffit pour moi d'avoir su, par mes veilles
Jusqu'au sixième chant pousser ma fiction,
Et fait d'un vain pupitre un second Ilion.
Finissons. Aussi bien, quelque ardeur qui m'inspire,
Quand je songe au héros qui me reste à décrire,
Qu'il faut parler de toi, mon esprit éperdu
Demeure sans parole, interdit, confondu.
  Ariste, c'est ainsi qu'en ce sénat illustre
Où Thémis, par tes soins, reprend son premier lustre,
Quand, la première fois, un athlète nouveau
Vient combattre en champ clos aux joûtes du barreau,
Souvent sans y penser ton auguste présence
Troublant par trop d'éclat sa timide éloquence,
Le nouveau Cicéron, tremblant, décoloré,
Cherche en vain son discours sur sa langue égaré :
En vain, pour gagner temps, dans ses transes affreuses,
Traîne d'un dernier mot les syllabes honteuses;
Il hésite, il bégaie ; et le triste orateur
Demeure enfin muet aux yeux du spectateur (1).

---

(1) L'orateur muet, il n'y a plus d'auditeurs : il reste seulement des spectateurs.

ODES, ÉPIGRAMMES

ET

POESIES DIVERSES.

DISCOURS SUR L'ODE.

L'ode suivante a été composée à l'occasion de ces étranges dialogues (1) qui ont paru depuis quelque temps, où tous les plus grands écrivains de l'antiquité sont traités d'esprits médiocres, de gens à être mis en parallèle avec les Chapelains et les Cotins, et où, voulant faire honneur à notre siècle, on l'a en quelque sorte diffamé, en faisant voir qu'il s'y trouve des hommes capables d'écrire des choses si peu sensées. Pindare y est des plus maltraités. Comme les beautés de ce poète sont extrêmement renfermées dans sa langue, l'auteur de ces dialogues, qui vraisemblablement ne sait point le grec, et qui n'a lu Pindare que dans des traductions latines assez défectueuses, a pris pour galimatias tout ce que la faiblesse de ses lumières ne lui permettait pas de comprendre. Il a surtout traité de ridicules ces endroits merveilleux où le poëte, pour marquer un esprit entièrement hors de soi, rompt quelquefois, de dessein formé, la suite de son discours; et afin de mieux entrer dans la raison, sort, s'il faut ainsi parler, de la raison même, évitant avec grand soin cet ordre méthodique et ces exactes liaisons de sens qui ôteraient l'âme à la poésie lyrique. Le censeur dont je parle n'a pas pris garde qu'en attaquant ces nobles hardiesses de Pindare il donnait lieu de croire qu'il n'a jamais conçu le sublime des psaumes de David, où, s'il est permis de parler de ces saints cantiques à propos de choses si profanes, il y a beaucoup de ces sens rompus, qui servent même quel-

---

(1) Parallèle des anciens et modernes, en forme de dialogues.

quefois à en faire sentir la divinité. Ce critique, selon toutes les apparences, n'est pas fort convaincu du précepte que j'ai avancé dans mon Art poétique, à propos de l'Ode :

> Son style impétueux souvent marche au hasard ;
> Chez elle un beau désordre est un effet de l'art.

Ce précepte, effectivement, qui donne pour règle de ne point garder quelquefois de règles, est un mystère de l'art qu'il n'est pas aisé de faire entendre à un homme sans aucun goût, qui croit que la Clélie et nos opéras sont les modèles du genre sublime; qui trouve Térence fade, Virgile froid, Homère de mauvais sens, et qu'une espèce de bizarrerie d'esprit rend insensible à tout ce qui frappe ordinairement les hommes. Mais ce n'est pas ici le lieu de lui montrer ses erreurs. On le fera peut-être plus à propos un de ces jours dans quelque autre ouvrage.

Pour revenir à Pindare, il ne serait pas difficile d'en faire sentir les beautés à des gens qui se seraient un peu familiarisé le grec. Mais comme cette langue est aujourd'hui assez ignorée de la plupart des hommes, et qu'il n'est pas possible de leur faire voir Pindare dans Pindare même, j'ai cru que je ne pouvais mieux justifier ce grand poëte, qu'en tâchant de faire une ode en français à sa manière, c'est-à-dire pleine de mouvements et de transports, où l'esprit parût plutôt entraîné du démon de la poésie, que guidé par la raison. C'est le but que je me suis proposé dans l'ode qu'on va voir. J'ai pris pour sujet la prise de Namur, comme la plus grande action de guerre qui se soit faite de nos jours, et comme la matière la plus propre à échauffer l'imagination d'un poète. J'y ai jeté, autant que j'ai pu, la magnificence des mots; et, à l'exemple des anciens poètes dithyrambiques, j'y ai employé les figures les plus audacieuses, jusqu'à y faire un astre de la plume blanche que le roi porte ordinairement à son chapeau, et qui est en effet comme une espèce de comète fatale à nos ennemis, qui se jugent perdus dès qu'ils l'aperçoivent. Voilà le dessein de cet ouvrage. Je ne réponds pas d'y avoir réussi ; et je ne sais si le public, accoutumé aux sages emportements de Malherbe, s'accommodera de ces saillies et de ces excès pindariques. Mais, supposé que j'y aie échoué, je m'en consolerai du moins par le commencement de cette fameuse ode latine d'Horace : *Pindarum quisquis studet æmulari*, etc., où Horace donne assez à entendre que s'il eût voulu lui-même s'élever à la hauteur de Pindare, il se serait cru en grand hasard de tomber.

Au reste, comme, parmi les épigrammes qui sont imprimées à la suite de cette ode, on trouvera encore une petite ode de ma façon, que je n'avais point jusqu'ici insérée dans mes écrits, je suis bien aise, pour ne me point brouiller avec les Anglais d'aujourd'hui, de faire ici ressouvenir le lecteur que les Anglais que j'attaque dans ce petit poëme, qui est un ouvrage de ma première jeunesse, ce sont les Anglais du temps de Cromwel.

J'ai joint aussi à ces épigrammes un arrêt burlesque donné au Parnasse, que j'ai composé autrefois, afin de prévenir un arrêt très sérieux que l'Université songeait à obtenir du Parlement, contre ceux qui enseigneraient dans les écoles de philosophie d'autres principes que ceux d'Aristote. La plaisanterie y descend un peu bas, et est toute dans les termes de la pratique. Mais il fallait qu'elle fût ainsi, pour faire son effet, qui fut très heureux, et obligea pour ainsi dire l'Université à supprimer la requête qu'elle allait présenter.

> Ridiculum acri
> Fortiùs ac meliùs magnas plerumque secat res.

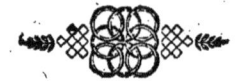

ODES.

ODE
SUR LA PRISE DE NAMUR.

Quelle docte et sainte ivresse
Aujourd'hui me fait la loi ?
Chastes nymphes du Permesse,
N'est-ce pas vous que je vois ?
Accourez, troupe savante ;
Des sons que ma lyre enfante
Ces arbres sont réjouis ;
Marquez-en bien la cadence :
Et vous, vents, faites silence ;
Je vais parler de Louis.

Dans ses chansons immortelles,
Comme un aigle audacieux,
Pindare, étendant ses ailes,
Fuit loin des vulgaires yeux.
Mais, ô ma fidèle lyre !
Si, dans l'ardeur qui m'inspire,
Tu peux suivre mes transports,
Les chênes des monts (1) de Thrace
N'ont rien ouï que n'efface
La douceur de tes accords.

Est-ce Apollon et Neptune
Qui, sur ces rocs sourcilleux,
Ont, compagnons de fortune (2),
Bâti ces murs orgueilleux ?
De leur enceinte fameuse
La Sambre unie à la Meuse,
Défend le fatal abord :
Et, par cent bouches horribles,
L'airain sur ces monts terribles
Vomit le fer et la mort.

---

(1) Hémus, Rhodope et Pangée.
(2) Ils s'étaient loués à Laomédon pour rebâtir les murs de Troie.

Dix mille vaillants Alcides,
Les bordant de toutes parts,
D'éclairs au loin homicides
Font pétiller leurs remparts ;
Et, dans son sein infidèle,
Partout la terre y recèle
Un feu prêt à s'élancer,
Qui, soudain perçant son gouffre,
Ouvre un sépulcre de soufre
A quiconque ose avancer.

Namur, devant tes murailles
Jadis la Grèce eût, vingt ans,
Sans fruit vu les funérailles
De ses plus fiers combattans.
Quelle effroyable puissance
Aujourd'hui pourtant s'avance,
Prête à foudroyer tes monts !
Quel bruit, quel feu l'environne !
C'est Jupiter en personne,
Ou c'est le vainqueur de Mons.

N'en doute point, c'est lui-même :
Tout brille en lui, tout est roi.
Dans Bruxelles Nassau blême
Commence à trembler pour toi.
En vain il voit le Batave,
Désormais docile esclave,
Rangé sous ses étendards :
En vain au lion belgique
Il voit l'aigle germanique
Uni sous les léopards.

Plein de la frayeur nouvelle
Dont ses sens sont agités,
A son secours il appelle
Les peuples les plus vantés :
Ceux-là viennent du rivage
Où s'enorgueillit le Tage
De l'or qui roule en ses eaux ;
Ceux-ci, des champs où la neige
Des marais de la Norwège
Neuf mois couvre les roseaux.

Mais qui fait enfler la Sambre ?
Sous les Gémeaux effrayés (1),

---

(1) Le siége se fit au mois de juin, et il tomba durant ce temps de furieuses pluies.

ODE.

Des froids torrents de décembre
Les champs partout sont noyés.
Cérès s'enfuit éplorée
De voir en proie à Borée
Ses guérêts d'épis chargés,
Et, sous les urnes fangeuses
Des Hyades orageuses,
Tous ses trésors submergés.

Déployez toutes vos rages,
Princes, vents, peuples, frimats;
Ramassez tous vos nuages,
Rassemblez tous vos soldats :
Malgré vous, Namur en poudre
S'en va tomber sous la foudre
Qui dompta Lille, Courtray,
Gand la superbe Espagnole,
Saint-Omer, Besançon, Dole,
Ypres, Mastricht et Cambray.

Mes présages s'accomplissent :
Il commence à chanceler ;
Sous les coups qui retentissent
Ses murs s'en vont s'écrouler.
Mars en feu, qui les domine,
Souffle à grand bruit leur ruine ;
Et les bombes, dans les airs
Allant chercher le tonnerre,
Semblent, tombant sur la terre,
Vouloir s'ouvrir les enfers.

Accourez, Nassau, Bavière,
De ces murs l'unique espoir :
A couvert d'une rivière,
Venez, vous pouvez tout voir.
Considérez ces approches :
Voyez grimper sur ces roches
Ces athlètes belliqueux ;
Et dans les eaux, dans la flamme,
Louis, à tout donnant l'âme,
Marcher, courir avec eux.

Contemplez dans la tempête
Qui sort de ces boulevards
La plume (1) qui sur sa tête
Attire tous les regards.

---

(1) Le roi porte toujours à l'armée une plume blanche.

A cet astre (1) redoutable
Toujours un sort favorable
S'attache dans les combats;
Et toujours avec la gloire
Mars amenant la victoire
Vole, et le suit à grands pas.

Grands défenseurs de l'Espagne,
Montrez-vous, il en est temps.
Courage! vers la Méhagne (2)
Voilà vos drapeaux flottants.
Jamais ses ondes craintives
N'ont vu sur leurs faibles rives
Tant de guerriers s'amasser.
Courez donc ; qui vous retarde ?
Tout l'univers vous regarde :
N'osez-vous la traverser?

Loin de fermer le passage
A vos nombreux bataillons,
Luxembourg a du rivage
Reculé ses pavillons.
Quoi! leur seul aspect vous glace !
Où sont ces chefs pleins d'audace,
Jadis si prompts à marcher,
Qui devaient, de la Tamise
Et de la Drave (3) soumise,
Jusqu'à Paris nous chercher ?

Cependant l'effroi redouble
Sur les remparts de Namur :
Son gouverneur, qui se trouble,
S'enfuit sous son dernier mur.
Déjà jusques à ses portes
Je vois monter nos cohortes
La flamme et le fer en main ;
Et sur les monceaux de piques,
De corps morts, de rocs, de briques,
S'ouvrir un large chemin.

C'en est fait. Je viens d'entendre
Sur ces rochers éperdus
Battre un signal pour se rendre.
Le feu cesse : ils sont rendus.

---

(1) Homère, Iliade, liv. XIX, v. 381, dit que l'aigrette d'Achille étincelait comme un astre.
(2) Rivière près de Namur.
(3) Rivière qui passe à Belgrade en Hongrie.

Dépouillez votre arrogance,
Fiers ennemis de la France ;
Et, désormais grâcieux,
Allez à Liège, à Bruxelles,
Porter les humbles nouvelles
De Namur pris à vos yeux.

Pour moi, que Phébus anime
De ses transports les plus doux,
Rempli de ce dieu sublime,
Je vais, plus hardi que vous,
Montrer que, sur le Parnasse,
Des bois fréquentés d'Horace
Ma muse, dans son déclin,
Sait encor les avenues,
Et des sources inconnues
A l'auteur du Saint-Paulin (1).

ODE [2].

Sur un bruit qui courut, en 1656, que Cromwell et les Anglais allaient faire la guerre à la France.

Quoi ! ce peuple aveugle en son crime,
Qui, prenant son roi pour victime,
Fit du trône un théâtre affreux,
Pense-t-il que le ciel, complice
D'un si funeste sacrifice,
N'a pour lui ni foudre ni feux ?

Déjà sa flotte à pleines voiles,
Malgré les vents et les étoiles,
Veut maîtriser tout l'univers,
Et croit que l'Europe étonnée
A son audace forcenée
Va céder l'empire des mers.

Arme-toi, France ; prends la foudre :
C'est à toi de réduire en poudre
Ces sanglants ennemis des lois.
Suis la victoire qui t'appelle,

---

(1) Poëme héroïque de M. Perrault.
(2) Je n'avais que dix-huit ans quand je fis cette ode ; mais je l'ai raccommodée.

ODE.

Et va sur ce peuple rebelle
Venger la querelle des rois.

Jadis on vit ces parricides
Aidés de nos soldats perfides,
Chez nous, au comble de l'orgueil,
Briser tes plus fortes murailles,
Et par le gain de vingt batailles,
Mettre tous tes peuples en deuil.

Mais bientôt le ciel en colère,
Par la main d'une humble bergère
Renversant tous leurs bataillons,
Borna leurs succès et nos peines ;
Et leurs corps, pourris dans nos plaines,
N'ont fait qu'engraisser nos sillons.

ÉPIGRAMMES.

I. *A un médecin.*

Oui, j'ai dit dans mes vers qu'un célèbre assassin,
Laissant de Galien la science infertile,
D'ignorant médecin devint maçon habile :
Mais de parler de vous je n'eus jamais dessein,
      Perrault ; ma muse est trop correcte.
Vous êtes, je l'avoue, ignorant médecin,
    Mais non pas habile architecte.

II. *A M. Racine.*

Racine, plains ma destinée :
C'est demain la triste journée
Où le prophète Desmarets,
Armé de cette même foudre
Qui mit le Port-Royal en poudre,
Va me percer de mille traits.
C'en est fait, mon heure est venue,
Non que ma muse, soutenue
De tes judicieux avis,
N'ait assez de quoi le confondre :
Mais, cher ami, pour lui répondre,
Hélas ! il faut lire Clovis (1)!

III. *Contre Saint-Sorlin.*

Dans le palais, hier Bilain
Voulait gager contre Ménage
Qu'il était faux que Saint-Sorlin
Contre Arnauld eût fait un ouvrage.
Il en a fait, j'en sais le temps,
Dit un des plus fameux libraires.
Attendez.... C'est depuis vingt ans.

---

(1) Poëme de Desmarets, ennuyeux à la mort.

On en tira cent exemplaires.
C'est beaucoup ! dis-je en m'approchant,
La pièce n'est pas si publique.
Il faut compter, dit le marchand,
Tout est encor dans ma boutique.

IV. *A MM. Pradon et Bonnecorse, qui firent en même temps paraître contre moi chacun un volume d'injures.*

Venez, Pradon et Bonnecorse,
Grands écrivains de même force,
De vos vers recevoir le prix :
Venez prendre dans mes écrits
La place que vos noms demandent :
Linière et Perrin vous attendent.

V. *Sur une satire très mauvaise que l'abbé Cotin avait faite, et qu'il faisait courir sous mon nom.*

En vain par mille et mille outrages,
Mes ennemis, dans leurs ouvrages,
Ont cru me rendre affreux aux yeux de l'univers.
Cotin, pour décrier mon style,
A pris un chemin plus facile :
C'est de m'attribuer ses vers.

VI. *Contre le même.*

A quoi bon tant d'efforts, de larmes et de cris,
Cotin, pour faire ôter ton nom de mes ouvrages ?
Si tu veux du public éviter les outrages,
Fais effacer ton nom de tes propres écrits.

VII. *Contre un athée.*

Alidor, assis (1) dans sa chaise,
Médisant du ciel à son aise,
Peut bien médire aussi de moi.
Je ris de ses discours frivoles :
On sait fort bien que ses paroles
Ne sont pas articles de foi.

VIII. *Vers en style de Chapelain, pour mettre à la fin de son poëme de la* Pucelle.

Maudit soit l'auteur dur, dont l'âpre et rude verve,
Son cerveau tenaillant, rima malgré Minerve ;

---

(1) Il était tellement goutteux qu'il ne pouvait marcher.

IX.

De six amants contents et non jaloux,
Qui tour-à-tour servaient madame Claude,
Le moins volage était Jean, son époux :
Un jour pourtant, l'humeur un peu trop chaude,
Serrait de près sa servante aux yeux doux,
Lorsqu'un des six lui dit : Que faites-vous ?
Le jeu n'est sûr avec cette ribaude.
Ah ! voulez-vous, Jean-Jean, nous gâter tous ?

X. *A Climène.*

Tout me fait peine,
Et depuis un jour
Je crois, Climène,
Que j'ai de l'amour.
Cette nouvelle
Vous met en courroux.
Tout beau, cruelle !
Ce n'est pas pour vous.

XI *Epitaphe.*

Ci-gît, justement regretté,
Un savant homme sans science,
Un gentilhomme sans naissance,
Un très bon homme sans bonté.

XII. *Imitation de Martial.*

Paul, ce grand médecin, l'effroi de son quartier,
Qui causa plus de maux que la peste et la guerre,
Est curé maintenant, et met les gens en terre.
Il n'a point changé de métier.

XIII. *Sur une harangue d'un magistrat, dans laquelle les procureurs étaient fort maltraités.*

Lorsque, dans ce sénat à qui tout rend hommage,
Vous haranguez en vieux langage,
Paul, j'aime à vous voir, en fureur,
Gronder maint et maint procureur ;
Car leurs chicanes sans pareilles
Méritent bien ce traitement.

---

(1) La *Pucelle* a douze livres, chacun de douze cents vers.

Mais que vous ont fait nos oreilles,
Pour les traiter si durement?

XIV. *Sur l'Agésilas de M. Corneille.*

J'ai vu l'Agésilas.
Hélas !

XV. *Sur l'Attila du même auteur.*

Après l'Agésilas,
Hélas !
Mais après l'Attila,
Holà

XVI. *Sur la manière de réciter du poète Santeuil.*

Quand j'aperçois sous ce portique
Ce moine, au regard fanatique,
Lisant ses vers audacieux,
Faits pour les habitants des cieux (1),
Ouvrir une bouche effroyable,
S'agiter, se tordre les mains ;
Il me semble en lui voir le diable,
Que Dieu force à louer les saints.

XVII. *Sur la fontaine de Bourbon, où l'auteur était allé prendre les eaux, et où il trouva un poète médiocre qui lui montra des vers de sa façon.*

Il s'adresse à la fontaine.

Oui, vous pouvez chasser l'humeur apoplectique,
Rendre le mouvement au corps paralytique,
Et guérir tous les maux les plus invétérés ;
Mais quand je lis ces vers par votre onde inspirés,
Il me paraît, admirable fontaine,
Que vous n'eûtes jamais la vertu d'Hippocrène.

XVIII. *L'amateur d'horloges.*

Sans cesse autour de six pendules,
De deux montres, de trois cadrans,
Lubin, depuis trente et quatre ans,
Occupe ses soins ridicules.
Mais à ce métier, s'il vous plaît,
A-t-il acquis quelque science?

---

(1) Il a fait des hymnes latines à la louange des saints

XIX. *Sur ce qu'on avait lu à l'Académie des vers contre Hom et contre Virgile.*

Clio vint l'autre jour se plaindre au dieu des vers
  Qu'en certain lieu de l'univers
On traitait d'auteurs froids, de poètes stériles,
  Les Homères et les Virgiles.
Cela ne saurait être, on s'est moqué de vous,
  Reprit Apollon en courroux :
Où peut-on avoir dit une telle infamie?
Est-ce chez les Hurons, chez les Tobinambous?
— C'est à Paris. — C'est donc dans l'hôpital des fous?
  Non, c'est au Louvre, en pleine Académie.

XX. *Sur le même sujet.*

  J'ai traité de Topinambous
 Tous ces beaux censeurs, je l'avoue,
Qui, de l'antiquité si follement jaloux,
Aiment tout ce qu'on hait, blâment tout ce qu'on loue :
  Et l'Académie, entre nous,
  Souffrant chez soi de si grands fous,
  Me semble un peu Topinamboue.

XXI. *Sur le même sujet.*

Ne blâmez pas Perrault de condamner Homère,
  Virgile, Aristote, Platon.
  Il a pour lui monsieur son frère,
G... N... Lavau, Caligula, Néron,
  Et le gros Charpentier, dit-on.

XXII. *A M. Perrault, sur les livres qu'il a faits contre les anciens.*

Pour quelque vain discours sottement avancé
Contre Homère, Platon, Cicéron ou Virgile,
Caligula partout fut traité d'insensé,
Néron de furieux, Adrien d'imbécile.
  Vous donc qui, dans la même erreur,
Avec plus d'ignorance et non moins de fureur,
Attaquez ces héros de la Grèce et de Rome,
  Perrault, fussiez-vous empereur,
  Comment voulez-vous qu'on vous nomme?

XXIII. *Sur le même sujet.*

D'où vient que Cicéron, Platon, Virgile, Homère,

Et tous ces grands auteurs que l'univers révère,
Traduits dans vos écrits nous paraissent si sots?
Perrault, c'est qu'en prêtant à ces esprits sublimes
Vos façons de parler, vos bassesses, vos rimes,
  Vous les faites tous des Perraults.

XXIV. *Au même.*

 Ton oncle, dis-tu, l'assassin,
 M'a guéri d'une maladie :
La preuve qu'il ne fut jamais mon médecin,
 C'est que je suis encore en vie.

XXV. *Au même.*

Le bruit court que Bacchus, Junon, Jupiter, Mars,
 Apollon le dieu des beaux-arts,
Les Ris mêmes, les Jeux, les Grâces et leur mère,
 Et tous les dieux enfants d'Homère,
 Résolus de venger leur père,
Jettent déjà sur vous de dangereux regards.
Perrault, craignez enfin quelque triste aventure.
Comment soutiendrez-vous un choc si violent?
 Il est vrai, Visé (1) vous assure
 Que vous avez pour vous Mercure;
 Mais c'est le Mercure galant.

XXVI. *Parodie burlesque de la première ode (2) de Pindare, à la louange de M. Perrault.*

Malgré son fatras obscur,
Souvent Brébœuf étincelle.
Un vers noble, quoique dur,
Peut s'offrir dans la Pucelle.
Mais, ô ma lyre fidèle!
Si du parfait ennuyeux
Tu veux trouver le modèle,
Ne cherche point dans les cieux
D'astre au soleil préférable ;
Ni, dans la foule innombrable
De tant d'écrivains divers
Chez Coignard rongés des vers,
Un poète comparable
A l'auteur inimitable (3)
De Peau-d'âne mis en vers.

---

(1) Auteur du *Mercure galant.*

(2) J'avais résolu de parodier l'ode; mais dans ce temps-là nous nous raccommodâmes M. Perrault et moi. Ainsi il n'y eut que ce couplet de fait.

(3) M. Perrault dans ce temps-là avait rimé le conte de *Peau-d'Ane.*

XXVII. *Sur la réconciliation de l'auteur et de M. Perrault.*

Tout le trouble poétique
A Paris s'en va cesser;
Perrault l'anti-pindarique
Et Despréaux l'homérique
Consentent de s'embrasser.
Quelque aigreur qui les anim
Quand, malgré l'emportement,
Comme eux l'un l'autre on s'estime,
L'accord se fait aisément.
Mon embarras est comment
On pourra finir la guerre
De Pradon et du parterre.

XXVIII. *Aux RR. PP. Jésuites, auteurs du journal de Trévoux.*

Mes révérends Pères en Dieu,
Et mes confrères en satire,
Dans vos écrits en plus d'un lieu,
Je vois qu'à mes dépens vous affectez de rire ;
Mais ne craignez-vous point que, pour rire de vous,
Relisant Juvénal, refeuilletant Horace,
Je ne ranime encor ma satirique audace?
Grands Aristarques de Trévoux,
N'allez point de nouveau faire courir aux armes
Un athlète tout prêt à prendre son congé,
Qui, par vos traits malins au combat rengagé,
Peut encore aux rieurs faire verser des larmes.
Apprenez un mot de Regnier,
Notre célèbre devancier :
« Corsaires attaquant corsaires
« Ne font pas, dit-il, leurs affaires. »

XXIX. *Réplique à une épigramme faite au nom des mêmes journalistes.*

Non, pour montrer que Dieu veut être aimé de nous,
Je n'ai rien emprunté de Perse ni d'Horace,
Et je n'ai point suivi Juvénal à la trace.
Car, bien qu'en leurs écrits ces auteurs, mieux que vous,
Attaquent les erreurs dont nos âmes sont ivres,
La nécessité d'aimer Dieu
Ne s'y trouve jamais prêchée en aucun lieu,
Mes Pères, non plus qu'en vos livres.

XXX. *Sur le livre des Flagellants, composé par mon frère le docteur de Sorbonne.*

AUX MÊMES.

Non, le livre des Flagellants
N'a jamais condamné, lisez-le bien, mes Pères,
Ces rigidités salutaires
Que, pour ravir le ciel, saintement violents,
Exercent sur leurs corps tant de chrétiens austères.
Il blâme seulement cet abus odieux
D'étaler et d'offrir aux yeux
Ce que leur doit toujours cacher la bienséance;
Et combat vivement la fausse piété
Qui, sous couleur d'éteindre en nous la volupté,
Par l'austérité même et par la pénitence
Sait allumer le feu de la lubricité.

POÉSIES DIVERSES.

STANCES A M. DE MOLIERE.

Sur sa comédie de l'École des Femmes, *que plusieurs gens frondaient.*

En vain mille jaloux esprits,
Molière, osent avec mépris
Censurer ton plus bel ouvrage :
Sa charmante naïveté
S'en va pour jamais, d'âge en âge,
Divertir la postérité.

Que tu ris agréablement !
Que tu badines savamment !
Celui qui sut vaincre Numance (1),
Qui mit Carthage sous sa loi,
Jadis sous le nom de Térence,
Sut-il mieux badiner que toi ?

Ta muse avec utilité
Dit plaisamment la vérité ;
Chacun profite à ton École :
Tout en est beau, tout en est bon ;
Et ta plus burlesque parole
Est souvent un docte sermon.

Laisse gronder les envieux !
Ils ont beau crier en tous lieux
Qu'en vain tu charmes le vulgaire,
Que tes vers n'ont rien de plaisant.
Si tu savais un peu moins plaire,
Tu ne leur déplairais pas tant.

---

(1) Scipion.

Sonnet sur une de mes parentes qui mourut toute jeune entre les mains d'un charlatan.

Nourri dès le berceau près de la jeune Orante,
Et non moins par le cœur que par le sang lié,
A ses jeux innocents enfant associé,
Je goûtais les douceurs d'une amitié charmante :

Quand un faux Esculape, à cervelle ignorante,
A la fin d'un long mal vainement pallié,
Rompant de ses beaux jours le fil trop délié,
Pour jamais me ravit mon aimable parente.

Oh! qu'un si rude coup me fit verser de pleurs!
Bientôt, la plume en main, signalant mes douleurs,
Je demandai raison d'un acte si perfide.

Oui, j'en fis dès quinze ans ma plainte à l'univers ;
Et l'ardeur de venger ce barbare homicide
Fut le premier démon qui m'inspira des vers.

Autre sonnet sur le même sujet.

Parmi les doux transports d'une amitié fidèle,
Je voyais près d'Iris couler mes heureux jours.
Iris que j'aime encore, et que j'aimai toujours,
Brûlait des mêmes feux dont je brûlais pour elle :

Quand, par l'ordre du ciel, une fièvre cruelle
M'enleva cet objet de mes tendres amours ;
Et, de tous mes plaisirs interrompant le cours,
Me laissa de regrets une suite éternelle.

Ah! qu'un si rude coup étonna mes esprits!
Que je versai de pleurs! que je poussai de cris!
De combien de douleurs ma douleur fut suivie!

Iris, tu fus alors moins à plaindre que moi,
Et, bien qu'un triste sort t'ait fait perdre la vie,
Hélas! en te perdant j'ai perdu plus que toi.

FABLE D'ÉSOPE.

Le Bucheron et la Mort.

Le dos chargé de bois, et le corps tout en eau,
Un pauvre bûcheron, dans l'extrême vieillesse,
Marchait en haletant de peine et de détresse.
Enfin, las de souffrir, jetant là son fardeau,
Plutôt que de s'en voir accablé de nouveau,

Il souhaite la Mort, et cent fois il l'appelle.
La Mort vint à la fin : Que veux-tu? cria-t-elle.
Qui? moi! dit-il alors prompt à se corriger:
　　Que tu m'aides à me charger.

Le Débiteur reconnaissant.

Je l'assistai dans l'indigence ;
Il ne me rendit jamais rien.
Mais, quoiqu'il me dût tout son bien.
Sans peine il souffrait ma présence
Oh! la rare reconnaissance!

Enigme.

Du repos des humains implacable ennemie (1),
J'ai rendu mille amants envieux de mon sort.
Je me repais de sang, et je trouve ma vie
Dans les bras de celui qui recherche ma mort.

Vers pour mettre au-devant de la Macarise, roman allégorique de l'abbé d'Aubignac, où l'on expliquait toute la morale des Stoïciens.

Lâches partisans d'Epicure,
　Qui, brûlant d'une flamme impure,
Du Portique (2) fameux fuyez l'austérité,
　Souffrez qu'enfin la raison vous éclaire.
　　Ce roman plein de vérité
　　Dans la vertu la plus sévère
Vous peut faire aujourd'hui trouver la volupté.

Sur un portrait de Rossinante, cheval de Don Quichotte.

Tel fut ce roi des bons chevaux,
Rossinante, la fleur des coursiers d'Ibérie,
Qui, trottant jour et nuit et par monts et par vaux,
Galopa, dit l'histoire, une fois en sa vie.

Vers à mettre en chant.

Voici les lieux charmants où mon âme ravie
　　Passait à contempler Sylvie
Ces tranquilles moments si doucement perdus.
Que je l'aimais alors! que je la trouvais belle!
Mon cœur, vous soupirez au nom de l'infidèle :
Avez-vous oublié que vous ne l'aimez plus?

---

(1) Une puce.
(2) L'école de Zénon.

C'est ici que souvent, errant dans les prairies,
Ma main des fleurs les plus chéries
Lui faisait des présents si tendrement reçus.
Que je l'aimais alors! que je la trouvais belle !
Mon cœur, vous soupirez au nom de l'infidèle :
Avez-vous oublié que vous ne l'aimez plus?

*Chanson à boire, que je fis au sortir de mon cours de philosophie,
à l'âge de dix-sept ans.*

Philosophes rêveurs, qui pensez tout savoir,
Ennemis de Bacchus, rentrez dans le devoir :
  Vos esprits s'en font trop accroire.
Allez, vieux fous, allez apprendre à boire.
  On est savant quand on boit bien :
  Qui ne sait boire ne sait rien.

S'il faut rire ou chanter au milieu d'un festin,
Un docteur est alors au bout de son latin :
  Un goinfre en a toute la gloire.
Allez, vieux fous, allez apprendre à boire.
  On est savant quand on boit bien :
  Qui ne sait boire ne sait rien.

Chanson à boire, faite à Bâville, où était le P. Bourdaloue.

Que Bâville me semble aimable,
Quand des magistrats le plus grand
Permet que Bacchus à sa table
Soit notre premier président !

Trois muses, en habit de ville,
Y président à ses côtés :
Et ses arrêts par Arbouville (1)
Sont à plein verre exécutés.

Si Bourdaloue un peu sévère
Nous dit, craignez la volupté ;
Escobar, lui dit-on, mon Père,
Nous la permet pour la santé.

Contre ce docteur authentique
Si du jeûne il prend l'intérêt,
Bacchus le déclare hérétique,
Et janséniste, qui pis est.

---

(1) Gentilhomme, parent de M. le premier président.

Sur Homère.

Quand, la dernière fois, dans le sacré vallon,
La troupe des neuf sœurs, par l'ordre d'Apollon,
Lut l'Iliade et l'Odyssée ;
Chacune à les louer se montrant empressée :
Apprenez un secret qu'ignore l'univers,
Leur dit alors le dieu des vers :
Jadis avec Homère, aux rives du Permesse,
Dans ce bois de lauriers où seul il me suivait,
Je les fis toutes deux, plein d'une douce ivresse.
Je chantais, Homère écrivait.

Vers pour mettre sous le buste du roi, fait par M. Girardon l'année que les Allemands prirent Belgrade.

C'est ce roi si fameux dans la paix, dans la guerre,
Qui seul fait à son gré le destin de la terre.
Tout reconnaît ses lois, ou brigue son appui.
De ses nombreux combats le Rhin frémit encore ;
Et l'Europe en cent lieux a vu fuir devant lui
Tous ces héros si fiers que l'on voit aujourd'hui
Faire fuir l'Ottoman au-delà du Bosphore.

Vers pour mettre au bas d'un portrait de monseigneur le duc du Maine, alors encore enfant, et dont on avait imprimé un petit volume de lettres, au-devant desquelles ce prince était peint en Apollon, avec une couronne sur la tête.

Quel est cet Apollon nouveau
Qui, presque au sortir du berceau,
Vient régner sur notre Parnasse ?
Qu'il est brillant ! qu'il a de grâce !
Du plus grand des héros je reconnais le fils :
Il est déjà tout plein de l'esprit de son père ;
Et le feu des yeux de sa mère
A passé jusqu'en ses écrits.

Vers pour mettre au bas du portrait de mademoiselle de Lamoignon.

Aux sublimes vertus nourrie en sa famille,
Cette admirable et sainte fille
En tous lieux signala son humble piété ;
Jusqu'aux climats où naît et finit la clarté (1),

---

(1) Mademoiselle de Lamoignon, sœur de M. le premier président, faisait tenir de l'argent à beaucoup de missionnaires jusques dans les Indes orientales et occidentales.

Fit ressentir l'effet de ses soins secourables ;
Et, jour et nuit pour Dieu pleine d'activité,
Consuma son repos, ses biens et sa santé,
A soulager les maux de tous les misérables.

A madame la présidente de Lamoignon, sur le portrait du P. Bourdaloue qu'elle m'avait envoyé.

Du plus grand orateur dont la chaire se vante
M'envoyer le portrait, illustre présidente,
C'est me faire un présent qui vaut mille présents.
J'ai connu Bourdaloue ; et, dès mes jeunes ans,
Je fis de ses sermons mes plus chères délices.
Mais lui, de son côté, lisant mes vains caprices,
Des censeurs de Trévoux n'eut point pour moi les yeux.
Ma franchise surtout gagna sa bienveillance.
Enfin, après Arnauld, ce fut l'illustre en France
Que j'admirai le plus et qui m'aima le mieux.

Vers pour mettre au bas du portrait de Tavernier, le célèbre voyageur.

De Paris à Dehly (1), du couchant à l'aurore,
Ce fameux voyageur courut plus d'une fois :
De l'Inde et de l'Hydaspe (2) il fréquenta les rois ;
Et sur les bords du Gange on le révère encore.
En tous lieux sa vertu fut son plus sûr appui ;
Et, bien qu'en nos climats de retour aujourd'hui
    En foule à nos yeux il présente
Les plus rares trésors que le soleil enfante (3),
Il n'a rien rapporté de si rare que lui.

Vers pour mettre au bas du portrait de mon père, greffier de la grand'chambre du parlement de Paris.

    Ce greffier doux et pacifique
    De ses enfants au sang critique
    N'eut point le talent redouté ;
    Mais, fameux par sa probité,
    Resté de l'er du siècle antique,
    Sa conduite, dans le palais
    Partout pour exemple citée,

---

(1) Ville et royaume des Indes.
(2) Fleuve du même pays.
(3) Il était revenu des Indes avec près de trois millions en pierreries.

Mieux que leur plume si vantée
Fit la satire des Rolets.

Epitaphe de la mère de l'auteur.

C'est elle qui parle.

Epouse d'un mari doux, simple, officieux,
Par la même douceur je sus plaire à ses yeux :
Nous ne sûmes jamais ni railler ni médire.
Passant, ne t'enquiers point si de cette bonté
    Tous mes enfants ont hérité :
Lis seulement ces vers, et garde-toi d'écrire.

Sur un frère aîné que j'avais, et avec qui j'étais brouillé

De mon frère, il est vrai, les écrits sont vantés ;
    Il a cent belles qualités :
Mais il n'a point pour moi d'affection sincère.
    En lui je trouve un excellent auteur,
Un poète agréable, un très bon orateur :
    Mais je n'y trouve point de frère.

Vers pour mettre sous le portrait de M. de la Bruyère, au-devant de son livre des Caractères du temps.

C'est lui qui parle.

Tout esprit orgueilleux qui s'aime
Par mes leçons se voit guéri,
Et dans mon livre si chéri
Apprend à se haïr soi-même.

Epitaphe de M. Arnault.

Au pied de cet autel de structure grossière,
Gît sans pompe, enfermé dans une vile bière,
Le plus savant mortel qui jamais ait écrit,
Arnauld, qui, sur la grâce instruit par Jésus-Christ,
Combattant pour l'Église, a, dans l'Église même,
Souffert plus d'un outrage et plus d'un anathême.
Plein du feu qu'en son cœur souffla l'Esprit divin,
Il terrassa Pélage, il foudroya Calvin,
De tous les faux docteurs confondit la morale.
Mais, pour fruit de son zèle, on l'a vu rebuté,
En cent lieux opprimé par leur noire cabale,
Errant, pauvre, banni, proscrit, persécuté ;
Et même par sa mort leur fureur mal éteinte
N'aurait jamais laissé ses cendres en repos,

Si Dieu lui-même ici de son ouaille sainte
A ces loups dévorants n'avait caché les os.

Vers pour mettre au bas du portrait de M. Hamon, médecin.

Tout brillant de savoir, d'esprit et d'éloquence,
Il courut au désert chercher l'obscurité;
Aux pauvres consacra ses biens et sa science;
Et, trente ans, dans le jeûne et dans l'austérité,
Fit son unique volupté
Des travaux de la pénitence.

Vers pour mettre au bas du portrait de M. Racine.

Du théâtre français l'honneur et la merveille,
Il sut ressusciter Sophocle en ses écrits;
Et, dans l'art d'enchanter les cœurs et les esprits,
Surpasser Euripide, et balancer Corneille.

SUR MON PORTRAIT.

M. Le Verrier, mon illustre ami, ayant fait graver mon portrait par Drevet, célèbre graveur, fit mettre au bas de ce portrait quatre vers où l'on me fait ainsi parler :

Au joug de la raison asservissant la rime,
Et, même en imitant, toujours original,
J'ai su dans mes écrits, docte, enjoué, sublime.
Rassembler en moi Perse, Horace, et Juvénal.

A quoi j'ai répondu par ces vers :

Oui, Le Verrier, c'est là mon fidèle portrait;
Et le graveur, en chaque trait,
A su très finement tracer sur mon visage
De tout faux bel esprit l'ennemi redouté.
Mais, dans les vers pompeux qu'au bas de cet ouvrage
Tu me fais prononcer avec tant de fierté,
D'un ami de la vérité
Qui peut reconnaître l'image?

Pour un autre portrait du même.

Ne cherchez point comment s'appelle
L'écrivain peint dans ce tableau:
A l'air dont il regarde et montre la Pucelle,
Qui ne reconnaîtrait Boileau?

Vers pour mettre au bas d'une méchante gravure qu'on a faite de moi.

Du célèbre Boileau tu vois ici l'image.
Quoi ! c'est là, diras-tu, ce critique achevé !
D'où vient le noir chagrin qu'on lit sur son visage ?
    C'est de se voir si mal gravé.

Sur le buste de marbre qu'a fait de moi M. Girardon, premier sculpteur du roi.

    Grâce au Phidias de notre âge,
Me voilà sûr de vivre autant que l'univers :
Et, ne connût-on plus ni mon nom ni mes vers,
Dans ce marbre fameux taillé sur mon visage
De Girardon toujours on vantera l'ouvrage.

AVERTISSEMENT

AU LECTEUR.

Madame de Montespan et madame de Thiange, sa sœur, lasses des opéras de M. Quinault, proposèrent au roi d'en faire faire un par M. Racine, qui s'engagea assez légèrement à leur donner cette satisfaction, ne songeant pas dans ce moment-là à une chose dont il était plusieurs fois convenu avec moi, qu'on ne peut jamais faire un bon opéra, parce que la musique ne saurait narrer; que les passions n'y peuvent être peintes dans toute l'étendue qu'elles demandent; que d'ailleurs elle ne saurait souvent mettre en chant les expressions vraiment sublimes et courageuses. C'est ce que je lui représentai quand il me déclara son engagement, et il m'avoua que j'avais raison; mais il était trop avancé pour reculer. Il commença dès lors en effet un opéra, dont le sujet était la chute de Phaéton. Il en fit même quelques vers qu'il récita au roi, qui en parut content. Mais comme M. Racine n'entreprenait cet ouvrage qu'à regret, il me témoigna résolument qu'il ne l'achèverait point que je n'y travaillasse avec lui, et me déclara avant tout qu'il fallait que j'en composasse le prologue. J'eus beau lui représenter mon peu de talent pour ces sortes d'ouvrages, et que je n'avais jamais fait de vers d'amourette, il persista dans sa résolution, et me dit qu'il me le ferait ordonner par le roi. Je songeai donc en moi-même à voir de quoi je serais capable, en cas que je fusse absolument obligé de travailler à un ouvrage si opposé à mon génie et à mon inclination. Ainsi, pour m'essayer, je traçai, sans en rien dire à personne, non pas même à M. Racine, le canevas d'un prologue, et j'en composai une première scène. Le sujet de cette scène était une dispute de la Poésie et de la Musique, qui se querellaient sur l'excellence de leur art, et étaient enfin toutes prêtes à se séparer, lorsque tout-à-coup la déesse des accords, je veux dire l'Harmonie, descendait du ciel avec tous ses charmes et tous ses agréments, et les réconciliait. Elle devait dire ensuite la raison qui la faisait venir sur la terre, qui n'était autre que de divertir le prince de l'univers le plus digne d'être servi, et à qui elle devait le plus, puisque c'était lui qui la maintenait dans la France, où elle régnait en toutes choses. Elle ajoutait ensuite que pour empêcher que quelque audacieux ne vînt troubler, en s'élevant contre un si grand prince, la gloire dont elle jouissait avec lui, elle voulait que, dès aujourd'hui même, sans perdre de temps, on représentât sur la scène la chute de l'ambitieux Phaéton. Aussitôt tous les poètes et tous les musiciens, par son ordre, se retiraient et s'allaient habiller. Voilà le sujet de mon prologue, auquel je travaillai trois ou quatre jours avec un assez grand dégoût, tandis que M. Racine, de son côté, avec non moins de dégoût, continuait à disposer le plan de son opéra, sur lequel je lui prodiguais mes conseils. Nous étions occupés à ce misérable travail, dont je ne sais si nous nous serions bien tirés, lorsque tout-à-coup un heureux incident nous tira d'affaire. L'incident fut que M. Quinault s'étant présenté au roi, les larmes aux yeux, et lui ayant remontré l'affront qu'il allait recevoir s'il ne travaillait plus au divertissement de Sa Majesté, le roi, touché de compassion, déclara franchement aux dames dont j'ai parlé qu'il ne pouvait se résoudre à lui donner ce déplaisir. SIC NOS SERVAVIT APOLLO. Nous retournâmes donc, M. Racine et moi, à notre premier emploi, et il ne fut plus mention de notre opéra, dont il ne resta que quelques vers de M. Racine, qu'on n'a point trouvés dans ses papiers après sa mort, et que vraisemblablement il avait supprimés par délicatesse de conscience, à cause qu'il y était parlé d'amour. Pour moi, comme il n'était point question d'amourette dans la scène que j'avais composée, non-seulement je n'ai pas jugé à propos de la supprimer, mais je la donne ici au public, persuadé qu'elle fera plaisir aux lecteurs, qui ne seront peut-être pas fâchés de voir de quelle manière je m'y étais pris pour adoucir l'amertume et la force de ma poésie satirique, et pour me jeter dans le style doucereux. C'est de quoi ils pourront juger par le fragment que je leur présente ici, et que je leur présente avec d'autant plus de confiance, qu'étant fort court, s'il ne les divertit, il ne leur laissera pas du moins le temps de s'ennuyer.

PROLOGUE.

LA POESIE, LA MUSIQUE.

LA POÉSIE.

Quoi! par de vains accords et des sons impuissants,
Vous croyez exprimer tout ce que je sais dire?

LA MUSIQUE

Aux doux transports qu'Apollon vous inspire
Je crois pouvoir mêler la douceur de mes chants.

LA POÉSIE.

Oui, vous pouvez au bord d'une fontaine
Avec moi soupirer une amoureuse peine,
Faire gémir Thyrsis, faire plaindre Climène.
Mais, quand je fais parler les héros et les dieux,
Vos chants audacieux
Ne me sauraient prêter qu'une cadence vaine :
Quittez ce soin ambitieux.

LA MUSIQUE.

Je sais l'art d'embellir vos plus rares merveilles.

LA POÉSIE.

On ne veut plus alors entendre votre voix.

LA MUSIQUE.

Pour entendre mes sons, les rochers et les bois
Ont jadis trouvé des oreilles.

LA POÉSIE.

Ah! c'en est trop, ma sœur, il faut nous séparer.
Je vais me retirer :
Nous allons voir sans moi ce que vous saurez faire.

LA MUSIQUE.

Je saurai divertir et plaire ;
Et mes chants moins forcés n'en seront que plus doux

LA POÉSIE.

Hé bien, ma sœur, séparons-nous.

LA MUSIQUE.

Séparons-nous.

LA POÉSIE.

Séparons-nous.

CHŒUR DE POÈTES ET DE MUSICIENS.

Séparons-nous, séparons-nous.

LA POÉSIE.

Mais quelle puissance inconnue
Malgré moi m'arrête en ces lieux ?

LA MUSIQUE.

Quelle divinité sort du sein de la nue ?

LA POÉSIE.

Quels chants mélodieux
Font retentir ici leur douceur infinie ?

LA MUSIQUE.

Ah ! c'est la divine Harmonie
Qui descend des cieux !

LA POÉSIE.

Qu'elle étale à nos yeux
De grâces naturelles !

LA MUSIQUE.

Quel bonheur imprévu la fait ici revoir !

LA POÉSIE ET LA MUSIQUE.

Oublions nos querelles,
Il faut nous accorder pour la bien recevoir.

CHŒUR DE POÈTES ET DE MUSICIENS.

Oublions nos querelles,
Il faut nous accorder pour la bien recevoir.

POESIES LATINES.

EPIGRAMMA.

In novum Causidicum, rustici Lictoris filium.

Dum puer iste fero natus lictore perorat,
    Et clamat medio, stante parente, foro ;
Quæris quid sileat circumfusa indique turba ?
    Non stupet ob natum, sed timet illa patrem.

Alterum in Marullum, versibus Phaleucis antea malè laudatum.

Nostri quid placeant minùs Phaleuci,
Jamdudum tacitus, Marulle, quæro,
Cùm nec sint stolidi, nec inficeti,
Nec pingui nimiùm fluant Minervâ.
Tuas sed celebrant, Marulle, laudes :
O versus stolidos et inficetos !

SATIRA.

Quid numeris iterum me balbutire latinis
Longè Alpes citra natum de patre sicambro,
Musa, jubes ? Istuc puero mihi profuit olim,
Verba mihi sævo nuper dictata magistro
Cùm pedibus certis conclusa referre docebas.
Utile tunc Smetium manibus sordescere nostris :
Et mihi sæpe udo volvendus pollice textor
Præbuit adsutis contexere carmina pannis.
Sic Maro, sic Flaccus, sic nostro sæpe Tibullus
Carmine disjecti, vano pueriliter ore
Bullatas nugas sese stupuere loquentes....
....

OUVRAGES DIVERS.

DISCOURS

SUR

LE DIALOGUE SUIVANT.

Le dialogue qu'on donne ici au public a été composé à l'occasion de cette prodigieuse multitude de romans qui parurent vers le milieu du siècle précédent, et dont voici en peu de mots l'origine. Honoré d'Urfé, homme de fort grande qualité dans le Lyonnais, et très enclin à l'amour, voulant faire valoir un grand nombre de vers qu'il avait composés pour ses maîtresses, et rassembler en un corps plusieurs aventures amoureuses qui lui étaient arrivées, s'avisa d'une invention très agréable. Il feignit que dans le Forez, petit pays contigu à la Limagne d'Auvergne, il y avait eu, du temps de nos premiers rois, une troupe de bergers et de bergères qui habitaient sur les bords de la rivière du Lignon, et qui, assez accommodés des biens de la fortune, ne laissaient pas néanmoins, par un simple amusement, et pour leur seul plaisir, de mener paître eux-mêmes leurs troupeaux. Tous ces bergers et toutes ces bergères étant d'un fort grand loisir, l'amour, comme on le peut penser, et comme il le raconte lui-même, ne tarda guère à les y venir troubler, et produisit quantité d'évènements considérables. D'Urfé y fit arriver toutes ses aventures, parmi lesquelles il en mêla beaucoup d'autres, et enchâssa les vers dont j'ai parlé, qui, tout méchants qu'ils étaient, ne laissèrent pas d'être soufferts, et de passer à la faveur de l'art avec lequel il les mit en œuvre : car il soutint tout cela d'une narration également vive et fleurie, de fictions très ingénieuses, et de caractères aussi finement imaginés qu'agréablement variés et bien suivis. Il composa ainsi un roman qui lui acquit beaucoup de réputation, et qui fut fort estimé, même des gens du goût le plus exquis; bien que la morale en fût fort vicieuse, ne prêchant que l'amour et la mollesse, et allant quelquefois jusqu'à blesser un peu la pudeur. Il en fit quatre volumes, qu'il intitula ASTRÉE, du nom de la plus belle de ses bergères; et, sur ces entrefaites, étant mort, Baro, son ami, et, selon quelques-uns, son domestique, en composa sur ses mémoires un cinquième tome, qui en formait la conclusion, et qui ne fut guère moins bien reçu que les quatre autres volumes. Le grand succès de ce roman échauffa si bien les beaux esprits d'alors, qu'ils en firent à son imitation quantité de semblables, dont il y en avait même de dix ou douze volumes; et ce fut quelque temps comme une espèce de débordement sur le Parnasse. On vantait surtout ceux de Gomberville, de la Calprenède, de Desmarets et de Scudéri. Mais ces imitateurs, s'efforçant mal à propos d'enchérir sur leur original, et prétendant ennoblir ses caractères, tombèrent, à mon avis, dans une très grande puérilité; car, au lieu de prendre, comme lui, pour leurs héros, des bergers occupés du seul soin de gagner le cœur de leurs maîtresses, ils prirent, pour leur donner cette étrange occupation, non-seulement des princes et des rois, mais les plus fameux capitaines de l'antiquité, qu'ils peignirent pleins du même esprit que ces bergers, ayant à leur exemple fait comme une espèce de vœu de ne parler jamais et de n'entendre jamais parler que d'amour. De sorte qu'au lieu que d'Urfé dans son Astrée, de bergers très frivoles, avait fait des héros de roman considérables, ces auteurs au contraire, des héros les plus considérables de l'histoire firent des bergers très frivoles, et quelquefois même des bourgeois (1) encore plus frivoles que ces bergers. Leurs ouvrages néanmoins ne laissèrent pas de trouver un nombre infini d'admirateurs, et eurent longtemps une fort grande vogue. Mais ceux qui s'attirèrent le plus d'applaudissements, ce furent le *Cyrus* et la *Clélie* de mademoiselle de Scudéri, sœur de l'auteur du même nom. Cependant, non-seulement elle tomba dans la même puérilité, mais elle la poussa encore à un plus grand excès. Si bien qu'au lieu de représenter, comme elle devait, dans la personne du Cyrus un roi promis par les prophètes, tel qu'il est exprimé dans la Bible, ou, comme le peint Hérodote,

---

(1) Les auteurs de ces romans, sous le nom de ces héros, peignaient quelquefois le caractère de leurs amis particuliers, gens de peu de conséquence.

le plus grand conquérant que l'on eût encore vu, ou enfin tel qu'il est figuré dans Xénophon, qui a fait aussi bien qu'elle un roman de la vie de ce prince ; au lieu, dis-je, d'en faire un modèle de toute perfection, elle en composa un Artamène plus fou que tous les Céladons et tous les Sylvandres, qui n'est occupé que du seul soin de sa Mandane, qui ne fait du matin au soir que lamenter, gémir, et filer le parfait amour. Elle a encore fait pis dans son autre roman, intitulé CLÉLIE, où elle représente tous les héros de la république romaine naissante, les Horatius Coclès, les Mucius Scévola, les Clélie, les Lucrèce, les Brutus, encore plus amoureux qu'Artamène, ne s'occupant qu'à tracer des cartes géographiques d'amour, qu'à se proposer les uns aux autres des questions et des énigmes galantes; en un mot, qu'à faire tout ce qui paraît le plus opposé au caractère et à la gravité héroïque de ces premiers Romains.

Comme j'étais fort jeune dans le temps que tous ces romans, tant ceux de mademoiselle de Scudéri, que ceux de la Calprenède et de tous les autres, faisaient le plus d'éclat, je les lus, ainsi que les lisait tout le monde, avec beaucoup d'admiration ; et je les regardai comme des chefs-d'œuvre de notre langue. Mais enfin mes années étant accrues, et la raison m'ayant ouvert les yeux, je reconnus la puérilité de ces ouvrages. Si bien que, l'esprit satirique commençant à dominer en moi, je ne me donnai point de repos que je n'eusse fait contre ces romans un dialogue à la manière de Lucien, où j'attaquais non-seulement leur peu de solidité, mais leur afféterie précieuse de langage, leurs conversations vagues et frivoles, les portraits avantageux faits à chaque bout de champ de personnes de très médiocre beauté, et quelquefois même laides par excès, et tout ce long verbiage d'amour qui n'a point de fin. Cependant, comme mademoiselle de Scudéri était alors vivante, je me contentai de composer ce dialogue dans ma tête; et, bien loin de le faire imprimer, je gagnai même sur moi de ne point l'écrire, et de ne point le laisser voir sur le papier, ne voulant pas donner ce chagrin à une fille qui, après tout, avait beaucoup de mérite, et qui s'il en faut croire tous ceux qui l'ont connue, nonobstant la mauvaise morale enseignée dans ses romans, avait encore plus de probité et d'honneur que d'esprit. Mais aujourd'hui qu'enfin la mort l'a rayée du nombre des humains, elle et tous les autres compositeurs de romans, je crois qu'on ne trouvera pas mauvais que je donne au public mon dialogue tel que je l'ai retrouvé dans ma mémoire. Cela me paraît d'autant plus nécessaire, qu'en ma jeunesse l'ayant récité plusieurs fois dans des compagnies où il se trouvait des gens qui avaient beaucoup de mémoire, ces personnes en ont retenu plusieurs lambeaux, dont elles ont ensuite composé un ouvrage qu'on a distribué sous le nom de DIALOGUE DE M. DESPRÉAUX, et qui a été imprimé plusieurs fois en pays étrangers. Mais enfin le voici donné de ma main. Je ne sais s'il s'attirera les mêmes applaudissements qu'il s'attirait autrefois dans les fréquents récits que j'étais obligé d'en faire; car, outre qu'en le récitant je donnais à tous les personnages que j'y introduisais le ton qui leur convenait, ces romans étant alors lus de tout le monde, on concevait aisément la finesse des railleries qui y sont. Mais maintenant que les voilà tombés dans l'oubli, et qu'on ne les lit presque plus, je doute que mon dialogue fasse le même effet. Ce que je sais pourtant, à n'en point douter, c'est que tous les gens d'esprit et de véritable vertu me rendront justice, et reconnaîtront sans peine que, sous le voile d'une fiction en apparence extrêmement badine, folle, outrée, où il n'arrive rien qui soit dans la vérité ou la ressemblance, je leur donne peut-être ici le moins frivole ouvrage qui soit encore sorti de ma plume.

LES HÉROS DE ROMAN

DIALOGUE

A LA MANIÈRE DE LUCIEN.

MINOS, *sortant du lieu où il rend la justice, proche le palais de Pluton.*
Maudit soit l'impertinent harangueur qui m'a tenu toute la matinée! Il s'agissait d'un méchant drap qu'on a dérobé à un savetier en passant le fleuve, et jamais je n'ai tant ouï parler d'Aristote. Il n'y a point de loi qu'il ne m'ait citée.

PLUTON.
Vous voilà bien en colère, Minos.

MINOS.
Ah! c'est vous, roi des enfers. Qui vous amène

PLUTON.
Je viens ici pour vous en instruire. Mais auparavant peut-on savoir quel est cet avocat qui vous a si doctement ennuyé ce matin? Est-ce que Huot et Martinet sont morts?

MINOS.
Non, grâce au ciel; mais c'est un jeune mort qui a été sans doute à leur école. Bien qu'il n'ait dit que des sottises, il n'en a avancé pas une qu'il n'ait appuyée de l'autorité de tous les anciens; et quoiqu'il les fît parler de la plus mauvaise grâce du monde, il leur a donné à tous, en les citant, de la galanterie, de la gentillesse et de la bonne grâce. « Platon dit galamment (1) dans son « Timée. Sénèque est joli dans son Traité des bienfaits. Ésope a « bonne grâce dans un de ses apologues. »

---

(1) Manière de parler de ce temps-là, fort commune dans le barreau.

PLUTON.

Vous me peignez là un maître impertinent. Mais pourquoi le laissiez-vous parler si longtemps? Que ne lui imposiez-vous silence?

MINOS.

Silence, lui? c'est bien un homme qu'on puisse faire taire quand il a commencé à parler! J'ai eu beau faire semblant vingt fois de me vouloir lever de mon siége, j'ai eu beau lui crier : Avocat, concluez, de grâce; concluez, avocat : il a été jusqu'au bout, et a tenu à lui seul toute l'audience. Pour moi, je ne vis jamais une telle fureur de parler; et si ce désordre-là continue, je crois que je serai obligé de quitter la charge.

PLUTON.

Il est vrai que les morts n'ont jamais été si sots qu'aujourd'hui. Il n'est pas venu ici depuis longtemps une ombre qui eût le sens commun; et sans parler des gens de palais, je ne vois rien de si impertinent que ceux qu'ils nomment gens du monde. Ils parlent tous un certain langage, qu'ils appelle galanterie : et quand nous leur témoignons, Proserpine et moi, que cela nous choque, ils nous traitent de bourgeois, et disent que nous ne sommes pas galants. On m'a assuré même que cette pestilente galanterie avait infecté tous les pays infernaux, et même les Champs-Élysées; de sorte que les héros et surtout les héroïnes qui les habitent sont aujourd'hui les plus sottes gens du monde, grâce à certains auteurs qui leur ont appris, dit-on, ce beau langage, et qui en ont fait des amoureux transis. A vous dire le vrai, j'ai bien de la peine à le croire. J'ai bien de la peine, dis-je, à m'imaginer que les Cyrus et les Alexandre soient devenus tout-à-coup, comme on me le veut faire entendre, des Thyrsis et des Céladon. Pour m'en éclaircir donc moi-même par mes propres yeux, j'ai donné ordre qu'on fît venir ici aujourd'hui des Champs-Élysées, et de toutes les autres régions de l'enfer, les plus célèbres d'entre ces héros; et j'ai fait préparer pour les recevoir ce grand salon où vous voyez que sont postés mes gardes. Mais où est Rhadamanthe?

MINOS.

Qui? Rhadamanthe? il est allé dans le Tartare pour y voir entrer un lieutenant criminel (1) nouvellement arrivé de l'autre monde,

---

(1) Le lieutenant criminel Tardieu et sa femme furent assassinés à Paris la même année que je fis ce dialogue, c'est à savoir en 1664.

où il a, dit-on, été, tant qu'il a vécu, aussi célèbre par sa grande capacité dans les affaires de judicature, que diffamé par son excessive avarice.

PLUTON.

N'est-ce pas celui qui pensa se faire tuer une seconde fois pour une obole qu'il ne voulut pas payer à Caron en passant le fleuve?

MINOS.

C'est celui-là même. Avez-vous vu sa femme? C'était une chose à peindre que l'entrée qu'elle fit ici. Elle était couverte d'un linceul de satin.

PLUTON.

Comment! de satin! Voilà une grande magnificence.

MINOS.

Au contraire, c'est une épargne : car tout cet accoutrement n'était autre chose que trois thèse cousues ensemble, dont on avait fait présent à son mari en l'autre monde. O la vilaine ombre! Je crains qu'elle n'empeste tout l'enfer. J'ai tous les jours les oreilles rebattus de ses larcins. Elle vola avant hier la quenouille de Clotho; et c'est elle qui avait dérobé ce drap dont on m'a tant étourdi ce matin, à un savetier qu'elle attendait au passage. De quoi vous êtes-vous avisé, de charger les enfers d'une si dangereuse créature?

PLUTON.

Il fallait bien qu'elle suivît son mari. Il n'aurait pas été bien damné sans elle. Mais, à propos de Rhadamanthe, le voici lui-même, si je ne me trompe, qui vient à nous. Qu'a-t-il? Il paraît tout effrayé.

RHADAMANTHE.

Puissant roi des enfers, je viens vous avertir qu'il faut songer tout de bon à vous défendre, vous et votre royaume. Il y a un grand parti formé contre vous dans le Tartare. Tous les criminels, résolus de ne vous plus obéir, ont pris les armes. J'ai rencontré là-bas Prométhée avec son vautour sur le poing. Tantale est ivre comme une soupe; Ixion a violé une furie; et Sisyphe, assis sur son rocher, exhorte tous ses voisins à secouer le joug de votre domination.

MINOS.

O les scélérats! Il y a longtemps que je prévoyais ce malheur.

PLUTON.

Ne craignez rien, Minos. Je sais bien le moyen de les réduire.

Mais ne perdons point de temps. Qu'on fortifie les avenues. Qu'on redouble la garde de mes furies. Qu'on arme toutes les milices de l'enfer. Qu'on lâche Cerbère. Vous Rhadamanthe, allez-vous en dire à Mercure qu'il nous fasse venir l'artillerie de mon frère Jupiter. Cependant vous, Minos, demeurez avec moi. Voyons nos héros, s'ils sont en état de nous aider. J'ai été bien inspiré de les mander aujourd'hui. Mais quel est ce bon homme qui vient à nous, avec son bâton, et sa besace? Ha! c'est ce fou de Diogène. Que viens-tu chercher ici?

DIOGÈNE.

J'ai appris la nécessité de vos affaires; et, comme votre fidèle sujet, je viens vous offrir mon bâton.

PLUTON.

Nous voilà bien forts avec ton bâton.

DIOGÈNE.

Ne pensez pas vous moquer. Je ne serai peut-être pas le plus inutile de tous ceux que vous avez envoyé chercher.

PLUTON.

Hé quoi! nos héros ne viennent-ils pas?

DIOGÈNE.

Oui, je viens de rencontrer une troupe de fous là-bas. Je crois que ce sont eux. Est-ce que vous avez envie de donner le bal?

PLUTON.

Pourquoi le bal?

DIOGÈNE.

C'est qu'ils sont en fort bon équipage pour danser. Ils sont jolis, ma foi : je n'ai jamais rien vu de si dameret ni de si galant.

PLUTON.

Tout beau, Diogène. Tu te mêles toujours de railler. Je n'aime point les satiriques. Et puis ce sont des héros pour lesquels on doit avoir du respect.

DIOGÈNE.

Vous en allez juger vous même tout-à-l'heure; car je les vois déjà qui paraissent. Approchez, fameux héros, et vous aussi, héroïnes encore plus fameuses, autrefois l'admiration de toute la terre. Voici une belle occasion de vous signaler. Venez ici tous en foule.

PLUTON.

Tais-toi. Je veux que chacun vienne l'un après l'autre, accompagné tout au plus de quelqu'un de ses confidents. Mais avant tout, Minos, passons, vous et moi dans ce salon que j'ai fait, comme je vous ai dit, préparer pour les recevoir, et où j'ai ordonné qu'on mît nos siéges, avec une balustrade qui nous sépare du reste de l'assemblée. Entrons. Bon. Voilà tout disposé ainsi que je le souhaitais. Suis-nous, Diogène : j'ai besoin de toi pour nous dire le nom des héros qui vont arriver. Car de la manière dont je vois que tu as fait connaissance avec eux, personne ne me peut mieux rendre ce service que toi.

DIOGÈNE.

Je ferai de mon mieux.

PLUTON.

Tiens-toi donc ici près de moi. Vous, gardes, au moment que j'aurai interrogé ceux qui seront entrés, qu'on les fasse passer dans les longues et ténébreuses galeries qui sont adossées à ce salon, et qu'on leur dise d'y aller attendre mes ordres. Asseyons-nous. Qui est celui qui vient le premier de tous, nonchalamment appuyé sur son écuyer ?

DIOGÈNE.

C'est le grand Cyrus.

PLUTON.

Quoi! ce grand roi qui transféra l'empire des Mèdes aux Perses, qui a tant gagné de batailles? De son temps les hommes venaient ici tous les jours par trente et quarante mille. Jamais personne n'y en a tant envoyé.

DIOGÈNE.

Au moins ne l'allez pas appeler Cyrus.

PLUTON.

Pourquoi?

DIOGÈNE.

Ce n'est plus son nom. Il s'appelle maintenant Artamène.

PLUTON.

Artamène! Et où a-t-il pêché ce nom-là? Je ne me souviens int de l'avoir jamais lu.

DIOGÈNE.

Je vois bien que vous ne savez pas son histoire.

PLUTON.

Qui? moi? Je sais aussi bien mon Hérodote qu'un autre.

DIOGÈNE.

Oui. Mais, avec tout cela, diriez-vous bien pourquoi Cyrus a tant conquis de provinces, traversé l'Asie, la Médie, l'Hyrcanie, la Perse, et ravagé enfin plus de la moitié du monde?

PLUTON.

Belle demande! C'est que c'était un prince ambitieux, qui voulait que toute la terre lui fût soumise.

DIOGÈNE.

Point du tout. C'est qu'il voulait délivrer sa princesse qui avait été enlevée.

PLUTON.

Quelle princesse?

DIOGÈNE.

Mandane.

PLUTON.

Mandane?

DIOGÈNE.

Oui. Et savez-vous combien elle a été enlevée de fois?

PLUTON.

Où veux-tu que je l'aille chercher?

DIOGÈNE.

Huit fois.

MINOS.

Voilà une beauté qui a passé par bien des mains.

DIOGÈNE.

Cela est vrai. Mais tous ses ravisseurs étaient les scélérats du monde les plus vertueux. Assurément ils n'ont pas osé lui toucher.

PLUTON.

J'en doute. Mais laissons-là ce fou de Diogène. Il faut parler à Cyrus lui-même. Hé bien, Cyrus, il faut combattre. Je vous ai envoyé chercher pour vous donner le commandement de mes troupes. Il ne répond rien! Qu'a-t-il? Vous diriez qu'il ne sait où il est.

CYRUS.

Eh! divine princesse!

PLUTON.

Quoi?

CYRUS.

Ah! injuste Mandane!

PLUTON.
Plaît-il.
CYRUS.
Tu me flattes, trop complaisant Féraulas. Es-tu si peu sage que de penser que Mandane, l'illustre Mandane, puisse jamais tourner les yeux sur l'infortuné Artamène? Aimons-là toutefois. Mais aimerons-nous une cruelle? Servirons-nous une insensible? Adorons-nous une inexorable? Oui, Cyrus, il faut aimer une cruelle. Oui, Artamène, il faut servir une insensible. Oui, fils de Cambyse, il faut adorer l'inexorable fille de Cyaxare (1).
PLUTON.
Il est fou. Je crois que Diogène a dit vrai.
DIOGÈNE.
Vous voyez bien que vous ne saviez pas son histoire. Mais faites approcher son écuyer Féraulas; il ne demande pas mieux que de vous la raconter; il sait par cœur tout ce qui s'est passé dans l'esprit de son maître, et a tenu un registre exact de toutes les paroles que son maître a dites en lui-même depuis qu'il est au monde, avec un rouleau de ses lettres qu'il a toujours dans sa poche. A la vérité vous êtes en danger de bâiller un peu; car ses narrations ne sont pas fort courtes.
PLUTON.
Oh! j'ai bien le temps de cela!
CYRUS.
Mais, trop engageante personne....
PLUTON.
Quel langage! A-t-on jamais parlé de la sorte? Mais dites-moi, vous, trop pleurant Artamène, est-ce que vous n'avez pas envie de combattre?
CYRUS.
Eh! de grâce, généreux Pluton, souffrez que j'aille entendre l'histoire d'Aglatidas et d'Amestris, qu'on me va conter. Rendons ce devoir à deux illustres malheureux. Cependant voici le fidèle Féraulas que je vous laisse, qui vous instruira positivement de l'histoire de ma vie, et de l'impossibilité de mon bonheur.

---

(1) Affectation du style du Cyrus imitée.

PLUTON.

Je n'en veux point être instruit, moi. Qu'on me chasse ce grand pleureux.

CYRUS.

Eh! de grâce!

PLUTON.

Si tu ne sors...

CYRUS.

En effet...

PLUTON.

Si tu ne t'en vas....

CYRUS.

En mon particulier...

PLUTON.

Si tu ne te retires.. A la fin le voilà dehors. A-t-on jamais vu tant pleurer!

DIOGÈNE.

Vraiment il n'est pas au bout, puisqu'il n'en est qu'à l'histoire d'Aglatidas et d'Amestris. Il a encore neuf gros tomes à faire ce joli métier.

PLUTON.

Hé bien! qu'il remplisse, s'il veut, cent volumes de ses folies. J'ai d'autres affaires présentement qu'à l'entendre. Mais quelle est cette femme que je vois qui arrive?

DIOGÈNE.

Ne reconnaissez-vous pas Tomyris.

PLUTON.

Quoi! cette reine sauvage des Massagetes, qui fit plonger la tête de Cyrus dans un vaisseau de sang humain? Celle-ci ne pleurera pas, j'en réponds. Qu'est-ce qu'elle cherche?

TOMYRIS.

« Que l'on cherche partout mes tablettes perdues;
« Mais que sans les ouvrir elles me soient rendues (1). »

DIOGÈNE.

Des tablettes! Je ne les ai pas au moins. Ce n'est pas un meuble

---

(1) Ce sont les deux premiers vers de la cinquième scène du premier acte de la tragédie de *Cyrus*, faite par M. Quinault; et c'est Tomyris qui parle.

pour moi que des tablettes ; et l'on prend assez de soin de retenir mes bons mots, sans que j'aie besoin de les recueillir moi-même dans des tablettes.

PLUTON.

Je pense qu'elle ne fera que chercher. Elle a tantôt visité tous les coins et recoins de cette salle. Qu'y avait-il donc de si précieux dans vos tablettes, grande reine ?

TOMYRIS.

Un madrigal que j'ai fait ce matin pour le charmant ennemi que j'aime.

MINOS.

Hélas ! qu'elle est doucereuse !

DIOGÈNE.

Je suis fâché que ses tablettes soient perdues. Je serais curieux de voir un madrigal massagete.

PLUTON.

Mais quel est donc ce charmant ennemi qu'elle aime ?

DIOGÈNE.

C'est ce même Cyrus qui vient de sortir tout-à-l'heure.

PLUTON.

Bon ! elle aurait fait égorger l'objet de sa passion ?

DIOGÈNE.

Égorgé ! C'est une erreur dont on a été abusé seulement durant vingt-cinq siècles ; et cela par la faute du gazetier de Scythie, qui répandit mal à propos la nouvelle de sa mort sur un faux bruit. On en est détrompé depuis quatorze ou quinze ans.

PLUTON.

Vraiment je le croyais encore. Cependant, soit que le gazetier de Scythie se soit trompé ou non, qu'elle s'en aille dans ces galeries chercher, si elle veut, son charmant ennemi, et qu'elle ne s'opiniâtre pas davantage à retrouver des tablettes que vraisemblablement elle a perdues par sa négligence, et que sûrement aucun de nous n'a volées. Mais quelle est cette voix robuste que j'entends là-bas qui fredonne un air ?

DIOGÈNE.

C'est ce grand borgne d'Horatius Coclès, qui chante ici proche, comme m'a dit un de vos gardes, à un écho qu'il a trouvé, une chanson qu'il a faite pour Clélie.

PLUTON.

Qu'a donc ce fou de Minos, qu'il crève de rire?

MINOS.

Et qui ne rirait? Horatius Coclès chantant à l'écho!

PLUTON.

Il est vrai que la chose est assez nouvelle. Cela est à voir. Qu'on le fasse entrer, et qu'il n'interrompe point pour cela sa chanson, que Minos vraisemblablement sera bien aise d'entendre de plus près.

MINOS.

Assurément.

HORATIUS COCLÈS, *chantant la reprise de la chanson qu'il chante dans Clélie.*

« Et Phénisse même publie
« Qu'il n'est rien si beau que Clélie. »

DIOGÈNE.

Je pense reconnaître l'air. C'est sur le chant de Toinon la belle jardinière (1).

HORATIUS COCLÈS.

« Et Phénisse même publie
« Qu'il n'est rien si beau que Clélie. »

PLUTON.

Quelle est donc cette Phénisse?

DIOGÈNE.

C'est une dame des plus galantes et des plus spirituelles de la ville de Capoue, mais qui a une trop grande opinion de sa beauté, et qu'Horatius Coclès raille dans cet impromptu de sa façon, dont il a composé aussi le chant, en lui faisant avouer à elle-même que tout cède en beauté à Clélie.

MINOS.

Je n'eusse jamais cru que cet illustre Romain fût si excellent musicien, et si habile faiseur d'impromptu. Cependant je vois bien par celui-ci qu'il y est maître passé.

PLUTON.

Et moi, je vois bien que, pour s'amuser à de semblables petitesses, il faut qu'il ait entièrement perdu le sens. Hé! Horatius Co-

---

(1) Chanson du Savoyard, alors à la mode.

clès, vous qui étiez autrefois si déterminé soldat, et qui avez défendu vous seul un pont contre toute une armée, de quoi vous êtes-vous avisé de vous faire berger après votre mort? et qui est le fou ou la folle qui vous ont appris à chanter.

HORATIUS COCLÈS.

« Et Phénisse même publie
« Qu'il n'est rien si beau que Clélie. »

MINOS.

Il se ravit dans son chant.

PLUTON.

Oh! qu'il s'en aille dans mes galeries chercher, s'il veut, un nouvel écho : qu'on l'emmène.

HORATIUS COCLÈS, *s'en allant et toujours chantant.*

« Et Phénisse même publie
« Qu'il n'est rien si beau que Clélie. »

PLUTON.

Le fou! le fou! Ne viendra-t-il point à la fin une personne raisonnable?

DIOGÈNE.

Vous allez avoir bien de la satisfaction ; car je vois entrer la plus illustre de toutes les dames romaines, cette Clélie qui passa le Tibre à la nage pour se dérober du camp de Porsenna, et dont Horatius Coclès, comme vous venez de le voir, est amoureux.

PLUTON.

J'ai cent fois admiré l'audace de cette fille, dans Tite-Live. Mais je meurs de peur que Tite-Live n'ait encore menti. Qu'en dis-tu, Diogène?

DIOGÈNE.

Écoutez ce qu'elle va vous dire.

CLÉLIE.

Est-il vrai, sage roi des enfers, qu'une troupe de mutins ait osé soulever contre Pluton, le vertueux Pluton?

PLUTON.

Ah! à la fin nous avons trouvé une personne raisonnable. Oui, ma fille, il est vrai que les criminels dans le Tartare ont pris les armes, et que nous avons envoyé chercher les héros dans les champs élysées et ailleurs pour nous secourir.

CLÉLIE.

Mais, de grâce, seigneur, les rebelles ne songent-ils point à exciter quelque trouble dans le royaume de Tendre? car je serais au désespoir s'ils étaient seulement postés dans le village de Petits-soins. N'ont-ils point pris Billets-doux ou Billets-galants?

PLUTON.

De quel pays parle-t-elle là? Je ne me souviens point de l'avoir vu dans la carte.

DIOGÈNE.

Il est vrai que Ptolomée n'en a point parlé : mais on a fait depuis peu de nouvelles découvertes. Et puis ne voyez-vous pas que c'est du pays de galanterie qu'elle vous parle?

PLUTON.

C'est un pays que je ne connais point.

CLÉLIE.

En effet, l'illustre Diogène raisonne tout-à-fait juste. Car il y a trois sortes de Tendre; Tendre sur Estime, Tendre sur Inclination, et Tendre sur Reconnaissance. Lorsque l'on veut arriver à Tendre sur Estime, il faut aller d'abord au village de Petits-soins, et...

PLUTON.

Je vois bien, la belle fille, que vous savez parfaitement la géographie du royaume de Tendre, et qu'à un homme qui vous aimera, vous lui ferez voir bien du pays dans ce royaume. Mais pour moi, qui ne le connais point, et qui ne le veux point connaître, je vous dirai franchement que je ne sais si ses trois villages et ces trois fleuves mènent à Tendre, mais qu'il me paraît que c'est le grand chemin des Petites-Maisons.

MINOS.

Ce ne serait pas trop mal fait, non, d'ajouter ce village-là dans la carte de Tendre. Je crois que ce sont ces terres inconnues dont on y veut parler.

PLUTON.

Mais vous, tendre mignonne, vous êtes donc aussi amoureuse, à ce que je vois?

CLÉLIE.

Oui, seigneur; je vous concède que j'ai pour Aronce une amitié qui tient de l'amour véritable aussi faut-il avouer que cet admirable fils du roi de Clusium a en toute sa personne je ne sais quoi de si extraordinaire et de si peu imaginable, qu'à moins que d'avoir une dureté de cœur inconcevable, on ne peut pas s'empêcher d'avoir pour lui une passion tout-à-fait raisonnable. Car enfin...

PLUTON.

Car enfin, car enfin.... Je vous dis, moi, que j'ai pour toutes les folles une aversion inexplicable; et que quand le fils du roi de Clusium aurait un charme inimaginable, avec votre langage inconcevable, vous me feriez plaisir de vous en aller, vous et votre galant, au diable. A la fin, la voilà partie. Quoi! toujours des amoureux! Personne ne s'en sauvera; et un de ces jours nous verrons Lucrèce galante.

DIOGÈNE.

Vous en allez avoir le plaisir tout-à-l'heure; car voici Lucrèce en personne.

PLUTON.

Ce que j'en disais n'est que pour rire : à Dieu ne plaise que j'aie une si basse pensée de la plus vertueuse personne du monde!

DIOGÈNE.

Ne vous y fiez pas. Je lui trouve l'air bien coquet. Elle a, ma foi, les yeux fripons.

PLUTON.

Je vois bien, Diogène, que tu ne connais pas Lucrèce. Je voudrais que tu l'eusses vue, la première fois qu'elle entra ici, toute sanglante et tout échevelée. Elle tenait un poignard à la main : elle avait le regard farouche; et la colère était encore peinte sur son visage, malgré les pâleurs de la mort. Jamais personne n'a porté la chasteté plus loin qu'elle. Mais, pour t'en convaincre, il ne faut que lui demander à elle-même ce qu'elle pense de l'amour. Tu verras. Dites-nous donc, Lucrèce; mais expliquez-vous clairement : croyez-vous qu'on doive aimer?

LUCRÈCE, *tenant des tablettes à la main.*

Faut-il absolument sur cela vous rendre une réponse exacte et décisive?

PLUTON.

Oui.

LUCRÈCE.

Tenez, la voilà clairement énoncée dans ces tablettes. Lisez.

PLUTON, *lisant.*

« Toujours. l'on. si. mais. aimait. d'éternelles. hélas. amours.

« d'aimer. doux. il. point. serait. n'est. qu'il. » Que veut dire ce galimatias.

LUCRÈCE.

Je vous assure, Pluton, que je n'ai jamais rien dit de mieux ni de plus clair.

PLUTON.

Je vois bien que vous avez accoutumé de parler fort clairement. Peste soit de la folle! Où a-t-on jamais parlé comme cela? point. mais. si. d'éternelles. Et où veut-elle que j'aille chercher un OEdipe pour m'expliquer cette énigme?

DIOGÈNE.

Il ne faut pas aller fort loin. En voici un qui entre, et qui est fort propre à vous rendre cet office.

PLUTON.

Qui est-il?

DIOGÈNE.

C'est Brutus, celui qui délivra Rome de la tyrannie des Tarquins.

PLUTON.

Quoi! cet austère Romain qui fit mourir ses enfants pour avoir conspiré contre leur patrie? Lui, expliquer des énigmes? Tu es bien fou, Diogène.

DIOGÈNE.

Je ne suis point fou. Mais Brutus n'est pas non plus cet austère personnage que vous vous imaginez. C'est un esprit naturellement tendre et passionné, qui fait de fort jolis vers, et les billets du monde les plus galants.

MINOS.

Il faudrait donc que les paroles de l'énigme fussent écrites, pour les lui montrer.

DIOGÈNE.

Que cela ne vous embarrasse point. Il y a longtemps que ces paroles sont écrites sur les tablettes de Brutus. Des héros comme lui sont toujours fournis de tablettes.

PLUTON.

Hé bien, Brutus, nous donnerez-vous l'explication des paroles qui sont sur vos tablettes?

BRUTUS.

Volontiers. Regardez bien. Ne les sont-ce pas là? « Toujours. « l'on. si. mais. etc. »

PLUTON.
Ce les sont là elles-mêmes.

BRUTUS.
Continuez donc de lire. Les paroles suivantes non-seulement vous feront voir que j'ai d'abord conçu la finesse des paroles embrouillées de Lucrèce, mais elles contiennent la réponse précise que j'y ai faite.

« Moi. nos. verrez. vous. de. permettez. d'éternelles. jours
« qu'on. merveille. peut. amour. d'aimer. voir. »

PLUTON.
Je ne sais pas si ces paroles se répondent justes les unes aux autres ; mais je sais bien que ni les unes ni les autres ne s'entendent, et que je ne suis pas d'humeur à faire le moindre effort d'esprit pour les concevoir.

DIOGÈNE.
Je vois bien que c'est à moi de vous expliquer tout ce mystère. Le mystère est que ce sont des paroles transposées. Lucrèce, qui est amoureuse et aimée de Brutus, lui dit en mots transposés :

> Qu'il serait doux d'aimer, si l'on aimait toujours!
> Mais, hélas! il n'est point d'éternelles amours.

Et Brutus, pour la rassurer, lui dit en d'autres termes transposés :

> Permettez-moi d'aimer, merveille de nos jours,
> Vous verrez qu'on peut voir d'éternelles amours.

PLUTON.
Voilà une grosse finesse! Il s'ensuit de là que tout ce qui se peut dire de beau est dans les dictionnaires : il n'y a que les paroles qui sont transposées. Mais est-il possible que des personnes du mérite de Brutus et de Lucrèce en soient venues à cet excès d'extravagance, de composer de semblables bagatelles?

DIOGÈNE.
C'est pourtant par ces bagatelles qu'ils ont fait connaître l'un et l'autre qu'ils avaient infiniment d'esprit.

PLUTON.
Et c'est par ces bagatelles, moi, que je reconnais qu'ils ont infiniment de folie. Qu'on les chasse. Pour moi, je ne sais tantôt plus où j'en suis. Lucrèce amoureuse! Lucrèce coquette! Et Brutus son

galant! je ne désespère pas un de ces jours de voir Diogène lui-même galant.

DIOGÈNE.

Pourquoi non? Pythagore l'était bien.

PLUTON.

Pythagore était galant?

DIOGÈNE.

Oui, et ce fut de Théano sa fille, formée par lui à la galanterie, ainsi que le raconte le généreux Herminius dans l'histoire de la vie de Brutus ; ce fut, dis-je, de Théano que cet illustre Romain apprit ce beau symbole, qu'on a oublié d'ajouter aux autres symboles de Pythagore : « Que c'est à pousser les beaux sentiments pour une « maîtresse, et à faire l'amour, que se perfectionne le grand philo- « sophe. »

PLUTON.

J'entends. Ce fut de Théano qu'il sut que c'est la folie qui fait la perfection de la sagesse. O l'admirable précepte! Mais laissons là Théano. Quelle est cette précieuse renforcée que je vois qui vient à nous?

DIOGÈNE.

C'est Sapho, cette fameuse Lesbienne qui a inventé les vers saphiques.

PLUTON.

On me l'avait dépeinte si belle! Je la trouve bien laide.

DIOGÈNE.

Il est vrai qu'elle n'a pas le teint fort uni, ni les traits du monde les plus réguliers. Mais prenez garde qu'il y a une grande opposition du blanc et du noir de ses yeux, comme elle le dit elle-même dans l'histoire de sa vie.

PLUTON.

Elle se donne là un bizarre agrément; et Cerbère, selon elle, doit donc passer aussi pour beau, puisqu'il a dans les yeux la même opposition.

DIOGÈNE.

Je vois qu'elle vient à vous. Elle a sûrement quelque question à vous faire.

SAPHO.

Je vous supplie, sage Pluton, de m'expliquer fort au long ce que vous pensez de l'amitié, et si vous croyez qu'elle soit capable de tendresse aussi bien que l'amour. Car ce fut le sujet d'une généreuse conversation que nous cûmes l'autre jour avec le sage Démocède et l'agréable Phaon. De grâce, oubliez donc pour quelque temps le soin de votre personne et de votre État; et, au lieu de cela, songez à me bien définir ce que c'est que cœur tendre, tendresse d'amitié, tendresse d'amour, tendresse d'inclination, et tendresse de passion.

MINOS.

Oh? celle-ci est la plus folle de toutes. Elle a la mine d'avoir gâté toutes les autres.

PLUTON.

Mais regardez cette impertinente! C'est bien le temps de résoudre des questions d'amour, que le jour d'une révolte!

DIOGÈNE.

Vous avez pourtant autorité pour le faire : et tous les jours les héros que vous venez de voir, sur le point de donner une bataille où il s'agit du tout pour eux, au lieu d'employer le temps à encourager les soldats, et à ranger leurs armées, s'occupent à entendre l'histoire de Timarete ou de Bérélise, dont la plus haute aventure est quelquefois un billet perdu, ou un bracelet égaré.

PLUTON.

Ho bien! s'ils sont fous, je ne veux pas leur ressembler, et principalement à cette précieuse ridicule.

SAPHO.

Eh! de grâce, seigneur, défaites-vous de cet air grossier et provincial de l'enfer, et songez à prendre l'air de la belle galanterie de de Carthage et de Capoue. A vous dire le vrai, pour décider un point aussi important que celui que je vous propose, je souhaiterais fort que toutes nos généreuses amies et nos illustres amis fussent ici. Mais, en leur absence, le sage Minos représentera le discret Phaon, et l'enjoué Diogène le galant Ésope.

PLUTON.

Attends, attends, je m'en vais te faire venir ici une personne avec qui lier conversation. Qu'on m'appelle Tisiphone.

SAPHO.

Qui? Tisiphone? Je la connais, et vous ne serez peut-être pas fâché que je vous en fasse voir le portrait que j'ai déjà composé par précaution, dans le dessein où je suis de l'insérer dans quelqu'une des histoires que nous autres faiseurs et faiseuses de romans sommes obligés de raconter à chaque livre de notre roman.

PLUTON.

Le portrait d'une Furie ! Voilà un étrange projet.

DIOGÈNE.

Il n'est pas si étrange que vous pensez. En effet, cette même Sapho que vous voyez a peint dans ses ouvrages beaucoup de ses généreuse amies, qui ne surpassent guère en beauté Tisiphone, et qui néanmoins, à la faveur des mots galants et des façons de parler élégantes et précieuses qu'elle jette dans leurs peintures, ne laissent pas de passer pour de dignes héroïnes de roman.

MINOS.

Je ne sais si c'est curiosité ou folie : mais je vous avoue que je meurs d'envie de voir un si bizarre portrait.

PLUTON.

Hé bien donc, qu'elle vous le montre, j'y consens. Il faut bien vous contenter. Nous allons voir comment elle s'y prendra pour rendre la plus effroyable des Euménides agréable et gràcieuse.

DIOGÈNE.

Ce n'est pas une affaire pour elle, et elle a déjà fait un pareil chef-d'œuvre en peignant la vertueuse Arricidie. Écoutons donc; car je la vois qui tire le portrait de sa poche.

SAPHO, *lisant*.

L'illustre fille dont j'ai à vous entretenir a en toute sa personne je ne sais quoi de si furieusement extraordinaire, et de si terriblement merveilleux, que je ne suis pas médiocrement embarrassée quand je songe à vous en tracer le portrait.

MINOS.

Voilà les adverbes FURIEUSEMENT et TERRIBLEMENT qui sont, à mon avis, bien placés et tout-à-fait en leur lieu.

SAPHO, *continue de lire*.

Tisiphone a naturellement la taille fort haute, et passant de beaucoup la mesure des personnes de son sexe; mais pourtant si dégagée, si libre, et si bien proportionnée en toutes ses parties, que son énormité même lui sied admirablement bien. Elle a les yeux petits mais pleins de feu, vifs, perçants, et bordés d'un certain vermillon qui en relève prodigieusement l'éclat. Ses cheveux sont naturellement bouclés et annelés ; et l'on peut dire que ce sont autant de serpents qui s'entortillent les uns dans les autres, et se jouent nonchalamment autour de son visage. Son teint n'a point cette couleur fade et blanchâtre des femmes de Scythie, mais il tient beaucoup de ce brun mâle et noble que donne le soleil aux Africaines qu'il favorise le plus près de ses regards. Son sein est composé de deux demi-globes brûlés par le bout comme ceux des Amazones, et qui, s'éloignant le plus qu'ils peuvent de sa gorge, se vont négligemment et languissamment perdre sous ses deux bras. Tout le reste de son corps est presque composé de la même sorte. Sa démarche est extrêmement noble et fière. Quand il faut se hâter, elle vole plutôt qu'elle ne marche, et je doute qu'Atalante la pût devancer à la course. Au reste cette vertueuse fille est naturellement ennemie du vice, surtout des grands crimes, qu'elle poursuit partout un flambeau à la main, et qu'elle ne laisse jamais en repos, secondée en cela par ses deux illustres sœurs, Alecto et Mégère, qui n'en sont pas moins ennemies qu'elle; et l'on peut dire de ces trois sœurs, que c'est une morale vivante.

DIOGÈNE.

Hé bien, n'est-ce pas là un portrait merveilleux.

PLUTON.

Sans doute, et la laideur y est peinte dans toute sa perfection, pour ne pas dire dans toute sa beauté. Mais c'est assez écouter cette extravagante. Continuons la revue de nos héros; et sans plus nous donner la peine, comme nous avons fait jusqu'ici, de les interroger l'un après l'autre, puisque les voilà tous reconnus véritablement insensés, contentons-nous de les voir passer devant cette balustrade; et de les conduire exactement de l'œil dans mes galeries, afin que je sois sûr qu'ils y sont. Car je défends d'en laisser sortir aucun que je n'aie précisément déterminé ce que je veux qu'on en fasse. Qu'on les laisse donc entrer, et qu'ils viennent maintenant tous en foule. En voilà bien, Diogène. Tous ces héros sont-ils connus dans l'histoire?

DIOGÈNE.

Non; il y en a beaucoup de chimériques mêlés parmi eux.

PLUTON.

Des héros chimériques! et sont-ce des héros?

DIOGÈNE.

Comment! si ce sont des héros! Ce sont eux qui ont toujours le haut bout dans les livres, et qui battent infailliblement les autres.

PLUTON.

Nomme m'en par plaisir quelques-uns.

DIOGÈNE.

Volontiers. Orodate, Spitridate, Alcamène, Mélinte, Britomare, Mérindor, Artaxandre, etc.

PLUTON.

Et tous ces héros-là ont-ils fait vœu, comme les autres, de ne jamais s'entretenir que d'amour?

DIOGÈNE.

Cela serait beau qu'ils ne l'eussent pas fait! Et de quel droit se diraient-ils héros, s'ils n'étaient point amoureux! N'est-ce pas l'amour qui fait aujourd'hui la vertu héroïque?

PLUTON.

Quel est ce grand innocent qui s'en va des derniers, et qui a la mollesse peinte sur le visage? Comment t'appelles-tu?

ASTRATE.

Je m'appelle Astrate (1).

PLUTON.

Que viens-tu chercher ici?

ASTRATE.

Je veux voir la reine.

PLUTON.

Mais admirez cet impertinent. Ne diriez-vous pas que j'ai une reine que je garde ici dans une boîte, et que je montre à tous ceux qui la veulent voir? Qu'es-tu, toi? As-tu jamais été?

ASTRATE.

Oui-da, j'ai été, et il y a un historien latin qui dit de moi en propres termes, *Astratus vixit*, Astrate a vécu.

PLUTON.

Est-ce là tout ce qu'on trouve de toi dans l'histoire?

ASTRATE.

Oui; et c'est sur ce bel argument qu'on a composé une tragédie intitulée du nom d'Astrate, où les passions tragiques sont maniées

---

(1) Dans le temps que je fis ce dialogue, on jouait à l'hôtel de Bourgogne l'Astrate de M. Quinault, et l'Ostorius de l'abbé de Pure.

si adroitement, que les spectateurs y rient à gorge déployée depuis le commencement jusqu'à la fin, tandis que moi j'y pleure toujours, ne pouvant obtenir que l'on m'y montre une reine dont je suis passionnément épris.

PLUTON.

Oh bien, va-t'en dans ces galeries voir si cette reine y est. Mais quel est ce grand mal bâti de Romain qui vient après ce chaud amoureux? Peut-on savoir son nom?

OSTORIUS.

Mon nom est Ostorius.

PLUTON.

Je ne me souviens point d'avoir jamais nulle part lu ce nom-là dans l'histoire.

OSTORIUS.

Il y est pourtant. L'abbé de Pure assure qu'il l'y a lu.

PLUTON.

Voilà un merveilleux garant! Mais, dis-moi, appuyé de l'abbé de Pure, comme tu es, as-tu fait quelque figure dans le monde? T'y a-t-on jamais vu?

OSTARIUS.

Oui-da; et, à la faveur d'une pièce de théâtre que cet abbé a faite de moi, on m'a vu à l'hôtel de Bourgogne (1).

PLUTON.

Combien de fois?

OSTORIUS.

Hé! une fois.

PLUTON

Retourne-t'y-en.

OSTORIUS.

Les comédiens ne veulent plus de moi.

PLUTON.

Crois-tu que je m'accommode mieux de toi qu'eux? Allons, déloge d'ici au plus vite, et va te confiner dans mes galeries. Voici encore une héroïne qui ne se hâte pas trop, ce me semble, de s'en aller. Mais je lui pardonne : car elle me paraît si lourde de sa personne, et si pesamment armée, que je vois bien que c'est la dif-

---

( ) Théâtre où l'on jouait autrefois.

ficulté de marcher, plutôt que la répugnance à m'obéir, qui l'empêche d'aller plus vite. Qui est-elle?

DIOGÈNE.

Pouvez-vous ne pas reconnaître la Pucelle d'Orléans?

PLUTON.

C'est donc là cette vaillante fille qui délivra la France du joug des Anglais?

DIOGÈNE.

C'est elle-même.

PLUTON.

Je lui trouve la physionomie bien plate et bien peu digne de tout ce qu'on dit d'elle?

DIOGÈNE.

Elle tousse, et s'approche de la balustrade. Écoutons. C'est assurément une harangue qu'elle vous vient faire, et une harangue en vers; car elle ne parle plus qu'en vers.

PLUTON.

A-t-elle en effet du talent pour la poésie?

DIOGÈNE

Vous l'allez voir.

LA PUCELLE.

« O grand prince, que grand dès cette heure j'appelle,
« Il est vrai, le respect sert de bride à mon zèle :
« Mais ton illustre aspect me redouble le cœur,
« Et me le redoublant, me redouble la peur
« A ton illustre aspect mon cœur se sollicite,
« Et grimpant contre mont, la dure terre quitte.
« O que n'ai-je le ton désormais assez fort
« Pour aspirer à toi sans te faire de tort!
« Pour toi puissé-je avoir une mortelle pointe
« Vers où l'épaule gauche à la gorge est conjointe!
« Que le coup brisât l'os, et fît pleuvoir le sang
« De la temple, du dos, de l'épaule et du flanc (1) ! »

PLUTON.

Quelle langue vient-elle de parler?

DIOGÈNE.

Belle demande! française.

---

(1) Vers extraits de la *Pucelle*.

PLUTON.

Quoi! c'est du français qu'elle a dit! Je croyais que ce fût du bas-breton ou de l'allemand. Qui lui appris cet étrange français-là?

DIOGÈNE.

C'est un poète chez qui elle a été en pension quarante ans durant.

PLUTON.

Voilà un poète qui l'a bien mal élevée!

DIOGÈNE.

Ce n'est pas manque d'avoir été bien payé, et d'avoir exactement touché ses pensions.

PLUTON.

Voilà de l'argent bien mal employé. Hé! Pucelle d'Orléans, pourquoi vous êtes-vous chargé la mémoire de ces grands vilains mots, vous qui ne songiez autrefois qu'à délivrer votre patrie, et qui n'aviez d'objet que la gloire?

LA PUCELLE.

La gloire?

« Un seul endroit y mène, et de ce seul endroit
« Droite et raide.... »

PLUTON.

Ah! elle m'écorche les oreilles.

LA PUCELLE.

« Droite et raide est la côte et le sentier étroit. »

PLUTON.

Quels vers, juste ciel! Je n'en puis pas entendre prononcer un, que ma tête ne soit prête à se fendre.

LA PUCELLE.

« De flèches toutefois aucune ne l'atteint;
« Ou pourtant l'atteignant, de son sang ne se teint. »

PLUTON.

Encore! J'avoue que de toutes les héroïnes qui ont paru en ce lieu, celle-ci me paraît beaucoup la plus insupportable. Vraiment elle ne prêche pas la tendresse. Tout en elle n'est que dureté et que sécheresse ; et elle me paraît plus propre à glacer l'âme qu'à inspirer l'amour.

DIOGÈNE.

Elle en a inspiré au vaillant Dunois.

PLUTON.

Elle! inspirer de l'amour au cœur de Dunois!

DIOGÈNE.

Oui assurément.

> Au grand cœur de Dunois, le plus grand de la terre,
> Grand cœur, qui dans lui seul deux grands amours enserre.

Mais il faut savoir quel amour. Dunois s'en explique ainsi lui-même en un endroit du poëme fait pour cette merveilleuse fille :

> Pour ces célestes yeux, pour ce front magnanime,
> Je n'ai que du respect, je n'ai que de l'estime :
> Je n'en souhaite rien ; et si j'en suis amant,
> D'un amour sans désir je l'aime seulement.
> Et soit. Consumons-nous d'une flamme si belle:
> Brûlons en holocauste aux yeux de la Pucelle.

Ne voilà-t-il pas une passion bien exprimée? et le mot d'holocauste n'est-il pas tout-à-fait bien placé dans la bouche d'un guerrier comme Dunois?

PLUTON.

Sans doute; et cette vertueuse guerrière peut innocemment, avec de tels vers, aller tout de ce pas, si elle veut, inspirer un pareil amour à tous les héros qui sont dans ces galeries. Je ne crains pas que cela leur amollisse l'âme. Mais du reste qu'elle s'en aille car je tremble qu'elle ne me veuille encore réciter quelques-uns de ses vers, et je ne suis pas résolu de les entendre. La voilà enfin partie. Je ne vois plus ici aucun héros, ce me semble. Mais non, je me trompe : en voici encore un qui demeure immobile derrière cette porte. Vraisemblablement il n'a pas entendu que je voulais que tout le monde sortît. Le connais-tu, Diogène?

DIOGÈNE.

C'est Pharamon. le premier roi des Français.

PLUTON.

Que dit-il? il parle en lui-même.

PHARAMOND.

Vous le savez bien, divine Rosemonde, que pour vous aimer je n'attendis pas que j'eusse le bonheur de vous connaître; et que c'est sur le seul récit de vos charmes, fait par un de mes rivaux, que je devins si ardemment épris de vous.

PLUTON.

Il semble que celui-ci soit devenu amoureux avant que de voir sa maîtresse

DIOGÈNE.

Assurément il ne l'avait point vue.

PLUTON.

Quoi! il est devenu amoureux d'elle sur son portrait?

DIOGÈNE.

Il n'avait pas même vu son portrait.

PLUTON.

Si ce n'est là une vraie folie, je ne sais pas ce qui peut l'être. Mais, dites-moi, vous, amoureux Pharamond, n'êtes-vous pas content d'avoir fondé le plus florissant royaume de l'Europe, et de pouvoir compter au rang de vos successeurs le roi qui y règne aujourd'hui? Pourquoi vous êtes-vous allé mal-à-propos embarrasser l'esprit de la princesse Rosemonde?

PHARAMOND.

Il est vrai, seigneur. Mais l'amour...

PLUTON.

Ho! l'amour! l'amour! Va exagérer, si tu veux, les injustices de l'amour dans mes galeries. Mais pour moi, le premier qui m'en viendra encore parler, je lui donnerai de mon sceptre tout au travers du visage. En voilà un qui entre. Il faut que je lui casse la tête.

MINOS.

Prenez garde à ce que vous allez faire. Ne voyez-vous pas que c'est Mercure?

PLUTON.

Ah! Mercure, je vous demande pardon. Mais ne venez-vous point aussi me parler d'amour?

MERCURE.

Vous savez bien que je n'ai jamais fait l'amour pour moi-même. La vérité est que je l'ai fait quelquefois pour mon père Jupiter, et qu'en sa faveur autrefois j'endormis si bien le bon Argus, qu'il ne s'est jamais réveillé. Mais je viens vous apporter une bonne nouvelle. C'est qu'à peine l'artillerie que je vous amène a paru, que vos ennemis se sont rangés dans le devoir. Vous n'avez jamais été roi plus paisible de l'enfer que vous l'êtes.

PLUTON.

Divin messager de Jupiter, vous m'avez rendu la vie. Mais au nom de notre proche parenté, dites-moi, vous qui êtes le dieu de l'éloquence, comment vous avez souffert qu'il se soit glissé dans l'un et dans l'autre monde une si impertinente manière de parler que celle qui règne aujourd'hui, surtout en ces livres qu'on appelle romans; et comment vous avez permis que les plus grands héros de l'antiquité parlassent ce langage.

MERCURE.

Hélas! Apollon et moi, nous sommes des dieux qu'on invoque presque plus; et la plupart des écrivains d'aujourd'hui ne connaissent pour leur véritable patron qu'un certain Phébus, qui est bien le plus impertinent personnage qu'on puisse voir. Du reste, je viens vous avertir qu'on vous a joué une pièce.

PLUTON.

Une pièce à moi! Comment?

MERCURE.

Vous croyez que les vrais héros sont venus ici?

PLUTON.

Assurément, je le crois, et j'en ai de bonnes preuves, puisque je les tiens encore ici tous renfermés dans les galeries de mon palais.

MERCURE.

Vous sortirez d'erreur quand je vous dirai que c'est une troupe de faquins, ou plutôt de fantômes chimériques, qui, n'étant que de fades copies de beaucoup de personnages modernes, ont eu pourtant l'audace de prendre le nom des plus grands héros de l'antiquité, mais dont la vie a été fort courte, et qui errent maintenant sur les bords du Cocyte et du Styx. Je m'étonne que vous y ayez été trompé. Ne voyez-vous pas que ces gens-là n'ont nul caractère de héros? Tout ce qui les soutient aux yeux des hommes, c'est un certain oripeau et un faux clinquant de paroles, dont les ont habillés ceux qui ont écrit leur vie, et qu'il n'y a qu'à leur ôter pour les faire paraître tels qu'ils sont. J'ai même amené des Champs Élysées, en venant ici, un Français pour les reconnaître quand ils seront dépouillés : car je me persuade que vous consentirez sans peine qu'ils le soient.

PLUTON.

J'y consens si bien que je veux que sur-le-champ la chose ici soit exécutée. Et pour ne point perdre de temps, gardes, qu'on les fasse de ce pas sortir tous de mes galeries par les portes dérobées, et qu'on les amène tous dans la grande place. Pour nous, allons nous mettre sur le balcon de cette fenêtre basse, d'où nous pourrons les contempler et leur parler tout à notre aise. Qu'on y porte nos siéges. Mercure, mettez-vous à ma droite; et vous Minos, à ma gauche; et que Diogène se tienne derrière nous.

MINOS.

Les voilà qui arrivent en foule.

PLUTON.

Y sont-ils tous ?

UN GARDE.

On n'en a laissé aucun dans les galeries.

PLUTON.

Accourez donc, vous tous, fidèles exécuteurs de mes volontés, spectres, larves, démons, furies, milices infernales que j'ai fait assembler. Qu'on m'entoure tous ces prétendus héros, et qu'on me les dépouille.

CYRUS.

Quoi ! vous ferez dépouiller un conquérant comme moi ?

PLUTON.

Hé de grâce, généreux Cyrus, il faut que vous passiez le pas.

HORATIUS COCLÈS.

Quoi ! un Romain comme moi, qui a défendu lui seul un pont contre toutes les forces de Porsenna, vous ne le considérerez pas plus qu'un coupeur de bourses ?

PLUTON.

Je m'en vais te faire chanter.

ASTRATE.

Quoi ! un galant aussi tendre et aussi passionné que moi, vous le ferez maltraiter ?

PLUTON.

Je m'en vais te faire voir la reine. Ah! les voilà dépouillés.

MERCURE.

Où est le Français que j'ai amené?

LE FRANÇAIS.

Me voilà, seigneur. Que souhaitez-vous?

MERCURE.

Tiens, regarde bien tous ces gens-là; les connais-tu?

LE FRANÇAIS.

Si je les connais? Hé! ce sont tous la plupart des bourgeois de mon quartier. Bonjour, madame Lucrèce. Bonjour, monsieur Brutus. Bonjour, mademoiselle Clélie. Bonjour, monsieur Horatius Coclès.

PLUTON.

Tu vas voir accommoder tes bourgeois de toutes pièces. Allons, qu'on ne les épargne point; et qu'après qu'ils auront été abondamment fustigés, on me les conduise tous sans différer droit aux bords du fleuve de Léthé (1). Puis, lorsqu'ils y seront arrivés, qu'on me les jette tous, la tête la première, dans l'endroit du fleuve le plus profond, eux, leurs billets doux, leurs lettres galantes, leurs vers passionnés, avec tous les nombreux volumes, ou, pour mieux dire, les monceaux de ridicule papier où sont écrites leurs histoires. Marchez donc, faquins, autrefois si grands héros. Vous voilà arrivés à votre fin, ou pour mieux dire, au dernier acte de la comédie que vous avez jouée si peu de temps.

CHOEUR DE HÉROS *s'en allant chargés d'escourgées.*

Ah! la Calprenède! Ah! Scudéri!

PLUTON.

Hé! que ne les tiens-je! que ne les tiens-je! Ce n'est pas tout, Minos. Il faut que vous vous en alliez tout de ce pas donner ordre que la même justice se fasse sur tous leurs pareils dans les autres provinces de mon royaume.

MINOS.

Je me charge avec plaisir de cette commission.

---

(1) Fleuve de l'Oubli.

MERCURE.

Mais voici les véritables héros qui arrivent, et qui demandent à vous entretenir. Ne voulez-vous pas qu'on les introduise?

PLUTON.

Je serai ravi de les voir. Mais je suis si fatigué des sottises que m'ont dites tous ces impertinents usurpateurs de leurs noms, que vous trouverez bon qu'avant tout j'aille faire un somme.

ARRÊT BURLESQUE

Donné en la grand'chambre du Parnasse, en faveur des maîtres-ès-arts, médecins et professeurs de l'université de Stagire (1), au pays des Chimères, pour le maintien de la doctrine d'Aristote.

Vu par la cour la requête (2) présentée par les régents, maîtres-ès-arts, docteurs et professeurs de l'université, tant en leurs noms que comme tuteurs et défenseurs de la doctrine de maître..... Aristote, ancien professeur royal en grec dans le collége du Lycée, et précepteur du feu roi de querelleuse mémoire, Alexandre dit le Grand, acquéreur de l'Asie, Europe, Afrique et autres lieux; contenant que, depuis quelques années une inconnue, nommée la Raison, aurait entrepris d'entrer par force dans les écoles de ladite université; et pour cet effet, à l'aide de certains quidams factieux, prenant les surnoms de Gassendistes, Cartésiens, Malebranchistes et Pourchotistes, gens sans aveu, se serait mise en état d'en expulser ledit Aristote, ancien et paisible possesseur desdites écoles, contre lequel elle et ses consorts auraient déjà publié plusieurs livres, traités, dissertations, et raisonnements diffamatoires, voulant assujétir ledit Aristote à subir devant elle l'examen de sa doctrine ; ce qui serait directement opposé aux lois, us et coutumes de ladite université, où ledit Aristote aurait toujours été reconnu pour juge sans appel et non comptable de ses opinions. Que même, sans l'aveu d'icelui, elle aurait changé et innové plusieurs choses en et au-dedans de la nature, ayant ôté au cœur la prérogative d'être le principe des nerfs, que ce philosophe lui avait accordé libéralement et de son bon gré, et laquelle elle aurait cédée et transportée au cerveau. Et ensuite, par une procédure nulle de toute nullité, aurait attribué audit cœur la charge de recevoir le chyle, appartenant ci-devant au foie; comme aussi de faire voiturer le sang par tout le corps, avec

---

(1) Ville de Macédoine, sur la mer Égée, et patrie d'Aristote.
(2) L'Université de Paris avait présenté requête au parlement pour empêcher qu'on enseignât la philosophie de Descartes. La requête fut supprimée, et Bernier en fit imprimer une de sa façon.

plein pouvoir audit sang d'y vaguer, errer et circuler impunément par les veines et artères, n'ayant autre droit ni titre pour faire lesdites vexations, que la seule expérience dont le témoignage n'a jamais été reçu dans lesdites écoles. Aurait aussi attenté ladite Raison, par une entreprise inouïe, de déloger le feu de la plus haute région du ciel, et prétendu qu'il n'avait là aucun domicile, nonobstant les certificats dudit philosophe, et les visites et descentes faites par lui sur les lieux. Plus, par un attentat et voie de fait énorme contre la Faculté de médecine, se serait ingérée de guérir, et aurait réellement et de fait guéri quantité de fièvres intermittentes, comme tierces, double-tierces, quartes, triple-quartes, et même continues, avec vin pur, poudre, écorce de quinquina, et autres drogues inconnues audit Aristote, et à Hippocrate, son devancier, et ce sans saignée, purgation ni évacuation précédentes ; ce qui est non-seulement irrégulier, mais tortionnaire et abusif; ladite Raison n'ayant jamais été admise ni agrégée au corps de ladite Faculté, et ne pouvant par conséquent consulter avec les docteurs d'icelle, ni être consultée par eux, comme elle ne l'a en effet jamais été. Nonobstant quoi, et malgré les plaintes et oppositions réitérées des sieurs Blondel (1), Courtois (2), Denyau (3), et autres défenseurs de la bonne doctrine, elle n'aurait pas laissé de se servir toujours desdites drogues, ayant eu la hardiesse de les employer sur les médecins mêmes de ladite Faculté, dont plusieurs, au grand scandale des règles, ont été guéris par lesdits remèdes : ce qui est d'un exemple très dangereux, et ne peut avoir été fait que par mauvaises voies, sortiléges et pactes avec le diable. Et non content de ce, aurait entrepris de diffamer et de bannir des écoles de philosophie les formalités, matérialités, entités, identités, virtualités, eccéités, pétréités, polycarpéités, et autres êtres imaginaires, tous enfants et ayant cause de défunt maître Jean Scot, leur père. Ce qui porterait un préjudice notable, et causerait la totale subversion de la philosophie scholastique, dont elles font tout le mystère, et qui tire d'elles toute sa subsistance, s'il n'y était pas la cour pourvu. Vu les libelles intitulés, Physique de Ro-

---

(1) Blondel a écrit que le bon effet du quinquina venait des pactes que les Américains avaient faits avec le diable.
(2) Courtois, médecin, aimait fort la saignée.
(3) Denyau, autre médecin, niait la circulation du sang.

hault, Logique de Port-Royal, Traités du quinquina, même l'Adversus Aristoteleos de Gassendi, et autres pièces attachées à
ladite requête, signée Chicaneau, procureur de ladite Université:
Ouï le rapport du conseiller-commis : Tout considéré :

La Cour, ayant égard à ladite requête, a maintenu et gardé,
maintient et garde ledit Aristote en la plaine et paisible possession et
jouissance desdites écoles. Ordonne qu'il sera toujours suivi et enseigné par les régents, docteurs, maîtres-ès-arts et professeurs de ladite université, sans que pour ce ils soient obligés de le lire, ni de
savoir sa langue et ses sentiments. Et sur le fond de sa doctrine,
les renvoie à leurs cahiers. Enjoint au cœur de continuer d'être le
principe des nerfs, et à toutes personnes, de quelque condition et
profession qu'elles soient, de le croire tel, nonobstant toute expérience à ce contraire. Ordonne pareillement au chyle d'aller droit
au foie, sans plus passer par le cœur, et au foie de le recevoir.
Fait défenses au sang d'être plus vagabond, errer ni circuler dans
le corps, sous peine d'être entièrement livré et abandonné à la Faculté de médecine. Défend à la Raison et à ses adhérents de plus
s'ingérer, à l'avenir, de guérir les fièvres tierces, double-tierces,
quartes, triple-quartes, ni continues, par mauvais moyens et voies
de sortiléges, comme vin pur, poudre, écorce de quinquina, et autres drogues non approuvées ni connues des anciens. Et en cas de
guérisons irrégulières par icelles drogues, permet aux médecins de
ladite Faculté de rendre, suivant leur méthode ordinaire, la fièvre
aux malades, avec casse, séné, sirops, juleps, et autres remèdes
propres à ce, et de remettre lesdits malades en tel et semblable
état qu'ils étaient auparavant, pour être ensuite traités selon les règles; et, s'ils n'en réchappent, conduits du moins en l'autre monde
suffisamment purgés et évacués. Remet les entités, identités, virtualités, eccéités, et autres pareilles formules scotistes, en leur bonne
fame et renommée. A donné acte aux sieurs Blondel, Courtois et
Denyau de leur opposition au bon sens. A réintégré le feu dans la
plus haute région du ciel, suivant et conformément aux descentes
faites sur les lieux. Enjoint à tous régents, maîtres-ès-arts et professeurs, d'enseigner comme ils ont accoutumé, et de se servir, pour
raison de ce, de tels raisonnements qu'ils aviseront bon être; et
aux répétiteurs hibernois, et autres leurs suppôts, de leur prêter
main-forte, et de courir sus aux contrevenants, à peine d'être privés du droit de disputer sur les prolégomènes de la logique. Et afin

qu'à l'avenir il n'y soit contrevenu, a banni à perpétuité la Raison des écoles de ladite Université; lui fait défenses d'y entrer, troubler ni inquiéter ledit Aristote en la possession et jouissance d'icelles, à peine d'être déclarée janséniste et amie des nouveautés. Et à cet effet sera, le présent arrêt, lu et publié aux Mathurins de Stagire, à la première assemblée qui sera faite pour la procession du recteur, et affichée aux portes de tous les colléges du Parnasse, et partout où besoin sera.

Fait ce trente-huitième jour d'août onze mil six cent soixante-quinze.

        COLLATIONNÉ AVEC PARAPHE.

REMERCIMENT

A MESSIEURS

DE L'ACADEMIE FRANCAISE.

MESSIEURS,

L'honneur que je reçois aujourd'hui est quelque chose pour moi de si grand, de si extraordinaire, de si peu attendu, et tant de sortes de raisons semblaient devoir pour jamais m'en exclure (1), que, dans le moment même où je vous en fais mes remercîments, je ne sais encore ce que je dois croire. Est-il possible, est-il bien vrai que vous m'ayez, en effet, jugé digne d'être admis dans cette illustre compagnie, dont le fameux établissement ne fait guère moins d'honneur à la mémoire du cardinal de Richelieu, que tant de choses merveilleuses qui ont été exécutées sous son ministère? Et que penserait ce grand homme, que penserait ce sage chancelier qui a possédé après lui la dignité de votre protecteur, et après lequel vous avez jugé ne pouvoir choisir d'autre protecteur que le roi même; que penseraient-ils, dis-je, s'ils me voyaient aujourd'hui entrer dans ce corps si célèbre, l'objet de leurs soins et de leur estime, et où, par les lois qu'ils ont établies, par les maximes qu'ils ont maintenues, personne ne doit être reçu qu'il ne soit d'un mérite sans reproche, d'un esprit hors du commun, en un mot, semblable à vous? Mais à qui est-ce encore que je succède dans la place que vous m'y donnez? N'est-ce pas à un homme (2) également considérable et par ses grands emplois et par sa profonde capacité dans les affaires; qui tenait une des premières places dans le conseil, et qui en tant d'importantes occasions a été honoré de la plus étroite

---

(1) L'auteur avait écrit contre plusieurs académiciens.
(2) M. de Bezons, conseiller d'état.

confiance de son prince; à un magistrat non moins sage qu'éclairé, vigilant, laborieux, et avec lequel, plus je m'examine, moins je me trouve de proportion?

Je sais bien, MESSIEURS, et personne ne l'ignore, que, dans le choix que vous faites des hommes propres à remplir les places vacantes de votre savante assemblée, vous n'avez égard ni au rang ni à la dignité; que la politesse, le savoir, la connaissance des belles-lettres, ouvrent chez vous l'entrée aux honnêtes gens ; et que vous ne croyez point remplacer indignement un magistrat du premier ordre, un ministre de la plus haute élévation, en lui substituant un poëte célèbre, un écrivain illustre par ses ouvrages, et qui n'a souvent d'autre dignité que celle que son mérite lui donne sur le Parnasse. Mais, en qualité même d'homme de lettres, que puis-je vous offrir qui soit digne de la grâce dont vous m'honorez? Serait-ce un faible recueil de poésies, qu'une témérité heureuse, et quelque adroite imitation des anciens, ont fait valoir, plutôt que la beauté des pensées, ni la richesse des expressions? Serait-ce une traduction, si éloignée de ces grands chefs-d'œuvre que vous nous donnez tous les jours, et où vous faites si glorieusement revivre les Thucydide, les Xénophon, les Tacite, et tous ces autres célèbres héros de la savante antiquité? Non, MESSIEURS, vous connaissez trop bien la valeur des choses, pour payer d'un si grand prix des ouvrages aussi médiocres que les miens, et pour m'offrir de vous-mêmes, s'il faut ainsi dire, sur un si léger fondement, un honneur que la connaissance de mon peu de mérite ne m'a pas laissé seulement la hardiesse de demander.

Quelle est donc la raison qui vous a pu inspirer si heureusement pour moi en cette rencontre? Je commence à l'entrevoir, et j'ose me flatter que je ne vous ferai point souffrir en la publiant. La bonté qu'a eue le plus grand prince du monde, en voulant bien que je m'employasse avec un de vos plus illustres écrivains à ramasser en un corps le nombre infini de ses actions immortelles; cette permission, dis-je, qu'il m'a donnée, m'a tenu lieu auprès de vous de toutes les qualités qui me manquent. Elle vous a entièrement déterminés en ma faveur. Oui, MESSIEURS, quelque juste sujet qui dût pour jamais m'interdire l'entrée de votre académie, vous n'avez pas cru qu'il fût de votre équité de souffrir qu'un homme destiné à parler de si grands choses fût privé de l'utilité de vos leçons, ni instruit en d'autre école qu'en la vôtre. Et en cela vous avez bien fait voir que lorsqu'il s'agit de votre auguste protecteur, quelque autre considération qui vous pût retenir d'ailleurs, votre zèle ne vous laisse plus voir que le seul intérêt de la gloire.

Permettez pourtant que je vous désabuse, si vous vous êtes persuadés que ce grand prince, en m'accordant cette grâce, ait cru rencontrer en moi un écrivain capable de soutenir en quelque sorte, par la beauté du style et par la magnificence des paroles, la grandeur de ses exploits. C'est à vous, MESSIEURS, c'est à des plumes comme les vôtres, qu'il appartient de faire de tels chefs-d'œuvre; et il n'a jamais conçu de moi une si avantageuse pensée. Mais comme tout ce qui s'est fait sous son règne tient beaucoup du miracle et du prodige, il n'a pas trouvé mauvais qu'au milieu de tant d'écrivains célèbres qui s'apprêtent à l'envi à peindre ses actions dans tout leur éclat et avec tous les ornements de l'éloquence la plus sublime, un homme sans fard, et accusé plutôt de trop de sincérité que de flatterie, contribuât de son travail et de ses conseils à bien mettre en jour et dans toute la naïveté du style le plus simple la vérité de ses actions, qui, étant si peu vraisemblables d'elles-mêmes, ont bien plus besoin d'être fidèlement écrites que fortement exprimées.

En effet, MESSIEURS, lorsque des orateurs et des poètes, ou des historiens même aussi entreprenants quelquefois que les poètes et les orateurs, viendront à déployer sur une matière si heureuse toutes les hardiesses de leur art, toute la force de leurs expressions; quand ils diront que LOUIS-LE-GRAND, à meilleur titre qu'on ne l'a dit d'un fameux capitaine de l'antiquité, qu'il a lui seul plus fait d'exploits que les autres n'en ont lu (1), qu'il a pris plus de villes que les autres rois n'ont souhaité d'en prendre; quand ils assureront qu'il n'y a point de potentat sur la terre, quelque ambitieux qu'il puisse être, qui, dans les vœux secrets qu'il fait au ciel, ose lui demander autant de prospérités et de gloire que le ciel n'en a accordé libéralement à ce prince; quand ils écriront que sa conduite est maîtresse des évènements, que la fortune n'oserait contredire ses desseins; quand ils le peindront à la tête de ses armées, marchant à pas de géant au travers des fleuves et des montagnes, foudroyant les

---

(1) Mot fameux de Cicéron en parlant de Pompée : *Plura bella gessit quàm ceteri legerunt: plures provincias confecit quàm alii concupiverunt.* (Pro lege Manilia.)

remparts, brisant les rocs, terrassant tout ce qui s'oppose à sa rencontre : ces expressions paraîtront sans doute grandes, riches, nobles, accommodées au sujet; mais, en les admirant, on ne se croira point obligé d'y ajouter foi, et la vérité, sous ces ornements pompeux, pourra aisément être désavouée ou méconnue.

Mais lorsque des écrivains sans artifice, se contentant de rapporter fidèlement les choses, et avec toute la simplicité de témoins qui déposent, plutôt même que d'historiens qui racontent, exposeront bien tout ce qui s'est passé en France depuis la fameuse paix des Pyrénées, tout ce que le roi a fait pour rétablir dans ses États l'ordre, les lois, la discipline; quand ils conteront bien toutes les provinces que dans les guerres suivantes il a ajoutées à son royaume, toutes les villes qu'il a conquises, tous les avantages qu'il a eus, toutes les victoires qu'il a remportées sur ses ennemis, l'Espagne, la Hollande, l'Allemagne, l'Europe entière trop faible contre lui seul, une guerre toujours féconde en prospérités, une paix encore plus glorieuse; quand, dis-je, des plumes sincères, et plus soigneuses de dire vrai que de se faire admirer, articuleront bien tous ces faits disposés dans l'ordre des temps, et accompagnés de leurs véritables circonstances, qui est-ce qui en pourra disconvenir, je ne dis pas de nos voisins, je ne dis pas de nos alliés, je dis de nos ennemis mêmes. Et quand ils n'en voudraient pas tomber d'accord, leurs puissances diminuées, leurs États resserrés dans des bornes plus étroites, leurs plaintes, leurs jalousies, leurs fureurs, leurs invectives même, ne les en convaincront-ils pas malgré eux? Pourront-ils nier que, l'année même où je parle, ce prince, voulant les contraindre d'accepter la paix, qu'il leur offrait pour le bien de la chrétienté, il a tout-à-coup, et lorsqu'ils le publiaient entièrement épuisé d'argent et de forces, il a, dis-je, tout-à-coup fait sortir comme de terre, dans les Pays-Bas, deux armées de quarate mille hommes chacune, et les y a fait subsister abondamment, malgré la disette des fourrages et la sécheresse de la saison? Pourront-ils nier que tandis qu'avec une de ses armées il faisait assiéger Luxembourg, lui-même, avec l'autre, tenant toutes les villes du Hainaut et du Brabant comme bloquées, par cette conduite toute merveilleuse, ou plutôt par une espèce d'enchantement semblable à celui de cette tête si célèbre dans les fables, dont l'aspect convertissait les hommes en rochers, il a rendu les Espagnols immobiles spectateurs de la prise de cette place si importante, où ils avaient mis leur dernière ressource; que, par un effet non moins admirable d'un enchantement si prodigieux, cet opiniâtre ennemi de sa gloire, cet industrieux artisan de ligues et de querelles, qui travaillait depuis si longtemps à remuer contre lui toute l'Europe,, s'est trouvé lui-même dans l'impuissance, pour ainsi dire, de se mouvoir, lié de tous côtés, et réduit, pour toute vengeance, à semer des libelles, à pousser des cris et des injures? Nos ennemis, je le répète, pourront-ils nier toutes ces choses? Pourront-ils ne pas avouer qu'au même temps que ces merveilles s'exécutaient dans les Pays-Bas, notre armée navale sur la Méditerranée, après avoir forcé Alger à demander la paix, faisait sentir à Gênes, par un exemple à jamais terrible, la juste punition de ses insolences et de ses perfidies, ensevelissait sous les ruines de ses palais et de ses maisons, cette superbe ville, plus aisée à détruire qu'à humilier? Non, sans doute, nos ennemis n'oseraient démentir des vérités si reconnues, surtout lorsqu'ils les verront écrites avec cet air simple et naïf, et dans ce caractère de sincérité et de vraisemblance, qu'au défaut des autres choses je ne désespère pas absolument de pouvoir, au moins en partie, fournir à l'histoire.

Mais comme cette simplicité même, toute ennemie qu'elle est de l'ostentation et du faste, a pourtant son art, sa méthode, ses agréments, où pourrais-je mieux puiser ces arts et ces agréments que dans la source même de toutes les délicatesses, dans cette académie qui tient depuis si longtemps en sa possession tous les trésors, toutes les richesses de notre langue? C'est donc, MESSIEURS, ce que j'espère aujourd'hui trouver parmi vous, c'est ce que j'y viens étudier, c'est ce que j'y viens apprendre. Heureux si, par mon assiduité à vous cultiver, par mon adresse à vous faire parler sur ces matières, je puis vous engager à ne me rien cacher de vos connaissances et de vos secrets! Plus heureux encore si, par mes respects et par mes sincères soumissions, je puis parfaitement vous convaincre de l'extrême reconnaissance que j'aurai toute ma vie de l'honneur inespéré que vous m'avez fait!

DISCOURS

SUR

LE STYLE DES INSCRIPTIONS [1].

Les inscriptions doivent être simples, courtes et familières. La pompe ni la multitude des paroles n'y valent rien, et ne sont point propres au style grave, qui est le vrai style des inscriptions. Il est absurde de faire une déclamation autour d'une médaille ou au bas d'un tableau, surtout lorsqu'il s'agit d'actions comme celles du roi, qui, étant d'elles-mêmes toutes grandes et toutes merveilleuses, n'ont pas besoin d'être exagérées.

Il suffit d'énoncer simplement les choses pour les faire admirer. « Le passage du Rhin » dit beaucoup plus que « le merveilleux pas-« sage du Rhin. » L'épithète de MERVEILLEUX en cet endroit, bien loin d'augmenter l'action, la diminue, et sent son déclamateur qui veut grossir de petites choses. C'est à l'inscription à dire : «Voilà le « passage du Rhin ; » et celui qui lit saura bien dire sans elle : « Le « passage du Rhin est une des plus merveilleuses actions qui aient « jamais été faites pendant la guerre. » Il le dira même d'autant

---

(1) M. Charpentier, de l'Académie française, ayant composé des inscriptions pleines d'emphase, qui furent mises par ordre du roi au bas des tableaux des victoires de ce prince, peints dans la grande galerie de Versailles par M. Le Brun, M. de Louvois, qui succéda à M. Colbert dans la charge de surintendant des bâtiments, fit entendre à sa majesté que ces inscriptions déplaisaient fort à tout le monde; et pour mieux lui montrer que c'était avec raison, me pria de faire sur cela un mot d'écrit qu'il pût montrer au roi. Ce que je fis aussitôt. Sa majesté lut cet écrit avec plaisir, et l'approuva : de sorte que la saison l'appelant à Fontainebleau, il ordonna qu'en son absence on ôtât toutes ces pompeuses déclamations de M. Charpentier, et qu'on y mît les inscriptions simples qui y sont, que nous composâmes presque sur-le-champ, M. Racine et moi, et qui furent approuvées de tout le monde. C'est cet écrit, fait à la prière de M. de Louvois, que je donne ici au public.

plus volontiers que l'inscription ne l'aura pas dit avant lui, les hommes, naturellement, ne pouvant souffrir qu'on prévienne leur jugement, ni qu'on leur impose la nécessité d'admirer ce qu'ils admireront assez d'eux-mêmes.

D'ailleurs, comme les tableaux de la galerie de Versailles sont des espèces d'emblêmes héroïques des actions du roi, il ne faut, dans les règles, que mettre au bas du tableau le fait historique qui a donné lieu à l'emblême. Le tableau doit dire le reste, et s'expliquer tout seul. Ainsi, par exemple, lorsqu'on aura mis au bas du premier tableau : « Le roi prend lui-même la conduite de son royaume, et se « donne tout entier aux affaires, 1661 ; » il sera aisé de concevoir le dessein du tableau, où l'on voit le roi fort jeune, qui s'éveille au milieu d'une foule de Plaisirs dont il est environné, et qui, tenant de la main un timon, s'apprête à suivre la Gloire qui l'appelle, etc.

Au reste, cette simplicité d'inscription est extrêment du goût des anciens, comme on le peut voir dans les médailles, où ils se contentaient souvent de mettre, pour toute explication, la date de l'action qui est figurée, ou le consulat sous lequel elle a été faite, ou tout au plus deux mots qui apprennent le sujet de la médaille.

Il est vrai que la langue latine, dans cette simplicité, a une noblesse et une énergie qu'il est difficile d'attraper en notre langue. Mais si l'on n'y peut atteindre, il faut s'efforcer d'en approcher, et tout du moins ne pas charger nos inscriptions d'un verbiage et d'une enflure de paroles qui, étant fort mauvaise partout ailleurs, devient surtout insupportable en ces endroits.

Ajoutez à cela que ces tableaux étant dans l'appartement du roi, et ayant été faits par son ordre, c'est en quelque sorte le roi lui-même qui parle à ceux qui viennent voir sa galerie. C'est pour ces raisons qu'on a cherché une gande simplicité dans les nouvelles inscriptions, où l'on ne met proprement que le titre et la date, et où l'on a surtout évité le faste et l'ostentation.

LETTRES.

A MONSEIGNEUR LE DUC

DE VIVONNE,

Sur son entrée dans le phare de Messine (1).

Monseigneur,

Savez-vous bien qu'un des plus sûrs moyens pour empêcher un homme d'être plaisant, c'est de lui dire : Je veux que vous le soyez? Depuis que vous m'avez défendu le sérieux, je ne me suis jamais senti si grave, et je ne parle plus que par sentences. Et d'ailleurs votre dernière action a quelque chose de si grand, qu'en vérité je ferais conscience de vous en écrire autrement qu'en style héroïque. Cependant je ne saurais me résoudre à ne vous pas obéir en tout ce que vous m'ordonnez. Ainsi, dans l'humeur où je me trouve, je tremble également de vous fatiguer par un sérieux fade, ou de vous ennuyer par une méchante plaisanterie. Enfin mon Apollon m'a secouru ce matin, et, dans le temps que j'y pensais le moins, m'a fait trouver sur mon chevet deux lettres qui, au défaut de la mienne, pourront peut-être vous amuser agréablement. Elles sont datées des Champs élysées. L'une est de Balzac, et l'autre de Voiture, qui, tous

---

(1) M. le duc de Vivonne, qui commandait alors l'armée navale, manda à l'auteur qu'il le priait de lui écrire quelque chose qui le consolât des mauvaises harangues qu'il était obligé d'entendre. C'est ce qui donna lieu à l'auteur de composer ces lettres.

œux, charmés du récit de votre dernier combat, vous écrivent de l'autre monde pour vous en féliciter.

Voici celle de Balzac. Vous la reconnaîtrez aisément à son style, qui ne saurait dire simplement les choses, ni descendre de sa hauteur.

« MONSEIGNEUR,

Aux Champs élysées, le 2 juin 1675.

« Le bruit de vos actions ressuscite les morts. Il réveille des gens
« endormis depuis trente années, et condamnés à un sommeil éter-
« nel. Il fait parler le silence même. La belle, l'éclatante, la glo-
« rieuse conquête que vous avez faite sur les ennemis de la France!
« Vous avez redonné le pain a une ville qui a accoutumé de le fournir
« à toutes les autres. Vous avez nourri la mère nourrice de l'Italie.
« Les tonnerres de cette flotte qui vous fermait les avenues de son
« port n'ont fait que saluer votre entrée. Sa résistance ne vous a
« pas arrêté plus longtemps qu'une réception un peu trop civile.
« Bien loin d'empêcher la rapidité de votre course, elle n'a pas seu-
« lement interrompu l'ordre de votre marche. Vous avez contraint
« à sa vue le sud et le nord de vous obéir. Sans châtier la mer
« comme Xerxès (1), vous l'avez rendue disciplinable. Vous avez
« plus fait encore, vous avez rendu l'Espagnol humble. Après cela,
« que ne peut-on point dire de vous? Non, la nature, je dis la na-
« ture encore jeune, et du temps qu'elle produisait les Alexandre et
« les César, n'a rien produit de si grand que sous le règne de Louis
« quatorzième. Elle a donné aux Français, sur son déclin, ce que
« Rome n'a pas obtenu d'elle dans sa plus grande maturité. Elle a
« fait voir au monde dans votre siècle, en corps et en âme, cette
« valeur parfaite dont on avait à peine entrevu l'idée dans les ro-
« mans et dans les poëmes héroïques. N'en déplaise à un de vos poë-
« tes (2), il n'a pas raison d'écrire qu'au-delà du Cocyte le mérie,

---

(1) Hérodote, liv. VII; et Juvénal, sat. X.
(2) Voiture, dans l'épître en vers à monseigneur le Prince, a dit :

Au-delà des bords du Cocyte
Il n'est plus parlé de mérite.

« n'est plus connu. Le vôtre, Monseigneur, est vanté ici d'une com-
« mune voix des deux côtés du Styx. Il fait sans cesse ressouvenir
« de vous dans le séjour même de l'oubli. Il trouve des partisans
« zélés dans les pays de l'indifférence. Il met l'Achéron dans les in-
« térêts de la Seine. Disons plus, il n'y a point d'ombre parmi nous,
« si prévenue des principes du portique, si endurcie dans l'école de
« Zénon, si fortifiée contre la joie et contre la douleur, qui n'en-
« tende vos louanges avec plaisir, qui ne batte des mains, qui ne
« crie miracle au moment que l'on vous nomme, et qui ne soit prête
« de dire avec votre Malherbe :

> A la fin c'est trop de silence
> En si beau sujet de parler.

« Pour moi, Monseigneur, qui vous conçois encore beaucoup
« mieux, je vous médite sans cesse dans mon repos ; je m'occupe
« tout entier de votre idée dans les longues heures de notre loisir ;
« je crie continuellement : le grand personnage ! Et si je souhaite
« de revivre, c'est moins pour revoir la lumière, que pour jouir de
« la souveraine félicité de vous entretenir, et de vous dire de bou-
« che avec combien de respect je suis, de toute l'étendue de
« mon âme,

« Monseigneur,

« Votre très humble et très obéissant serviteur,

« BALZAC. »

Je ne sais, Monseigneur, si ces violentes exagérations vous plai-
ront, et si vous ne trouverez point que le style de Balzac s'est un
peu corrompu dans l'autre monde. Quoi qu'il en soit, jamais,
à mon avis, il n'a prodigué ces hyperboles plus à propos. C'est
à vous d'en juger. Mais auparavant, lisez, je vous prie, la lettre de
Voitur

« MONSEIGNEUR,

Aux Champs élysées, le 2 juin.

« Bien que nous autres morts ne prenions pas grand intérêt aux

« affaires des vivants, et ne soyons pas trop portés à rire, je ne sau-
« rais pourtant m'empêcher de me réjouir des grandes choses que
« vous faites au-dessus de notre tête. Sérieusement, votre dernier
« combat fait un bruit de diable aux enfers : il s'est fait entendre
« dans un lieu où l'on n'entend pas Dieu tonner, et a fait connaître
« votre gloire dans un pays où l'on ne connaît point le soleil. Il es‘
« venu ici un bon nombre d'Espagnols qui y étaient, et qui nous en
« ont appris le détail. Je ne sais pas pourquoi on veut faire passer
« les gens de leur nation pour fanfarons. Ce sont, je vous assure, de
« fort bonnes gens ; et le roi, depuis quelque temps, nous les en-
« voie ici fort humbles et fort honnêtes. Sans mentir, Monseigneur,
« vous avez bien fait des vôtres depuis peu. A voir de quel air vous
« courez la mer Méditerrannée, il semble qu'elle vous appartienne
« tout entière. Il n'y a pas, à l'heure qu'il est, dans toute son éten-
« due, un seul corsaire en sûreté; et, pour peu que cela dure, je ne
« vois pas de quoi vous voulez que Tunis et Alger subsistent. Nous
« avons ici les César, les Pompée et les Alexandre. Ils trouvent tous
« que vous avez assez attrapé leur air dans votre manière de com-
« battre. Surtout César vous trouve très César. Il n'y a pas jus-
« qu'aux Alaric, aux Genséric, aux Théodoric, et à tous ces autres
« conquérants en ic, qui ne parlent fort bien de votre action ; et,
« dans le Tartare même, je ne sais si ce lieu vous est connu, il n'y
« a point de diable, Monseigneur, qui ne confesse ingénument qu'à
« la tête d'une armée vous êtes beaucoup plus diable que lui. C'est
« une vérité dont vos ennemis tombent d'accord. Néanmoins, à voir
« le bien que vous avez fait à Messine, j'estime pour moi que vous
« tenez plus de l'ange que du diable, hors que les anges ont la taille
« un peu plus légère que vous, et n'ont point le bras en écharpe.
« Raillerie à part, l'enfer est extrêmement déchaîné en votre faveur.
« On ne trouve qu'une chose à redire à votre conduite, c'est le peu
« de soin que vous prenez de votre vie. On vous aime assez dans ce
« pays-ci pour souhaiter de ne vous y point voir.

« Croyez-moi, Monseigneur, je l'ai déjà dit en l'autre monde, c'est
« fort peu de chose qu'un demi-dieu quand il est mort. Il n'est rien
« tel que d'être vivant. Et pour moi, qui sais maintenant par expé-
« rience ce que c'est que de ne plus être, je fais ici la meilleure con-
« tenance que je puis; mais, à ne vous rien céler, je meurs d'envie de
« retourner au monde, ne fût-ce que pour avoir le plaisir de vous y
« voir. Dans le dessein même que j'ai de faire ce voyage, j'ai déjà en-

« voyé plusieurs fois chercher les parties de mon corps pour les rassem-
« bler; mais je n'ai jamais pu ravoir mon cœur, que j'avais laissé
« en partant à ces sept maîtresses que je servais, comme vous savez,
« si fidèlement toutes sept à la fois. Pour mon esprit, à moins que
« vous ne l'ayez, on m'a assuré qu'il n'était plus dans le monde. A
« vous dire le vrai, je vous soupçonne un peu d'en avoir au moins
« l'enjouement; car on m'a rapporté ici quatre ou cinq mots de vo-
« tre façon que je voudrais de tout mon cœur avoir dits, et pour les-
« quels je donnerais volontiers le panégyrique de Pline (1), et deux
« de mes meilleures lettres. Supposé donc que vous l'ayez, je vous
« prie de me le renvoyer au plus tôt; car, en vérité, vous ne sauriez
« croire quelle incommodité c'est que de n'avoir pas tout son es-
« prit, surtout lorsqu'on écrit à un homme comme vous. C'est ce
« qui fait que mon style aujourd'hui est tout changé. Sans cela, vous
« me verriez encore rire comme autrefois, avec mon compère le
« Brochet, et je ne serais pas réduit à finir ma lettre trivialement,
« comme je fais, en vous disant que je suis,

« Monseigneur,
«Votre très humble et très obéissant serviteur,
«VOITURE. »

Voilà les deux lettres telles que je les ai reçues. Je vous les envoie écrites de ma main, parce que vous auriez eu trop de peine à lire les caractères de l'autre monde, si je vous les avais envoyées en original. N'allez donc pas vous figurer, Monseigneur, que ce soit ici un pur jeu d'esprit et une imitation du style de ces deux écrivains. Vous savez bien que Balzac et Voiture sont deux hommes inimitables. Quand il serait vrai pourtant que j'aurais eu recours à cette invention pour vous divertir, aurais-je si grand tort? Et ne devrait-on pas au contraire m'estimer d'avoir trouvé cette adresse pour vous faire lire des louanges que vous n'auriez jamais souffertes autrement? En un mot, pourrais-je mieux faire voir avec quelle sincérité et quel respect je suis,

Monseigneur,
Votre, etc.

---

(1) Voiture se déclarait hautement contre ce panégyrique.

A MONSEIGNEUR LE MARÉCHAL
DUC DE VIVONNE.
A MESSINE.

MONSEIGNEUR,

Sans une maladie très violente qui m'a tourmenté pendant quatre mois, et qui m'a mis très longtemps dans un état moins glorieux à la vérité, mais presque aussi périlleux que celui où vous êtes tous les jours, vous ne vous plaindriez pas de ma paresse.

Avant ce temps-là, je me suis donné l'honneur de vous écrire plusieurs fois; et si vous n'avez pas reçu mes lettres, c'est la faute des courriers, et non la mienne. Quoi qu'il en soit, me voilà guéri; je suis en état de réparer mes fautes, si j'en ai commis quelques-unes; et j'espère que cettre lettre-ci prendra une route plus sûre que les autres. Mais dites-moi, Monseigneur, sur quel ton faut-il maintenant vous parler? Je savais assez bien autrefois de quel air il fallait écrire à Monseigneur DE VIVONNE, général des galères de France; mais oserait-on se familiariser de même avec le libérateur de Messine, le vainqueur de Ruyter, le destructeur de la flotte espagnole? Seriez-vous le premier héros qu'une extrême prospérité ne pût enorgueillir? Etes-vous encore ce même grand seigneur qui veniez souper chez un misérable poète, et y porteriez-vous sans honte vos nouveaux lauriers au second et au troisième étage? Non, non, Monseigneur, je n'oserais plus me flatter de cet honneur. Ce serait assez pour moi que vous fussiez de retour à Paris; et je me tiendrais trop heureux de pouvoir grossir les pelotons de peuple qui s'amasseraient dans les rues pour vous voir passer. Mais je n'oserais pas même espérer cette joie. Vous vous êtes si fort habitué à gagner des batailles, que vous ne voulez plus faire d'autre métier. Il n'y a pas moyen de vous tirer de la Sicile. Cela accommode fort toute la France, mais cela ne m'accommode point du tout. Quelque belles que soient vos victoires, je n'en saurais être content, puisqu'elles vous rendent d'autant plus nécessaire au pays où vous êtes, et qu'en avançant vos conquêtes elles reculent votre retour. Tout passionné que je suis pour votre gloire, je chéris encore plus votre personne, et j'aimerais encore mieux vous entendre parler ici de Chapelain et de Quinault, que d'entendre la renommée parler si avantageusement de vous. Et puis, Monseigneur, combien pensez-vous que votre protection m'est nécessaire en ce pays, dans les démêlés que j'ai incessamment sur le Parnasse? Il faut que je vous en conte un, pour vous faire voir que je ne mens pas.

Vous saurez donc, Monseigneur, qu'il y a un médecin à Paris, nommé M. Perrault, très grand ennemi de la santé et du bon sens, mais en récompense fort grand ami de M. Quinault. Un mouvement de pitié pour son pays, ou plutôt le peu de gain qu'il faisait dans son métier, lui en a fait à la fin embrasser un autre. Il a lu Vitruve, il a fréquenté M. le Vau et M. Ratabon, et s'est enfin jeté dans l'architecture, où l'on prétend qu'en peu d'années il a autant élevé de mauvais bâtiments, qu'étant médecin il avait ruiné de bonnes santés. Ce nouvel architecte, qui veut se mêler aussi de poésie, m'a pris en haine sur le peu d'estime que je faisais des ouvrages de son cher Quinault. Sur cela il s'est déchaîné contre moi dans le monde : je l'ai souffert quelque temps avec assez de modération ; mais enfin la bile satirique n'a pu se contenir, si bien que, dans le quatrième chant de la poétique, à quelque temps de là j'ai inséré la métamorphose d'un médecin en architecte. Vous l'y avez peut-être vue, elle finit ainsi :

> Notre assassin renonce à son art inhumain ;
> Et désormais la règle et l'équerre à la main,
> Laissant de Galien la science suspecte,
> De méchant médecin devient bon architecte.

Il n'avait pourtant pas sujet de s'offenser, puisque je parle d'un médecin de Florence, et que d'ailleurs il n'est pas le premier médecin qui, dans Paris, ait quitté la robe pour la truelle. Ajoutez que si en qualité de médecin il avait raison de se fâcher, vous m'avouerez qu'en qualité d'architecte il me devait des remercîments. Il ne me remercia pas pourtant; au contraire, comme il a un frère chez M. Colbert, et qu'il est lui-même employé dans les bâtiments du roi, il cria fort hautement contre ma hardiesse; jusque-là que mes amis eurent peur que cela me fît une affaire près de cet illustre ministre. Je me rendis donc à leurs remontrances, et, pour raccommoder toutes choses, je fis une réparation sincère au médecin par l'épigramme que vous allez voir :

Oui, j'ai dit dans mes vers qu'un célèbre assassin,
Laissant de Galien la science infertile,
D'ignorant médecin devint maçon habile.
Mais de parler de vous je n'eus jamais dessein,
  ubin ; ma muse est trop correcte.
Vous êtes, je l'avoue, ignorant médecin,
  Mais non pas habile architecte.

Cependant regardez, Monseigneur, comme les esprits des hommes sont faits ; cette réparation, bien loin d'apaiser l'architecte, l'irrita encore davantage. Il gronda, il se plaignit, il me menaça de me faire ôter ma pension. A tout cela je répondis que je craignais ses remèdes, et non pas ses menaces. Le dénouement de l'affaire est que j'ai touché ma pension, que l'architecte s'est brouillé auprès de M. Colbert, et que si Dieu ne regarde en pitié son peuple, notre homme va se rejeter dans la médecine. Mais, Monseigneur, je vous entretiens là d'étranges bagatelles. Il est temps, ce me semble, de vous dire que je suis avec toute sorte de zèle et de respect,

MONSEIGNEUR,

Votre, etc.

RÉPONSE

A la lettre que son excellence M. le comte d'Ericeyra m'a écrite de Lisbonne en m'envoyant la traduction de mon Art poétique, faite par lui en vers portugais.

MONSIEUR

Bien que mes ouvrages aient fait de l'éclat dans le monde, je n'en ai point conçu une trop haute opinion de moi-même ; et si les louanges qu'on m'a données m'ont flatté assez agréablement, elles ne m'ont pourtant point aveuglé. Mais j'avoue que la traduction que votre excellence a bien daigné faire de mon Art poétique, et les éloges dont elle l'a accompagnée en me l'envoyant, m'ont donné un véritable orgueil. Il ne m'a plus été possible de me croire un homme ordinaire en me voyant si extraordinairement honoré ; et il m'a paru que d'avoir un traducteur de votre capacité et de votre élévation, était pour moi un titre de mérite qui me distinguait de tous les écrivains de notre siècle. Je n'ai qu'une connaissance très imparfaite de votre langue, et je n'en ai fait aucune étude particulière. J'ai pourtant assez bien entendu votre traduction pour m'y admirer moi-même, et pour me trouver beaucoup plus habile écrivain portugais qu'en français. En effet, vous enrichissez toutes mes pensées en les exprimant. Tout ce que vous maniez se change en or ; et les cailloux mêmes, s'il faut ainsi parler, deviennent des pierres précieuses entre vos mains. Jugez après cela si vous devez exiger de moi que je vous marque les endroits où vous pouvez vous être un peu écarté de mon sens. Quand, à la place de mes pensées, vous m'auriez, sans y prendre garde, prêté quelques-unes des vôtres, bien loin de m'employer à les faire ôter, je songerais à profiter de votre méprise, et je les adopterais sur-le-champ pour me faire honneur. Mais vous ne me mettez nulle part à cette épreuve. Tout est également juste, exact, fidèle, dans votre traduction ; et bien que vous m'y ayez fort embelli, je ne laisse pas de m'y reconnaître partout. Ne dites donc plus, Monsieur, que vous craignez de ne m'avoir pas assez bien entendu. Dites-moi plutôt comment vous avez fait pour m'entendre si bien, et pour apercevoir dans mon ouvrage jusqu'à des finesses que je croyais ne pouvoir être senties que par des gens nés en France et nourris à la cour de Louis-le-Grand. Je vois bien que vous n'êtes étranger en aucun pays, et que par l'étendue de vos connaissances, vous êtes de toutes les cours et de toutes les nations. La lettre et les vers français que vous m'avez fait l'honneur de m'écrire en sont un bon témoignage. On n'y voit rien d'étranger que votre nom, et il n'y a point en France d'homme de bon goût qui ne voulût les avoir faits. Je les ai montrés à plusieurs de nos meilleurs écrivains. Il n'y en a pas un qui n'en ait été extrêmement frappé, et qui ne m'ait fait comprendre que s'il avait reçu de vous de pareilles louanges, il vous aurait déjà récrit des volumes de prose et de vers. Que penserez-vous donc de moi, de me contenter d'y répondre par une simple lettre de compliment ? Ne m'accuserez-vous point d'être ou méconnaissant ou grossier ? Non, Monsieur, je ne suis ni l'un ni l'autre ; mais franchement je ne fais pas des vers, ni même de la prose, quand je veux. Apollon est pour moi un dieu bizarre, qui ne me donne pas comme à vous audience à toutes les heures. Il faut que j'attende les moments favorables. J'aurai soin d'en profiter dès que je les trouverai; et il y a bien du malheur si je ne meurs enfin quitte d'une partie de vos éloges. Ce que je vous puis dire par avance, c'est qu'à la première édition de mes ouvrages je ne manquerai pas d'y insérer votre traduction, et que je ne perdrai aucune occasion de faire savoir à toute la terre que c'est des extrémités de notre continent, et d'aussi loin que les colonnes d'Hercule, que me sont venues les louanges dont je m'applaudis davantage, et l'ouvrage dont je me sens le plus honoré. Je suis avec un très-grand respect,

DE VOTRE EXCELLENCE.

le très humble et très obéissant serviteur,

DESPRÉAUX.

A M. PERRAULT,

DE L'ACADÉMIE FRANÇAISE.

Monsieur,

Puisque le public a été instruit de notre démêlé, il est bon de lui apprendre aussi notre réconciliation, et de ne lui pas laisser ignorer qu'il en a été de notre querelle sur le Parnasse comme de ces duels d'autrefois, que la prudence du roi a si sagement réprimés, où, après s'être battus à outrance et s'être quelquefois cruellement blessés l'un l'autre, on s'embrassait et on devenait sincèrement amis. Notre duel grammatical s'est même terminé plus noblement; et je puis dire, si j'ose vous citer Homère, que nous avons fait comme Ajax et Hector dans l'Iliade, qui, aussitôt après leur long combat en présence des Grecs et des Troyens, se comblent d'honnêtetés et se font des présents. En effet, Monsieur, notre dispute n'était pas encore bien finie, que vous m'avez fait l'honneur de m'envoyer vos ouvrages, et que j'ai eu soin qu'on vous portât les miens. Nous avons d'autant mieux imité ces deux héros du oëme qui vous plaît si peu, qu'en nous faisant ces civilités nous sommes demeurés comme eux chacun dans notre même parti et dans nos mêmes sentiments ; c'est-à-dire, vous toujours bien résolu à ne point trop estimer Homère ni Virgile, et moi toujours leur passionné admirateur. Voilà de quoi il est bon que le public soit informé; et c'était pour commencer à le lui faire entendre, que peu de temps après notre réconciliation je composai une épigramme qui a couru et que vraissemblablement vous avez vue. La voici :

> Tout le trouble poétique
> A Paris s'en va cesser :
> Perrault l'anti-pindarique
> Et Despréaux l'homérique
> Consentent de s'embrasser.
> Quelque aigreur qui les anime,
> Quand, malgré l'emportement,
> Comme eux l'un l'autre on s'estime,
> L'accord se fait aisément.
> Mon embarras est comment
> On pourra finir la guerre
> De Pradon et du parterre.

Vous pouvez reconnaître, Monsieur, par ces vers, où j'ai exprimé sincèrement ma pensée, la différence que j'ai toujours faite de vous et de ce poète de théâtre dont j'ai mis le nom en œuvre pour égayer la fin de mon épigramme. Aussi était-ce l'homme du monde qui vous ressemblait le moins

Mais maintenant que nous voilà bien remis, et qu'il ne reste plus entre nous aucun levain d'animosité ni d'aigreur, oserais-je, comme votre ami, vous demander ce qui a pu depuis si longtemps vous irriter et vous porter à écrire contre tous les plus célèbres écrivains de l'antiquité ? Est-ce le peu de cas qu'il vous a paru que l'on faisait parmi nous des bons auteurs modernes ? Mais où avez-vous vu qu'on les méprisât ? dans quel siècle a-t-on plus volontiers applaudi aux bons livres naissants que dans le nôtre ? Quels éloges n'y a-t-on point donnés aux ouvrages de M. Descartes, de M. Arnauld, de M. Nicole, et de tant d'autres admirables philosophes et théologiens que la France a produits depuis soixante ans, et qui sont en si grand nombre qu'on pourrait faire un petit volume de la seule liste de leurs écrits ! Mais pour ne nous arrêter ici qu'aux seuls auteurs qui nous touchent vous et moi de plus près, je veux dire aux poètes, quelle gloire ne s'y sont point acquise les Malherbe, les Racan, les

Mainard! Avec quels battements de mains n'y a-t-on point reçu les ouvrages de Voiture, de Sarrazin et de La Fontaine! Quels honneurs n'y a-t-on point, pour ainsi dire, rendus à M. de Corneille et à M. Racine! Et qui est-ce qui n'a point admiré les comédies de Molière? Vous-même, Monsieur, pouvez-vous vous plaindre qu'on n'y ait pas rendu justice à votre Dialogue de l'Amour et de l'Amitié, à votre Poëme sur la Peinture, à votre Épître sur M. de la Quintinie, et à tant d'autres excellentes pièces de votre façon? On n'y a pas véritablement fort estimé nos poëmes héroïques ; mais a-t-on eu tort? et ne confessez-vous pas en quelque endroit de vos Parallèles que le meilleur de ces poëmes est si dur et si forcé, qu'il n'est pas possible de le lire?

Quel est donc le motif qui vous a tant fait crier contre les anciens? Est-ce la peur qu'on ne se gâtât en les imitant? Mais pouvez-vous nier que ce ne soit au contraire à cette imitation-là même que nos plus grands poètes sont redevables du succès de leurs écrits? Pouvez-vous nier que ce ne soit dans Tite-Live, dans Dion Cassius, dans Plutarque, dans Lucain et dans Senèque, que M. de Corneille a pris ses plus beaux traits, a puisé ses grandes idées qui lui ont fait inventer un nouveau genre de tragédie inconnu à Aristote? Car c'est sur ce pied, à mon avis, qu'on doit regarder quantité de ses plus belles pièces de théâtre, où, se mettant au-dessus des règles de ce philosophe, il n'a point songé, comme les poètes de l'ancienne tragédie, à émouvoir la pitié et la terreur, mais à exciter dans l'âme des spectateurs, par la sublimité des pensées et par la beauté des sentiments, une certaine admiration, dont plusieurs personnes, et les jeunes gens surtout, s'accommodent souvent beaucoup mieux que des véritables passions tragiques. Enfin, Monsieur, pour finir cette période un peu longue, et pour ne me point écarter de mon sujet, pouvez-vous ne point convenir que ce sont Sophocle et Euripide qui ont formé M. Racine? pouvez-vous ne pas avouer que c'est dans Plaute et dans Térence que Molière a appris les plus grandes finesses de son art?

D'où a pu donc venir votre chaleur contre les anciens? Je commence, si je ne m'abuse, à l'apercevoir. Vous avez vraisemblablement rencontré il y a longtemps dans le monde quelques-uns de ces faux savants, tels que le président de vos Dialogues, qui ne s'étudient qu'à enrichir leur mémoire, et qui n'ayant d'ailleurs ni esprit, ni goût, n'estiment les anciens que parce qu'ils sont anciens ; ne pensent pas que la raison puisse parler une autre langue que la grecque ou la latine, et condamnent d'abord tout ouvrage en langue vulgaire, sur ce fondement seul qu'il est en langue vulgaire. Ces ridicules admirateurs de l'antiquité vous ont révolté contre tout ce que l'antiquité a de plus merveilleux. Vous n'avez pu vous résoudre d'être du sentiment de gens si déraisonnables, dans la chose même où ils avaient raison. Voilà, selon toutes les apparences, ce qui vous a fait faire vos Parallèles. Vous vous êtes persuadé qu'avec l'esprit que vous avez et que ces gens-là n'ont point, avec quelques arguments spécieux, vous déconcerteriez aisément la vaine habileté de ces faibles antagonistes; et vous y avez si bien réussi, que, si je ne me fusse mis de la partie, le champ de bataille, s'il faut ainsi parler, vous demeurait; ces fameux savants n'ayant pu, et les vrais savants, par une hauteur un peu trop affectée, n'ayant pas daigné vous répondre. Permettez-moi cependant de vous faire ressouvenir que ce n'est point à l'approbation des faux ni des vrais savants que les grands écrivains de l'antiquité doivent leur gloire, mais à la constante et unanime admiration de ce qu'il y a eu dans tous les siècles d'hommes sensés et délicats, entre lesquels on compte plus d'un Alexandre et plus d'un César. Permettez-moi de vous représenter qu'aujourd'hui même encore ce ne sont point, comme vous vous le figurez, les Schrévélius, les Pérarédus, les Ménagius, ni, pour me servir des termes de Molière, les savants en us, qui goûtent davantage Homère, Horace, Cicéron, Virgile. Ceux que j'ai toujours vus le plus frappés de la lecture des écrits de ces grands personnages, ce sont des esprits du premier ordre, ce sont des hommes de la plus haute élévation. Que s'il fallait nécessairement vous en citer ici quelques-uns, je vous étonnerais peut-être par les noms illustres que je mettrais sur le papier; et vous y trouveriez non-seulement des Lamoignon, des d'Aguessau, des Troisville, mais des Condé, des Conti et des Turenne.

Ne pourrait-on point donc, Monsieur, aussi galant homme que vous l'êtes, vous réunir de sentiments avec tant de si galants hommes? Oui, sans doute, on le peut; et nous ne sommes pas même, vous et moi, si éloignés d'opinion que vous pensez. En effet, qu'est-ce que vous avez voulu établir par tant de poëmes, de dialogues et de dissertations sur les anciens et sur les modernes? Je ne sais si j'ai bien pris votre pensée, mais la voici, ce me semble. Votre dessein est de montrer que pour la connaissance, surtout des beaux-arts, et pour le mérite des belles-lettres, notre siècle, ou, pour mieux parler, le siècle de Louis-le-Grand, est non-seulement comparable, mais supérieur à tous les plus fameux siècles de l'antiquité, et même au siècle d'Auguste. Vous allez donc être bien étonné quand je vous dirai que je suis sur cela entièrement de votre avis, et que même, si mes infirmités et mes emplois m'en laissaient le loisir; je m'offrirais volontiers de prouver, comme vous, cette proposition la plume à la main. A la vérité j'emploierais beaucoup d'autres raisons que les vôtres, car chacun a sa manière de raisonner; et je prendrais des précautions et des mesures que vous n'avez point prises.

Je n'opposerais donc pas, comme vous avez fait, notre nation et notre siècle seuls à toutes les autres nations et à tous les autres siècles joints ensemble. L'entreprise, à mon sens, n'est pas soutenable. J'examinerais chaque nation et chaque siècle l'un après l'autre; et après avoir mûrement pesé en quoi ils sont au-dessus de nous, et en quoi nous les surpassons, je suis fort trompé si je ne prouvais invinciblement que l'avantage est de notre côté. Ainsi, quand je viendrais au siècle d'Auguste, je commencerais par avouer sincèrement que nous n'avons point de poètes héroïques ni d'orateurs que nous puissions comparer aux Virgile et aux Cicéron : je conviendrais que nos plus habiles historiens sont petits devant les Tite-Live et les Salluste : je passerais condamnation sur la satyre et l'élégie, quoiqu'il y ait des satyres de Regnier admirables, et des élégies de Voiture, de Sarrazin, de la comtesse de la Suze, d'un agrément infini. Mais en même temps je ferais voir que pour la tragédie nous sommes beaucoup supérieurs aux Latins, qui ne sauraient opposer à tant d'excellentes pièces tragiques que nous avons en notre langue, que quelques déclamations plus pompeuses que raisonnables d'un prétendu Sénèque, et un peu de bruit qu'ont fait en leurs temps le Thyeste de Varius et la Médée d'Ovide. Je ferais voir que bien loin qu'ils aient eu dans ce siècle-là des poètes comiques meilleurs que les nôtres, ils n'en ont pas eu un seul dont le nom ait mérité qu'on s'en souvînt, les Plaute, les Cécilius et les Térence étant morts dans le siècle précédent. Je montrerais que si pour l'ode nous n'avons point d'auteurs si parfaits qu'Horace, qui est le seul poète lyrique, nous en avons néanmoins un assez grand nombre qui ne lui sont guère inférieurs en délicatesse de langue et en justesse d'expression, et dont tous les ouvrages mis ensemble ne feraient peut-être pas dans la balance un poids de mérite moins considérable que les cinq livres d'odes qui nous restent de ce grand poëte. Je montrerais qu'il y a des genres de poésies où non-seulement les Latins ne nous ont point surpassés, mais qu'ils n'ont pas même connus; comme, par exemple ces poëmes en prose que nous appelons ROMANS, et dont nous avons chez nous des modèles qu'on ne saurait trop estimer, à la morale près qui y est fort vicieuse et qui en rend la lecture dangereuse aux jeunes personnes. Je soutiendrais hardiment qu'à prendre le siècle d'Auguste dans sa plus grande étendue, c'est-à-dire depuis Cicéron jusqu'à Corneille Tacite, on ne saurait pas trouver parmi les Latins un seul philosophe qu'on puisse mettre, pour la physique, en parallèle avec Descartes, ni même avec Gassendi. Je prouverais que pour le grand savoir et la multiplicité des connaissances, leurs Varron et leurs Pline, qui sont leurs plus doctes écrivains, paraîtraient de médiocres savants devant nos Bignon, nos Scaliger, nos Saumaise, nos père Sirmond, et nos père Pétau. Je triompherai avec vous du peu d'étendue de leurs lumières sur l'astronomie, sur la géographie et sur la navigation. Je les défierais de me citer, à l'exception du seul Vitruve, qui est même plutôt un bon docteur d'architecture qu'un excellent architecte; je les défierais, dis-je, de me nommer un seul habile architecte, un seul habile sculpteur, un seul habile peintre latin, ceux qui ont fait du bruit à Rome dans tous ces arts étant des Grecs d'Europe et d'Asie qui venaient pratiquer chez les Latins des arts que les Latins, pour ainsi dire, ne connaissaient point; au lieu que toute la terre aujourd'hui est pleine de la réputation et des ouvrages de nos Poussin, de nos Lebrun, de nos Girardon, et de nos Mansard. Je pourrais encore ajouter à cela beaucoup d'autres choses; mais ce que j'ai dit est suffisant, je crois, pour vous faire comprendre comment je me tirerais d'affaire à l'égard du siècle d'Auguste. Que si de la comparaison des gens de lettres et des illustres artisans il fallait passer à celle des héros et des grands princes, peut-être en sortirais-je avec encore plus de succès. Je suis bien sûr au moins que je ne serais pas fort embarrassé à montrer que l'Auguste des Latins ne l'emporte pas sur l'Auguste des Français. Par tout ce que je viens de dire, vous voyez, Monsieur, qu'à proprement parler, nous ne sommes point d'avis différent sur l'estime qu'on doit faire de notre nation et de notre siècle; mais que nous sommes différemment de même avis. Aussi n'est-ce point votre sentiment que j'ai attaqué dans vos Parallèles, mais la manière hautaine et méprisante dont votre abbé et votre chevalier y traitent des écrivains pour qui, même en les blâmant, on ne saurait, à mon avis, marquer trop d'estime, de respect et d'admiration. Il ne reste donc plus maintenant, pour assurer notre accord et pour étouffer en nous toute semence de dispute, que de nous guérir l'un et l'autre, vous, d'un penchant un peu trop fort à rabaisser les bons écrivains de l'antiquité ; et moi, d'une inclination un peu trop violente à blâmer les méchants et même les médiocres auteurs de notre siècle. C'est à quoi nous devons sérieusement nous appliquer. Mais quand nous n'en pourrions venir à bout, je vous réponds que, de mon côté, cela ne troublera point notre réconciliation, et que, pourvu que vous ne me forciez point à lire le Clovis ni la Pucelle, je vous laisserai tout à votre aise critiquer l'Iliade et l'Énéide, me contentant de les admirer sans vous demander pour elles cette espèce de culte tendant à l'adoration que vous vous plaignez, en quelqu'un de vos poëmes, qu'on veut exiger de vous, et que Stace semble en effet avoir eu pour l'Énéide quand il se dit à lui-même :

> Nec tu divinam Æneida tenta ;
> Sed longè sequere, et vestigia semper adora.

Voilà, monsieur, ce que je suis bien aise que le public sache ; et c'est pour l'en instruire à fond que je me donne l'honneur de vous écrire aujourd'hui cette lettre, que j'aurai soin de faire imprimer dans la nouvelle édition qu'on fait en grand et en petit de mes ouvrages. J'aurais bien voulu pouvoir adoucir en cette nouvelle édition quelques railleries un peu fortes qui me sont échappées dans mes Reflexions sur Longin ; mais il m'a paru que cela serait inutile à cause de deux éditions qui l'ont précédée, auxquelles on ne manquerait pas de recourir, aussi bien qu'aux fausses éditions qu'on en pourra faire dans les pays étrangers, où il y a de l'apparence qu'on prendra soin de mettre les choses en l'état qu'elles étaient d'abord. J'ai cru donc que le meilleur moyen d'en corriger la petite malignité, c'était de vous marquer ici, comme je viens de le faire, mes vrais sentiments pour vous. J'espère que vous serez content de mon procédé, et que vous ne vous choquerez pas même de la liberté que je me suis donnée de faire imprimer, dans cette dernière édition, la lettre que l'illustre M. Arnauld vous a écrite au sujet de ma dixième satyre.

Car, outre que cette lettre a déjà été rendue publique dans deux recueils des ouvrages de ce grand homme, je vous prie, Monsieur, de faire réflexion que dans la préface de votre Apologie des femmes, contre laquelle cet ouvrage me défend, vous ne me reprochez pas seulement des fautes de raisonnement et de grammaire, mais que vous m'accusez d'avoir dit des mots sales, d'avoir glissé beaucoup d'impuretés, et d'avoir fait des médisances. Je vous supplie, dis-je, de considérer que ces reproches regardant l'honneur, ce serait en quelque sorte reconnaître qu'ils sont vrais que de les passer sous silence; qu'ainsi je ne pouvais pas honnêtement me dispenser de m'en disculper moi-même dans ma nouvelle édition, ou d'y insérer une lettre qui m'en disculpe si honorablement. Ajoutez que cette lettre est écrite avec tant d'honnêteté et d'égards pour celui même contre qui elle est écrite, qu'un honnête homme, à mon avis, ne saurait s'en offenser. J'ose donc me flatter, je le répète, que vous la verrez sans chagrin, et que, comme j'avoue franchement que le dépit de me voir critiqué dans vos Dialogues m'a fait dire des choses qu'il serait mieux de n'avoir point dites, vous confesserez aussi que le déplaisir d'être attaqué dans ma dixième satyre vous y a fait voir des médisances et des saletés qui n'y sont point. Du reste, je vous prie de croire que je vous estime comme je dois, et que je ne vous regarde pas simplement comme un très bel esprit, mais comme un des hommes de France qui a le plus de probité et d'honneur.

Je suis, MONSIEUR,

Votre, etc.

REMERCIMENT

A M. ARNAULD.

Je ne saurais, Monsieur, assez vous témoigner ma reconnaissance de la bonté que vous avez eue de vouloir bien permettre qu'on me montrât la lettre que vous avez écrite à M. Perrault sur ma dernière satyre. Je n'ai jamais rien lu qui m'ait fait un si grand plaisir; et quelques injures que ce galant homme m'ait dites, je ne saurais plus lui en vouloir de mal, puisqu'elles m'ont attiré une si honorable apologie. Jamais cause ne fut si bien défendue que la mienne. Tout m'a charmé, ravi, édifié, dans votre lettre; mais ce qui m'y a touché davantage, c'est cette confiance si bien fondée avec laquelle vous y déclarez que vous me croyez sincèrement votre ami. N'en doutez point, Monsieur, je le suis; et c'est une qualité dont je me glorifie tous les jours en présence de vos plus grands ennemis. Il y a des jésuites qui me font l'honneur de m'estimer, et que j'estime et honore beaucoup aussi. Ils me viennent voir dans ma solitude d'Auteuil, et ils y séjournent même quelquefois. Je les reçois du mieux que je puis ; mais la première convention que je fais avec eux, c'est qu'il me sera permis, dans nos entretiens, de vous louer à outrance. J'abuse souvent de cette permission, et l'écho des murailles de mon jardin a retenti plus d'une fois de nos contestations sur votre sujet. La vérité est pourtant qu'ils tombent sans peine d'accord de la grandeur de votre génie et de l'étendue de vos connaissances. Mais je leur soutiens, moi, que ce sont là vos moindres qualités, et que ce qu'il y a de plus estimable en vous, c'est la droiture de votre esprit, la candeur de votre âme, et la pureté de vos intentions. C'est alors que se font les grands cris; car je ne démords point sur cet article, non plus que sur celui des Lettres au provincial, que, sans examiner qui des deux partis au fond a droit ou tort, je leur vante toujours comme le plus parfait ouvrage de prose qui soit en notre langue. Nous en venons quelquefois à des paroles assez aigres. A la fin néanmoins tout se tourne en plaisanterie : RIDENDO DICERE VERUM QUID VETAT ? Ou, quand je les vois trop fâchés, je me jette sur les louanges du R. P. de la Chaise, que je révère de bonne foi, et à qui j'ai en effet tout récemment encore une très grande obligation, puisque c'est en partie à ses bons offices que je dois la chanoinie de la Sainte-Chapelle de Paris, que j'aie obtenue de Sa Majesté pour mon frère, le doyen de Sens. Mais, Monsieur, pour revenir à votre lettre, je ne sais pas pourquoi les amis de M. Perrault refusent de la lui montrer. Jamais ouvrage ne fut plus propre à lui ouvrir les yeux et à lui inspirer l'esprit de paix et d'humilité dont il a besoin aussi bien que moi. Une preuve de ce que je dis, c'est qu'à mon égard, à peine en ai-je eu fait la lecture, que, frappé des salutaires leçons que vous nous y faites à l'un et à l'autre, je lui ai envoyé dire qu'il ne tiendrait qu'à lui que nous ne fussions bons amis; que s'il voulait demeurer en paix sur mon sujet, je m'engageais à ne plus rien écrire dont il pût se choquer, et lui ai même fait entendre que je le laisserais tout à son aise faire, s'il voulait, un monde renversé du Parnasse, en y plaçant les Chapalain et les Cotin au-dessus des Horace et des Virgile. Ce sont les paroles que M. Racine et M. l'abbé Tallemant lui ont portées de ma part. Il n'a point voulu entendre à cet accord, et a exigé de moi, avant toutes choses, pour ses ouvrages, une estime et une admiration que franchement je ne lui saurais promettre sans trahir la raison et ma conscience. Ainsi nous voilà plus brouillés que jamais, au grand contentement des rieurs, qui étaient déjà fort affligés du bruit qui courait de notre réconciliation. Je ne doute point que cela ne vous fasse beaucoup de peine. Mais pour vous montrer que ce n'est pas de moi que la rupture est venue, c'est qu'en quelque lieu que vous soyez, je vous déclare, Monsieur, que vous n'avez qu'à me mander ce que vous souhaitez que je fasse pour parvenir à un accord, et je l'exécuterai ponctuellement, sachant bien que vous ne me prescrirez rien que de juste et de raisonnable. Je ne mets qu'une condition au traité que je ferai. Cette condition est que votre lettre verra le jour, et qu'on ne me privera point, en la supprimant, du plus grand honneur que j'aie reçu en ma vie. Obtenez cela de vous et de lui, et je lui donne sur tout le reste la carte blanche; car pour ce qui regarde l'estime qu'il veut que je fasse de ses écrits, je vous prie, Monsieur, d'examiner vous-même ce que je puis faire là-dessus. Voici une liste des principaux ouvrages qu'on veut que j'admire. Je suis fort trompé si vous en avez jamais lu aucun.

Le conte de Peau-d'Ane, et l'histoire de la Femme au nez de boudin, mis en vers par M. Perrault de l'Académie française.
La Métamorphose d'Orante en miroir.
L'Amour Godenot.
Le Labyrinthe de Versailles, ou les Maximes d'amour et de galanterie tirées des Fables d'Ésope.
Élégie à Iris.
La Procession de Sainte-Geneviève.
Parallèles des anciens et des modernes, où l'on voit la poésie portée à son plus haut point de perfection dans les opéra de M. Quinault.
Saint-Paulin, poëme héroïque.
Réflexions sur Pindare, où l'on enseigne l'art de ne point entendre ce grand poète.

Je ris, Monsieur, en vous écrivant cette liste, et je crois que vous aurez de la peine à vous empêcher de rire aussi en la lisant. Cependant je vous supplie de croire que l'offre que je vous fais est très sérieuse, et que je tiendrai exactement ma parole. Mais soit que l'accommodement se fasse ou non, je vous réponds, puisque vous prenez si grand intérêt à la mémoire de feu M. Perrrault le médecin, qu'à la première édition qui paraîtra de mon livre, il y aura sur la préface un article exprès en faveur de ce médecin, qui sûrement n'a point fait la façade du Louvre, ni l'Observatoire, ni l'Arc-de-Triomphe, comme on le prouvera dans peu démonstrativement; mas qui, au fond, était un homme de beaucoup de mérite, grand physicien, et, ce que j'estime encore plus que tout cela, qui avait l'honneur d'être votre ami. Je doute même, quelque mine que je fasse du contraire, qu'il m'arrive jamais de prendre de nouveau la plume pour écrire contre M. Perrault l'académicien, puisque cela n'est plus nécessaire. En effet, pour ce qui est de ses écrits contre les anciens, beaucoup de mes amis sont persuadés que je n'ai déjà que trop employé de papier, dans mes Réflexions sur Longin, à réfuter des ouvrages si pleins d'ignorance et si indignes d'être réfutés. Et pour ce qui regarde ses critiques sur mes mœurs et sur mes ouvrages, le seul bruit, ajoutent-ils, qui a couru que vous aviez pris mon parti contre lui est suffisant pour me mettre à couvert de ses invectives. J'avoue qu'ils ont raison. La vérité est pourtant que pour rendre ma gloire complète il faudrait que votre lettre fût publiée. Que ne ferais-je point pour en obtenir de vous le consentement! Faut-il se dédire de tout ce que j'ai écrit contre M. Perrault? Faut-il se mettre à genoux devant lui? Faut-il lire tout Saint-Paulin? Vous n'avez qu'à dire; rien ne me sera difficile. Je suis avec beaucoup de respect, etc.

A M. LE VERRIER.

N'êtes-vous plus fâché, monsieur, du peu de complaisance que j'eus hier pour vous? Non, sans doute, vous ne l'êtes plus; et je suis persuadé qu'à l'heure qu'il est vous goûtez toutes mes raisons. Suppposé pourtant que votre colère dure encore, je m'offre d'aller aujourd'hui chez vous à midi et demi vous prouver, le verre à la main, par plus d'un argument en forme, qu'un homme comme moi n'est point obligé de préférer son plaisir à sa santé, ni de demeurer à souper, même avec la meilleure compagnie du monde, quand il sent que cela le pourrait incommoder, et quand il a pour s'en excuser soixante-six raisons aussi bonnes et aussi valables que celles que la vieillesse avec ses doigts pesants m'a jetées sur la tête. Et pour commencer ma preuve, je vous dirai ces vers d'Horace à Mécénas :

> Quam mihi das ægro, dabis ægrotare timenti,
> Mæcenas, veniam.

En cas donc que vous vouliez que j'achève ma démonstration, mandez-moi

> Si validus, si lætus eris, si denique posces.

Autrement, ordonnez qu'on ne m'ouvre point chez vous. J'aime encore mieux n'y point entrer que d'y être mal reçu. Au reste j'ai soigneusement relu votre plainte contre contre les Tuileries, et j'y ai trouvé des vers si bien tournés, que franchement, en les lisant, je n'ai pu me défendre d'un moment de jalousie poétique contre vous; de sorte qu'en la remaniant j'ai plutôt songé à vous surpasser qu'à vous réformer. C'est cette jalousie qui m'a fait mettre la pièce en l'état où vous l'allez voir. Prenez la peine de la lire.

PLAINTE CONTRE LES TUILERIES.

> Agréables jardins, où les Zéphyrs et Flore
> Se trouvent tous les jours au lever de l'Aurore;
> Lieux charmants, qui pouvez, dans vos sombres réduits,
> Des plus tristes amants adoucir les ennuis;
> Cessez de rappeler dans mon âme insensée
> De mon premier bonheur la gloire enfin passée.
> Ce fut, je m'en souviens, dans cet antique bois
> Que Philis m'apparut pour la première fois;
> C'est ici que souvent, dissipant mes alarmes,
> Elle arrêtait d'un mot mes soupirs et mes larmes;
> Et que, me regardant d'un œil si gracieux,
> Elle m'offrait le ciel ouvert dans ses beaux yeux.
> Aujourd'hui cependant, injustes que vous êtes,

> Je sais qu'à mes rivaux vous prêtez vos retraites,
> Et qu'avec elle assis sur vos tapis de fleurs
> Ils triomphent contents de mes vaines douleurs
> Allez, jardins dressés par une main fatale,
> Tristes enfants de l'art du malheureux Dédale ;
> Vos bois, jadis pour moi si charmants et si beaux,
> Ne sont plus qu'un désert, refuge des corbeaux,
> Qu'un séjour infernal, où cent mille vipères
> Tous les jours en naissant assassinent leurs mères.

Je ne sais, Monsieur, si dans tout cela vous reconnaîtrez votre ouvrage, et si vous vous accommoderez des nouvelles pensées que je vous prête. Quoi qu'il en soit, faites-en tel usage que vous jugerez à propos ; car pour moi je vous déclare que je n'y travaillerai pas davantage. Je ne vous cacherai pas même que j'ai une espèce de confusion d'avoir, par une molle complaisance pour vous, employé quelques heures à un ouvrage de cette nature, et d'être moi-même tombé dans le ridicule dont j'accuse les autres, et dont je me suis si bien moqué par ces vers de la satyre à mon esprit :

> Faudra-t-il de sang froid, et sans être amoureux,
> Pour quelque Iris en l'air faire le langoureux ;
> Lui prodiguer les noms de Soleil et d'Aurore,
> Et toujours bien mangeant mourir par métaphore ?

Ce qu'il y a de sûr, c'est que je ne retomberai plus dans une pareille faiblesse, et que c'est à ces vers d'amourettes, bien plus justement qu'à ceux de ma pénultième épître, qu'aujourd'hui je dis très sérieusement,

> Adieu, mes vers, adieu pour la dernière fois.

Du reste, je suis parfaitement votre, etc.

A M. RACINE.

Je crois que vous serez bien aise d'être instruit de ce qui s'est passé dans la visite que nous avons, suivant votre conseil, rendue ce matin, mon frère le docteur de Sorbonne et moi, au R. P. de la Chaise. Nous sommes arrivés chez lui sur les neuf heures; et sitôt qu'on lui a dit notre nom, il nous a fait entrer. Il nous a reçus avec beaucoup d'agrément, m'a interrogé fort obligemment sur l'état de ma santé, et a paru fort content de ce que je lui ai dit que mon incommodité n'augmentait point. Ensuite il a fait apporter des chaises, s'est mis tout proche de moi, afin que je le pusse mieux entendre, et aussitôt entrant en matière, m'a dit que vous lui aviez lu un ouvrage de ma façon, où il y avait beaucoup de bonnes choses, mais que la matière que j'y traitais était une matière fort délicate et qui demandait beaucoup de savoir : qu'il avait autrefois enseigné la théologie, et qu'ainsi il devait être instruit de cette matière à fond : qu'il fallait faire une grande différence de l'amour affectif d'avec l'amour effectif : que ce dernier était absolument nécessaire, et entrait dans l'attrition; au lieu que l'amour affectif venait de la contrition parfaite, et qu'ainsi il justifiait par lui-même le pécheur, mais que l'amour effectif n'avait d'effet qu'avec l'absolution du prêtre. Enfin il nous a débité en très bons termes tout ce que beaucoup d'habiles auteurs scholastiques ont écrit sur ce sujet, sans pourtant dire, comme quelques-uns d'eux, que l'amour de Dieu, absolument parlant, n'est point nécessaire pour la justification du pécheur. Mon frère applaudissait à chaque mot qu'il disait, paraissant être enchanté de sa doctrine, et encore plus de sa manière de l'énoncer. Pour moi, je suis demeuré dans le silence. Enfin, lorsqu'il a cessé de parler, je lui ai dit que j'avais été fort surpris qu'on m'eût prêté des charités auprès de lui, et qu'on lui eût donné à entendre que j'avais fait un ouvrage contre les jésuites : ajoutant que ce serait une chose bien étrange, si soutenir qu'on doit aimer Dieu s'appelait écrire contre les jésuites; que mon frère avait apporté avec lui vingt passages de dix ou douze de leurs plus fameux écrivains, qui soutenaient, en termes beaucoup plus forts que ceux de mon épître, que pour être justifié il faut indispensablement aimer Dieu; qu'enfin j'avais si peu songé à écrire contre les jésuites, que les premiers à qui j'avais lu mon ouvrage, c'étaient six jésuites des plus célèbres, qui m'avaient tous dit qu'un chrétien ne pouvait pas avoir d'autres sentiments sur l'amour de Dieu que ceux que j'énonçais dans mes vers. J'ai ajouté ensuite que depuis peu j'avais eu l'honneur de réciter mon ouvrage à monseigneur l'archevêque de Paris, et à monseigneur l'évêque de Meaux, qui en avaient tous deux paru, pour ainsi dire,

transportés; qu'avec tout cela néanmoins, si sa révérence croyait mon ouvrage périlleux, je venais présentement pour le lui dire, afin qu'il m'instruisît de mes fautes. Enfin je lui ai fait le même compliment que je fis à monseigneur l'archevêque lorsque j'eus l'honneur de le lui réciter, qui était que je ne venais pas pour être loué, mais pour être jugé; que je le priais donc de me prêter une vive attention, et de trouver bon même que je lui répétasse beaucoup d'endroits. Il a fort approuvé ma proposition, et je lui ai lu mon épître très posément, jetant au reste dans ma lecture toute la force et tout l'agrément que j'ai pu. J'oubliais de vous avertir que je lui ai auparavant dit encore une particularité qui l'a assez agréablement surpris, c'est à savoir que je prétendais n'avoir proprement fait autre chose dans mon ouvrage que mettre en vers la doctrine qu'il venait de nous débiter, et l'ai assuré que j'étais persuadé que lui-même n'en disconviendrait pas. Mais pour en revenir au récit de ma pièce, croiriez-vous, Monsieur, que la chose est arrivée comme je l'avais prophétisé, et qu'à la réserve de deux petits scrupules qu'il vous a dit et qu'il nous a répété qui lui étaient venus au sujet de ma hardiessesse à traiter en vers une matière si délicate, il n'a fait d'ailleurs que s'écrier : « PULCHRÈ! BENÈ RECTÈ! Cela est vrai. Cela est indubitable. Voilà qui est merveil-
« leux. Il faut lire cela au roi. Répétez-moi encore cet endroit.
« Est-ce là ce que M. Racine m'a lu? » Il a été surtout extrêmement frappé de ces vers que vous lui aviez passés, et que je lui ai récités avec toute l'énergie dont je suis capable.

> Cependant on ne voit que docteurs, même austères,
> Qui, les semant partout, s'en vont pieusement
> De toute piété saper le fondement, etc.

Il est vrai que je me suis heureusement avisé d'insérer dans mon épître huit vers que vous n'avez point approuvés, et que mon frère juge très à propos de rétablir. Les voici. C'est ensuite de ce vers.

> Oui, dites-vous. Allez, vous l'aimez, croyez-moi.
> Qui fait exactement ce que ma loi commande,
> A pour moi, dit ce Dieu, l'amour que je demande.
> Faites-le donc; et sûr qu'il nous veut sauver tous,
> Ne vous alarmez point pour quelques vains dégoûts

> Qu'en sa ferveur souvent la plus sainte âme éprouve
> Marchez, courez à lui ; qui le cherche le trouve
> Et plus de votre cœur il paraît s'écarter,
> Plus par vos actions songez à l'arrêter.

Il m'a fait redire trois fois ces huit vers. Mais je ne saurais vous exprimer avec quelle joie, quels éclats de rire il a entendu la prosopopée de la fin. En un mot, j'ai si bien échauffé le révérend père, que, sans une visite que dans ce temps-là M. son frère lui est venu rendre, il ne nous laissait point partir que je ne lui eusse récité aussi les deux autres nouvelles épîtres de ma façon que vous avez lues au roi. Encore ne nous a-t-il laissé partir qu'à la charge que nous l'irions voir à sa maison de campagne, et il s'est chargé de nous faire avertir du jour où nous l'y pourrions trouver seul. Vous voyez donc, Monsieur, que si je ne suis pas bon poète, il faut que je sois bon récitateur. Après avoir quitté le P. de la Chaise, nous avons été voir le P. Gaillard, à qui j'ai aussi, comme vous pouvez penser, récité l'épître. Je ne vous dirai point les louanges excessives qu'il m'a données. Il m'a traité d'homme inspiré de Dieu, et m'a dit qu'il n'y avait que des coquins qui pussent contredire mon opinion. Je l'ai fait ressouvenir du petit théologien avec qui j'eus une prise devant lui chez M. de Lamoignon. Il m'a dit que ce théologien était le dernier des hommes ; que si sa société avait à être fâchée, ce n'était pas de mon ouvrage, mais de ce que des gens osaient dire que cet ouvrage était fait contre les jésuites. Je vous écris tout ceci à dix heures du soir, au courant de la plume. Je vous prie de retirer la copie que vous avez mise entre les mains de madame de... afin que je lui en donne une autre où l'ouvrage soit dans l'état où il doit demeurer. Je vous embrasse de tout mon cœur, et suis tout à vous.

A M. DE MAUCROIX.

Les choses hors de vraisemblance qu'on m'a dites de M. de La Fontaine sont à-peu-près celles que vous avez devinées ; je veux dire que ce sont ces haires, ces cilices et ces disciplines dont on m'a assuré qu'il affligeait fréquemment son corps, et qui m'ont paru d'autant plus incroyables de notre défunt ami, que jamais rien, à mon avis, ne fut plus éloigné de son caractère que ces mortifications. Mais quoi ! la grâce de Dieu ne se borne pas à des changements ordinaires, et c'est quelquefois de véritables métamorphoses qu'elle fait. Elle ne paraît pas s'être répandue de la même sorte sur le pauvre M. Cassandre, qui est mort tel qu'il a vécu, c'est à savoir très misanthrope, et non-seulement haïssant les hommes, mais ayant même assez de peine à se réconcilier avec Dieu, à qui, disait-il, si le rapport qu'on m'a fait est véritable, il n'avait nulle obligation. Qui eût cru que de ces deux hommes c'était M. de La Fontaine qui était le vase d'élection? Voilà, Monsieur, de quoi augmenter les réflexions sages et chrétiennes que vous me faites dans votre lettre, et qui me paraissent partir d'un cœur sincèrement persuadé de ce qu'il dit.

Pour venir à vos ouvrages, j'ai déjà commencé à conférer le dialogue des orateurs avec le latin. Ce que j'en ai vu même me paraît extrêmement bien. La langue y est parfaitement écrite. Il n'y a rien de gêné, et tout y paraît libre et original. Il y a pourtant des endroits où je ne conviens pas du sens que vous avez suivi. J'en ai marqué quelques-uns avec du crayon, et vous y trouverez ces marques quand on vous les renverra. Si j'ai le temps, je vous expliquerai mes objections; car je doute sans cela que vous les puissiez bien comprendre. En voici une que par avance je vais vous écrire, parce qu'elle me paraît plus de conséquence que les autres. C'est à la page 6 de votre manuscrit, où vous traduisez :

Minimum inter tot ac tanta locum obtinent imagines, ac tituli, et statuæ, quæ neque ipsa tamen negliguntur :

« Au prix de ces talents si estimables, qu'est-ce que la noblesse et la naissance, qui pourtant ne sont pas méprisées? »

Il ne s'agit point, à mon sens, dans cet endroit, de la noblesse ni de la naissance, mais des images, des inscriptions et des statues qu'on faisait faire souvent à l'honneur des orateurs, et qu'on leur envoyait chez eux. Juvénal parle d'un avocat de son temps qui prenait beaucoup plus d'argent que les autres, à cause qu'il en avait une équestre. Sans rapporter ici toutes les preuves que je vous pourrais alléguer, Maternus lui-même, dans votre dialogue, fait entendre clairement la même chose lorsqu'il dit que « ces statues et ses « images se sont emparées malgré lui de sa maison. »

Æra et imagines quæ, etiam me nolente, in domum meam irruperunt.

Excusez, Monsieur, la liberté que je prends de vous dire si sincèrement mon avis. Mais ce serait dommage qu'un si bel ouvrage que le vôtre eût de ces taches où les savants s'arrêtent, et qui pourraient donner occasion de le ravaler. Et puis vous m'avez donné tout pouvoir de dire mon sentiment.

Je suis bien aise que mon goût se rencontre si conforme au vôtre dans tout ce que je vous ai dit de nos auteurs, et je suis persuadé, aussi bien que vous, que M. Godeau est un poète fort estimable. Il me semble pourtant qu'on peut dire de lui ce que Longin dit d'Hypéride, qu'il est toujours à jeun, et qu'il n'a rien qui remue ni qui échauffe; en un mot, qu'il n'a point cette force de style et cette vivacité d'expression qu'on cherche dans les ouvrages et qui les font durer. Je ne sais point s'il passera à la postérité; mais il faudra pour cela qu'il ressuscite, puisqu'on peut dire qu'il est déjà mort, n'étant presque plus maintenant lu de personne. Il n'en est pas ainsi de Malherbe, qui croît de réputation à mesure qu'il s'éloigne de son siècle. La vérité est pourtant, et c'était le sentiment de notre cher ami Patru, que la nature ne l'avait pas fait grand poète. Mais il corrige ce défaut par son esprit et par son travail; car personne n'a plus travaillé ses ouvrages que lui, comme il paraît assez par le petit nombre de pièces qu'il a faites. Notre langue veut être extrêmement travaillée. Racan avait plus de génie que lui; mais il est plus négligé et songe trop à le copier. Il excelle surtout, à mon avis, à dire les petites choses; et c'est en quoi il ressemble mieux aux anciens, que j'admire surtout par cet endroit. Plus les choses sont sèches et malaisées à dire en vers, plus elles frappent quand elles sont dites noblement, et avec cette élégance qui fait proprement la poésie. Je me souviens que M. de La Fontaine m'a dit plus d'une fois que les deux vers de mes ouvrages qu'il estimait davantage, c'étaient ceux où je loue le roi d'avoir établi la manufacture des points de France, à la place des points de Venise. Les voici. C'est dans la première épître à sa majesté :

> Et nos voisins frustrés de ces tributs serviles
> Que payait à leur art le luxe de nos villes.

Virgile et Horace sont divins en cela, aussi bien qu'Homère. C'est tout le contraire de nos poëtes, qui ne disent que des choses vagues, que d'autres ont déjà dites avant eux, et dont les expressions sont trouvées. Quand ils sortent de là, ils ne sauraient plus s'exprimer, et ils tombent dans une sécheresse qui est encore pire que leurs larcins. Pour moi, je ne sais pas si j'y ai réussi ; mais quand je fais des vers, je songe toujours à dire ce qui ne s'est point encore dit en notre langue. C'est ce que j'ai principalement affecté dans une nouvelle épître que j'ai faite à propos de toutes les critiques qu'on a imprimées contre ma dernière satyre. J'y conte tout ce que j'ai fait depuis que je suis au monde. J'y rapporte mes défauts, mon âge, mes inclinations, mes mœurs. J'y dis de quel père et de quelle mère je suis né. J'y marque les degrés de ma fortune, comment j'ai été à la Cour, comment j'en suis sorti, les incommodités qui me sont survenues, les ouvrages que j'ai faits. Ce sont bien de petites choses dites en assez peu de mots, puisque la pièce n'a pas plus de 130 vers. Elle n'a pas encore vu le jour, et je ne l'ai pas même encore écrite. Mais il me paraît que tous ceux à qui je l'ai récitée en sont aussi frappés que d'aucun autre de mes ouvrages. Croiriez-vous, Monsieur, qu'un des endroits où ils se récrient le plus, c'est un endroit qui ne dit autre chose, sinon qu'aujourd'hui que j'ai cinquante-sept ans, je ne dois plus prétendre à l'approbation publique ? Cela est dit en quatre vers, que je veux bien vous écrire ici afin que vous me mandiez si vous les approuvez :

>   Mais aujourd'hui qu'enfin la vieillesse venue,
>   Sous mes faux cheveux blonds déjà toute chenue,
>   A jeté sur ma tête avec ses doigts pesants
>   Onze lustres complets surchagés de deux ans...

Il me semble que la perruque est assez heureusement frondée dans ces quatre vers. Mais, Monsieur, à propos des petites choses qu'on doit dire en vers, il me paraît qu'en voilà beaucoup que je vous dis en prose, et que le plaisir que j'ai à vous parler de moi, me fait assez mal à propos oublier à vous parler de vous. J'espère que vous excuserez un poëte nouvellement délivré d'un ouvrage. Il n'est pas possible qu'il s'empêche d'en parler, soit à droit, soit à tort.

Je reviens aux pièces que vous m'avez mises entre les mains. Il n'y en a pas une qui ne soit très digne d'être imprimée. Je n'ai point vu les traductions des traités de la Vieillesse et de l'Amitié, qu'a faites aussi bien que vous le dévot dont vous vous plaignez; tout ce que je sais, c'est qu'il a eu la hardiesse, pour ne pas dire l'impudence, de retraduire les Confessions de saint Augustin après messieurs de Port-Royal; et qu'étant autrefois leur humble et rampant écolier, il s'était tout-à-coup voulu ériger en maître. Il a fait une préface au-devant de sa traduction des sermons de saint Augustin, qui, quoique assez bien écrite, est un chef-d'œuvre d'impertinence et de mauvais sens. M. Arnauld, un peu avant que de mourir, a fait contre cette préface une dissertation qui est imprimée. Je ne sais si on vous l'a envoyée; mais je suis sûr que si vous l'avez lue, vous convenez avec moi, qu'il ne s'est rien fait en notre langue de plus beau ni de plus fort sur les matières de rhétorique. C'est ainsi que toute la Cour et toute la ville en ont jugé, et jamais ouvrage n'a été mieux réfuté que la préface du dévot. Tout le monde voudrait qu'il fût en vie, pour voir ce qu'il dirait en se voyant si bien foudroyé. Cette dissertation est le pénultième ouvrage de M. Arnauld, et j'ai l'honneur que c'est par mes louanges que ce grand personnage a fini, puisque la lettre qu'il a écrite sur mon sujet à M. Perrault est son dernier écrit. Vous savez sans doute ce que c'est que cette lettre qui me fait un si grand honneur; et M. le Verrier en a une copie, qu'il pourra vous faire tenir quand vous voudrez, supposé qu'il ne vous l'ait pas déjà envoyée. Il est surprenant qu'un homme dans l'extrême vieillesse ait conservé toute cette vigueur d'esprit et de mémoire qui paraît dans ces deux écrits, qu'il n'a fait pourtant que dicter, la faiblesse de sa vue ne lui permettant plus d'écrire lui-même.

Il me semble, Monsieur, que voilà une longue lettre. Mais quoi! le loisir que je me suis trouvé aujourd'hui à Auteuil m'a comme transporté à Reims, où je me suis imaginé que je vous entretenais dans votre jardin, et que je vous revoyais encore, comme autrefois, avec tous ces chers mais que nous avons perdus, et qui ont disparu VELUT SOMNIUM SURGENTIS. Je n'espère plus de m'y revoir. Mais vous, Monsieur, est-ce que nous ne vous reverrons plus à Paris? et n'avez-vous point quelque curiosité de voir ma solitude d'Auteuil? Que j'aurais de plaisir à vous y embrasser, et à déposer entre vos mains le chagrin que me donne tous les jours le mauvais goût de la plupart de nos académiciens! gens assez comparables aux Hurons et aux Topinambous, comme vous savez bien que je l'ai déjà avancé dans mon épigramme « Clio vint l'autre jour, etc. » J'ai supprimé cette épigramme, et ne l'ai point mise dans mes ouvrages, parce qu'au bout du compte je suis de l'académie, et qu'il n'est pas honnête de diffamer un corps dont on est. Je n'ai même jamais montré à personne une badinerie que je fis ensuite pour m'excuser de cette épigramme. Je vais la mettre ici pour vous divertir; mais c'est à la charge que vous me garderez le secret, et que, ni vous ne la retiendrez par cœur, ni vous ne la montrerez à personne :

> J'ai traité de Topinambous
> Tous ces beaux censeurs, je l'avoue,
> Qui, de l'antiquité si follement jaloux,
> Aiment tout ce qu'on hait, blâment tout ce qu'on loue.
> Et l'académie, entre nous,
> Souffrant chez soi de si grands fous,
> Me semble un peu topinamboue.

C'est une folie, comme vous voyez; mais je vous la donne pour telle. Adieu, Monsieur; je vous embrasse de tout mon cœur, et suis entièrement à vous.

DESPRÉAUX.

DISSERTATION

CRITIQUE

SUR JOCONDE.

A. M. B.

Monsieur,

Votre gageure est sans doute fort plaisante, et j'ai ri de tout mon cœur de la bonne foi avec laquelle votre ami soutient une opinion aussi peu raisonnable que la sienne. Mais cela ne m'a point du tout surpris; ce n'est pas d'aujourd'hui que les plus méchants ouvrages ont trouvé de sincères protecteurs, et que des opiniâtres ont entrepris de combattre la raison à force ouverte. Et pour ne vous point citer ici d'exemples du commun, il n'est pas que vous n'ayez ouï parler du goût bizarre de cet empereur qui préféra les écrits de je ne sais quel poète aux ouvrages d'Homère, et qui ne voulait pas que tous les hommes ensemble, pendant près de vingt siècles eussent le sens commun.

Le sentiment de votre ami a quelque chose d'aussi monstrueux. Et certainement quand je songe à la chaleur avec laquelle il va, le livre à la main, défendre la Joconde de M. Bouillon, il me semble voir Marfise dans l'Arioste, puisque Arioste il y a, qui veut faire confesser à tous les chevaliers que cette vieille qu'elle a en croupe est un chef-d'œuvre de beauté. Quoi qu'il en soit, s'il n'y prend garde, son opiniâtreté lui coûtera un peu cher; et quelque mauvais passe-temps qu'il y ait pour lui à perdre cent pistoles, je le plains encore plus de la perte qu'il va faire de sa réputation dans l'esprit des habiles gens.

Il a raison de dire qu'il n'y a point de comparaison entre les deux ouvrages dont vous êtes en dispute, puisqu'il n'y a point de comparaison entre un conte plaisant et une narration froide, entre une invention fleurie et enjouée et une traduction sèche et triste. Voilà en effet la proportion qui est entre ces deux ouvrages. M. de La Fontaine a pris à la vérité son sujet de l'Arioste ; mais en même temps il s'est rendu maître de sa matière : ce n'est point une copie qu'il ait, tirée un trait après l'autre sur l'original; c'est un original qu'il a formé sur l'idée que l'Arioste lui a fournie. C'est ainsi que Virgile a imité Homère ; Térence, Ménandre ; et le Tasse, Virgile. Au contraire on peut dire de M. Bouillon que c'est un valet timide, qui n'oserait faire un pas sans le congé de son maître, et qui ne le quitte jamais que quand il ne le peut plus suivre. C'est un traducteur maigre et décharné : les plus belles fleurs que l'Arioste lui fournit deviennent sèches entre ses mains ; et à tous moments quittant le français pour s'attacher à l'italien, il n'est ni italien ni français.

Voilà, à mon avis, ce qu'on doit penser de ces deux pièces. Mais je passe plus avant, et je soutiens que non-seulement la nouvelle de M. de La Fontaine est infiniment meilleure que celle de ce monsieur, mais qu'elle est même plus agréablement contée que celle de l'Arioste. C'est beaucoup dire, sans doute ; et je vois bien que par là je vais m'attirer sur les bras tous les amateurs de ce poète. C'est pourquoi vous trouverez bon que je n'avance pas cette opinion sans l'appuyer de quelques raisons.

Premièrement, je ne vois pas par quelle licence poétique l'Arioste a pu, dans un poëme héroïque et sérieux, mêler une fable et un conte de vieille, pour ainsi dire, aussi burlesque qu'est l'histoire de Joconde. « Je sais bien, dit un poëte grand critique, qu'il y a beau-
« coup de choses permises aux poètes et aux peintres; qu'ils peu-
« vent quelquefois donner carrière à leur imagination, et qu'il ne
« faut pas toujours les resserrer dans la raison étroite et rigoureuse.
« Bien loin de leur vouloir ravir ce privilége, je le leur accorde pour
« eux, et je le demande pour moi. Ce n'est pas à dire toutefois qu'il
« leur soit permis pour cela de confondre toutes choses ; de renfer-
« mer dans un même corps mille espèces différentes, aussi confuses
« que les rêveries d'un malade ; de mêler ensemble des choses in-
« compatibles ; d'accoupler les oiseaux avec les serpents, les tigres
« avec les agneaux. » Comme vous voyez, Monsieur, ce poète avait fait le procès à l'Arioste plus de mille ans avant que l'Arioste eût écrit. En effet, ce corps composé de mille espèces différentes, n'est-ce pas proprement l'image de Roland le furieux? Qu'y a-t-il de plus grave et de plus héroïque que certains endroits de ce poëme? Qu'y

a-t-il de plus bas et de plus bouffon que d'autres? Et sans chercher si loin, peut-on rien voir de moins sérieux que l'histoire de Joconde et d'Astolfe? Les aventures de Buscon et de Lazarille ont-elles quelque chose de plus extravagant? Sans mentir, une telle bassesse est bien éloignée du goût de l'antiquité; et qu'aurait-on dit de Virgile, bon dieu! si à la descente d'Énée dans l'Italie il lui avait fait conter par un hôtelier l'histoire de Peau-d'Ane, ou les contes de ma Mère-l'Oie? Je dis les contes de ma Mère-l'Oie, car l'histoire de Joconde n'est guère d'un autre rang. Que si Homère a été blâmé dans son Odyssée, qui est pourtant un ouvrage tout comique, comme l'a remarqué Aristote, si, dis-je, il a été repris par de fort habiles critiques pour avoir mêlé dans cet ouvrage l'histoire des compagnons d'Ulysse changés en pourceaux, comme étant indigne de la majesté de son sujet; que diraient ces critiques, s'ils voyaient celle de Joconde dans un poëme héroïque? N'auraient-ils pas raison de s'écrier que si cela est reçu, le bon sens ne doit plus avoir de juridiction sur les ouvrages d'esprit, et qu'il ne faut plus parler d'art ni de règles. Ainsi, Monsieur, quelque bonne que soit d'ailleurs la Joconde de l'Arioste, il faut tomber d'accord qu'elle n'est pas en son lieu.

Mais examinons un peu cette histoire en elle-même. Sans mentir, j'ai de la peine à souffrir le sérieux avec lequel l'Arioste écrit un conte si bouffon. Vous diriez que non-seulement c'est une histoire très véritable, mais que c'est une chose très noble et très héroïque qu'il va raconter; et certes, s'il voulait décrire les exploits d'un Alexandre ou d'un Charlemagne, il ne débuterait pas plus gravement.

> Astolfo, re de Longobardi, quello
> A cui lasciò il fratel monaco il regno
> Fu nella giovanezza sua si bello,
> Che mai poch' altri giunsero a quel segno.
> N' avria a factica un tal fatto a pennello
> Apelle, Zeusi, o se v'è alcum più degno.

Le bon messer Ludovico ne se souvenait pas, ou plutôt ne se souciait pas du précepte de son Horace.

> Versibus exponi tragicis res comica non vult.
> *Art. poet.*, v. 89.

Cependant il est certain que ce précepte est fondé sur la pure raison; et comme il n'y a rien de plus froid que de conter une chose grande en style bas, aussi n'y a-t-il rien de plus ridicule que de raconter une histoire comique et absurde en termes graves et sérieux, à moins que ce sérieux ne soit affecté tout exprès pour rendre la chose encore plus burlesque. Le secret donc, en contant une chose absurde, est de s'énoncer d'une telle manière que vous fassiez concevoir au lecteur que vous ne croyez pas vous-même la chose que vous lui contez; car alors il aide lui-même à se décevoir, et ne songe qu'à rire de la plaisanterie agréable d'un auteur qui se joue et ne lui parle pas tout de bon. Et cela est si véritable, qu'on dit même assez souvent des choses qui choquent directement la raison, et qui ne laissent pas néanmoins de passer à cause qu'elles excitent à rire. Telle est cette hyperbole d'un ancien poëte comique, pour se moquer d'un homme qui avait une terre de fort petite étendue : « Il possédait, dit ce poëte, une terre, à la campagne, qui « n'était pas plus grande qu'une épître de Lacédémonien. » Y a-t-il rien, ajoute un ancien rhéteur, de plus absurde que cette pensée ? Cependant elle ne laisse pas de passer pour vraisemblable, parce qu'elle touche la passion, je veux dire qu'elle excite à rire. Et n'est-ce pas en effet ce qui a rendu si agréables certaines lettres de Voiture, comme celle du Brochet et de la Carpe, dont l'invention est absurde d'elle-même, mais dont il a caché les absurdités par l'enjouement de sa narration, et par la manière plaisante dont il dit toutes choses? C'est ce que M. de La Fontaine a observé dans sa nouvelle; il a cru que, dans un conte comme celui de Joconde, il ne fallait pas badiner sérieusement. Il rapporte, à la vérité, des aventures extravagantes; mais il les donne pour telles; partout il rit et il joue : et si le lecteur lui veut faire un procès sur le peu de vraisemblance qu'il y a aux choses qu'il raconte, il ne va pas, comme l'Arioste, les appuyer par des raisons forcées et plus absurdes encore que la chose même; mais il s'en sauve en riant et en se jouant du lecteur, qui est la route qu'on doit tenir en ces rencontres

Ridiculum acri
Fortiùs et meliùs magnas plerumque secat res.
Hor., lib. I, sat. X, v. 14,

Ainsi lorsque Joconde, par exemple, trouve sa femme couchée entre les bras d'un valet, il n'y a pas d'apparence que dans la fureur il n'éclate contre elle, ou du moins contre ce valet. Comment est-ce donc que l'Arioste sauve cela? Il dit que la violence de l'amour ne lui permet pas de faire déplaisir à sa femme.

> Ma, dall' amor che porta, al suo dispetto,
> All' ingrata moglie, li fu interdetto.

Voilà, sans mentir, un amant bien parfait; et Céladon ni Silvandre ne sont jamais parvenus à ce haut degré de perfection. Si je ne me trompe, c'était bien plutôt là une raison, non-seulement pour obliger Joconde à éclater, mais c'en était assez pour lui faire poignarder dans la rage sa femme, son valet, et soi-même, puisqu'il n'y a point de passion plus tragique et plus violente que la jalousie qui naît d'un extrême amour. Et certainement, si les hommes les plus sages et les plus modérés ne sont pas maîtres d'eux-mêmes dans la chaleur de cette passion, et ne peuvent s'empêcher quelquefois de s'emporter jusqu'à l'excès pour des sujets fort légers; que devait faire un jeune homme comme Joconde dans le premier accès d'une jalousie aussi bien fondée que la sienne? Etait-il en état de garder encore des mesures avec une perfide pour qui il ne pouvait plus avoir que des sentiments d'horreur et de mépris? M. de La Fontaine a bien vu l'absurdité qui s'ensuivait de là, il s'est donc bien gardé de faire Joconde amoureux d'un amour romanesque et extravagant; cela ne servirait de rien, et une passion comme celle-là n'a point de rapport avec le caractère dont Joconde nous est dépeint, ni avec ses aventures amoureuses. Il l'a donc représenté seulement comme un homme persuadé au fond de la vertu et de l'honnêteté de sa femme. Ainsi quand il vient à reconnaître l'infidélité de cette femme, il peut fort bien, par un sentiment d'honneur comme le suppose M. de La Fontaine, n'en rien témoigner, puisqu'il n'y a rien qui fasse plus de tort à un homme d'honneur en ces sortes de rencontres, que l'éclat :

> Tous deux dormaient : dans cet abord Joconde
> Voulut les envoyer dormir en l'autre monde;
> Mais cependant il n'en fit rien,
> Et mon avis est qu'il fit bien.
> Le moins de bruit que l'on peut faire
> En telle affaire
> Est le plus sûr de la moitié.
> Soit par prudence ou par pitié,
> Le Romain ne tua personne.

Que si l'Arioste n'a supposé l'extrême amour de Joconde que pour fonder la maladie et la maigreur qui lui vint ensuite, cela n'était point nécessaire, puisque la seule pensée d'un affront n'est que trop suffisante pour faire tomber malade un homme de cœur. Ajoutez à toutes ces raisons que l'image d'un honnête homme lâchement trahi par une ingrate qu'il aime, tel que Joconde nous est représenté dans l'Arioste, a quelque chose de tragique qui ne vaut rien dans un conte pour rire : au lieu que la peinture d'un mari qui se résout à souffrir discrètement les plaisirs de sa femme, comme l'a dépeint M. de La Fontaine, n'a rien que de plaisant et d'agréable ; et c'est le sujet ordinaire de nos comédies.

L'Arioste n'a pas mieux réussi dans cet autre endroit où Joconde apprend au roi l'abandonnement de sa femme avec le plus laid monstre de la cour. Il n'est pas vraisemblable que le roi n'en témoigne rien. Que fait donc l'Arioste pour fonder cela? Il dit que Joconde, avant de découvrir ce secret au roi, le fit jurer sur le saint sacrement ou sur l'AGNUS DEI, ce sont ses termes, qu'il ne s'en ressentirait point. Ne voilà-t-il pas une invention bien agréable? Et le saint sacrement n'est-il pas là bien placé? Il n'y a que la licence italienne qui puisse mettre une semblable impertinence à couvert ; et de pareilles sottises ne se souffrent point en latin ni en français. Mais comment est-ce que l'Arioste sauvera toutes les autres absurdités qui s'ensuivent de là? Où est-ce que Joconde trouve si vite une hostie sacrée pour faire jurer le roi? Et quelle apparence qu'un roi s'engage ainsi légèrement à un simple gentilhomme, par un serment si exécrable? Avouons que M. de La Fontaine s'est bien plus sagement tiré de ce pas par la plaisanterie de Joconde, qui propose au roi, pour le consoler de cet accident, l'exemple des rois et des Césars qui avaient souffert un semblable malheur avec une constance tout héroïque ; et peut-on en sortir plus agréablement qu'il ne fait par ses vers ?

> Mais enfin il le prit en homme de courage,
> En galant homme, et, pour le faire court,
> En véritable homme de cour.

Ce trait ne vaut-il pas mieux lui tout seul que tout le sérieux de 'Arioste? Ce n'est pas pourtant que l'Arioste n'ait cherché le plaisant autant qu'il a pu. Et on peut dire de lui ce que Quintilien dit le Démosthène : NON DISPLICUISSE ILLI JOCOS, SED NON CONTI-

GISSE; qu'il ne fuyait pas les bons mots, mais qu'il ne les trouvait pas : car quelquefois de la plus haute gravité de son style il tombe dans des bassesses à peine dignes du burlesque. En effet, qu'y a-t-il de plus ridicule que cette longue généalogie qu'il fait du reliquaire que Joconde reçut, en partant, de sa femme? Cette raillerie contre la religion n'est-elle pas bien en son lieu? Que peut-on voir de plus sale que cette métaphore ennuyeuse, prise de l'exercice des chevaux, de laquelle Astolfe et Joconde se servent pour se reprocher l'un à l'autre leur lubricité? Que peut-on imaginer de plus froid que cette équivoque qu'il emploie à propos du retour de Joconde à Rome? On croyait, dit-il, qu'il était allé à Rome, et il était allé à Corneto :

> Credeano che da lor si fosse tolto
> Per gire a Roma, e gito era a Corneto.

Si M. de La Fontaine avait mis une semblable sottise dans toute sa pièce, trouverait-il grâce auprès de ses censeurs? et une impertinence de cette force n'aurait-elle pas été capable de décrier tout son ouvrage, quelques beautés qu'il eût eues d'ailleurs? Mais certes il ne fallait pas appréhender cela de lui. Un homme formé, comme je vois bien qu'il l'est au goût de Térence et de Virgile ne se laisse pas emporter à ces extravagances italiennes, et ne s'écarte pas ainsi de la route du bon sens. Tout ce qu'il dit est simple et naturel ; et ce que j'estime surtout en lui, c'est une certaine naïveté de langage que peu de gens connaissent, et qui fait pourtant tout l'agrément du discours ; c'est cette naïveté inimitable qui a été tant estimée dans les écrits d'Horace et de Térence, à laquelle ils se sont étudiés particulièrement, jusqu'à rompre pour cela la mesure de leurs vers, comme a fait M. de La Fontaine en beaucoup d'endroits. En effet, c'est ce MOLLE et ce FACETUM qu'Horace a attribué à Virgile, et qu'Apollon ne donne qu'à ses favoris. En voulez-vous des exemples?

> Marié depuis peu ; content, je n'en sais rien :
> Sa femme avait de la jeunesse,
> De la beauté, de la délicatesse ;
> Il ne tenait qu'à lui qu'il ne s'en trouvât bien.

S'il eût dit simplement que Joconde vivait content avec sa femme; son discours aurait été assez froid; mais par ce doute où il s'embarrasse lui-même, et qui ne veut pourtant dire que la même chose, il enjoue sa narration, et occupe agréablement le lecteur. C'est ainsi qu'il faut juger de ces vers de Virgile dans une de ses églogues, à propos de Médée, à qui une fureur d'amour et de jalousie avait fait tuer ses enfants.

> Crudelis mater magis, an puer improbus ille?
> Improbus ille puer, crudelis tu quoque mater.
> *Ecl. VIII, v. 49.*

Il en est de même encore de cette réflexion que fait M. de La Fontaine, à propos de la désolation que fait paraître la femme de Joconde quand son mari est prêt à partir :

> Vous autres bonnes gens auriez cru que la dame
> Une heure après eût rendu l'âme ;
> Moi qui sais ce que c'est que l'esprit d'une femme, etc.

Je pourrais vous montrer beaucoup d'endroits de la même force, mais cela ne servirait de rien pour convaincre votre ami. Ces sortes de beautés sont de celles qu'il faut sentir, et qui ne se prouvent point. C'est ce je ne sais quoi qui nous charme, et sans lequel la beauté même n'aurait ni grâce ni beauté. Mais, après tout, c'est un je ne sais quoi; et si votre ami est aveugle, je ne m'engage pas à lui faire voir clair; et c'est aussi pourquoi vous me dispenserez, s'il vous plaît, de répondre à toutes les vaines objections qu'il vous a faites Ce serait combattre des fantômes qui s'évanouissent d'eux-mêmes; et je n'ai pas entrepris de dissiper toutes les chimères qu'il est d'humeur à se former dans l'esprit.

Mais il y a deux difficultés, dites-vous, qui vous ont été proposées par un fort galant homme, et qui sont capables de vous embarasser. La première regarde l'endroit où ce valet d'hôtellerie trouve le moyen de coucher avec la commune maîtresse d'Astolfe et de Joconde, au milieu de ces deux galants. Cette aventure, dit-on, paraît mieux fondée dans l'original, parce qu'elle se passe dans une hôtellerie, où Astolfe et Joconde viennent d'arriver fraîchement, et d'où ils doivent partir le lendemain; ce qui est une raison suffisante pour obliger ce valet à ne point perdre de temps, et à tenter ce moyen, quelque dangereux qu'il puisse être, pour jouir de sa maîtresse, parce que s'il laisse échapper cette occasion, il ne pourra plus la recouvrer : au lieu que, dans la nouvelle de M. de La Fontaine, tout ce mystère arrive chez un hôte où Astolfe et Joconde font un assez long séjour. Ainsi, ce valet logeant avec celle qu'il aime, et étant avec elle tous les jours, vraisemblablement il pouvait trouver d'autres voies plus sûres pour coucher avec elle, que celle dont il se sert.

A cela je réponds que si ce valet a recours à celle-ci, c'est qu'il n'en peut imaginer de meilleure, et qu'un gros brutal, tel qu'il nous est représenté par M. de La Fontaine, et tel qu'il devait être en effet pour faire une entreprise comme celle-là, est fort capable de hasarder tout pour se satisfaire, et n'a pas toute la prudence que pourrait avoir un honnête homme. Il y aurait quelque chose à dire si M. de La Fontaine nous l'avait représenté comme un amoureux de roman, tel qu'il est dépeint dans l'Arioste, qui n'a pas pris garde que ces paroles de tendresse et de passion qu'il lui met dans la bouche sont fort bonnes pour un Tircis, mais ne conviennent pas trop bien à un muletier. Je soutiens en second lieu que la même raison qui, dans l'Arioste, empêche tout un jour ce valet et cette fille de pouvoir exécuter leur volonté, cette même raison, dis-je, a pu subsister plusieurs jours ; et qu'ainsi étant continuellement observés l'un et l'autre par les gens d'Astolfe et de Joconde, et par les autres valets de l'hôtellerie, il n'est pas dans leur pouvoir d'accomplir leur dessein, si ce n'est la nuit. Pourquoi donc, me direz-vous, M. de La Fontaine n'a-t-il point exprimé cela? Je soutiens qu'il n'était point obligé de le faire, parce que cela se suppose aisement de soi-même, et que tout l'artifice de la narration consiste à ne marquer que les circonstances qui sont absolument nécessaires. Ainsi, par exemple, quand je dis qu'un tel est de retour de Rome, je n'ai que faire de dire qu'il y était allé, puisque cela s'ensuit de là nécessairement. De même, lorsque, dans la nouvelle de M. de La Fontaine, la fille dit au valet qu'elle ne lui peut pas accorder sa demande, parce que si elle le faisait elle perdrait infailliblement l'anneau qu'Astolfe et Joconde lui avaient promis, il s'ensuit de là infailliblement qu'elle ne lui pouvait accorder cette demande sans être découverte, autrement l'anneau n'aurait couru aucun risque.

Qu'était-il donc besoin que M. de La Fontaine allât perdre en paroles inutiles le temps qui est si cher dans une narration? On me dira peut-être que M. de La Fontaine, après tout, n'avait que faire de changer ici l'Arioste. Mais qui ne voit, au contraire, que par là il a évité une absurdité manifeste, c'est à savoir ce marché qu'Astolfe et Joconde font avec leur hôte, par lequel ce père vend sa fille à beaux deniers comptants ? En effet, ce marché n'a-t-il pas quelque chose de choquant, ou plutôt d'horrible? Ajoutez que, dans la nouvelle de M. de La Fontaine, Astolfe et Joconde sont trompés bien plus plaisamment, parce qu'ils regardent tous deux cette fille qu'ils ont abusée, comme une jeune innocente à qui ils ont donné comme il dit,

La première leçon du plaisir amoureux.

au lieu que, dans l'Arioste, c'est une infâme qui va courir le pays avec eux, et qu'ils ne sauraient regarder que comme une abandonnée.

Je viens à la seconde objection. Il n'est pas vraisemblable, vous a-t-on dit, que quand Astolfe et Joconde prennent résolution de courir ensemble le pays, le roi, dans la douleur où il est, soit le premier qui s'avise d'en faire la proposition ; et il semble que l'Arioste ait mieux réussi de la faire faire par Joconde. Je dis que c'est tout le contraire ; et qu'il n'y a point d'apparence qu'un simple gentilhomme fasse à un roi une proposition si étrange que celle d'abandonner son royaume, et d'aller exposer sa personne en des pays éloignés, puisque même la seule pensée en est coupable ; au lieu qu'il peut fort bien tomber dans l'esprit d'un roi qui se voit sensiblement outragé en son honneur, et qui ne saurait plus voir sa femme qu'avec chagrin, d'abandonner sa cour pour quelque temps, afin de s'ôter de devant les yeux un objet qui ne lui peut causer que de l'ennui.

Si je ne me trompe, Monsieur, voilà vos doutes assez bien résolus. Ce n'est pas pourtant que de là je veuille inférer que M. de La Fontaine ait sauvé toutes les absurdités qui sont dans l'histoire de Joconde ; il y aurait eu de l'absurdité à lui-même d'y penser. Ce serait vouloir extravaguer sagement, puisqu'en effet toute cette histoire n'est autre chose qu'une extravagance assez ingénieuse, continuée depuis un bout jusqu'à l'autre. Ce que j'en dis n'est seulement que pour vous faire voir qu'aux endroits où il s'est écarté de l'Arioste, bien loin d'avoir fait de nouvelles fautes, il a rectifié celles de cet auteur. Après tout, néanmoins, il faut avouer que c'est à l'Arioste qu'il doit sa principale invention. Ce n'est pas que les choses qu'il a ajoutées de lui-même ne pussent entrer en parallèle avec tout ce qu'il y a de plus ingénieux dans l'histoire de Joconde. Telle est l'invention du livre blanc que nos deux aventuriers emportèrent pour mettre les noms de celles qui ne seraient pas rebelles à leurs vœux; car cette badinerie me semble bien aussi agréable que tout le reste du conte. Il n'en faut pas moins dire de cette plaisante contestation qui s'émeut entre Astolfe et Joconde, pour le pucelage de leur commune maîtresse, qui n'était pourtant que les restes d'un valet. Mais, Monsieur, je ne veux point chicaner mal à propos. Donnons, si vous voulez, à l'Arioste toute la gloire de l'invention, ne lui dénions pas le prix qui lui est justement dû pour l'élégance, la netteté et la brièveté inimitable avec laquelle il dit tant de choses en si peu de mots; ne rabaissons point malicieusement, en faveur de notre nation, le plus ingénieux auteur des derniers siècles; mais que les grâces et les charmes de son esprit ne nous enchantent pas de telle sorte qu'elles nous empêchent de voir les fautes de jugement qu'il a faites en plusieurs endroits; et, quelque harmonie de vers dont il nous frappe l'oreille, confessons que M. de La Fontaine ayant conté plus plaisamment une chose très plaisante, il a mieux compris l'idée et le caractère de la narration.

Après cela, Monsieur, je ne pense pas que vous voulussiez exiger de moi de vous marquer ici exactement tous les défauts qui sont dans la pièce de M. Bouillon. J'aimerais autant être condamné à faire l'analyse exacte d'une chanson du Pont-Neuf par les règles de la poétique d'Aristote. Jamais style ne fut plus vicieux que le sien, et jamais style ne fut plus éloigné de celui de M. de La Fontaine. Ce n'est pas, Monsieur, que je veuille faire passer ici l'ouvrage de M. de La Fontaine pour un ouvrage sans défauts; je le tiens assez galant homme pour tomber d'accord lui-même des négligences qui s'y peuvent rencontrer : et où ne s'en rencontre-t-il point? Il suffit, pour moi, que le bon y passe infiniment le mauvais, et c'est assez pour faire un ouvrage excellent ·

> Verùm ubi plura nitent in carmine, non ego paucis
> Offendar maculis.
>
> *Horat., Art. poet., v.* 351.

Il n'en est pas ainsi de M. Bouillon : c'est un auteur sec et aride; toutes ses expressions sont rudes et forcées; il ne dit jamais rien qui ne puisse être mieux dit : et, bien qu'il bronche à chaque ligne, son ouvrage est moins à blâmer pour les fautes qui y sont, que pour l'esprit et le génie qui n'y est pas. Je ne doute point que vos sentiments en cela ne soient d'accord avec les miens. Mais s'il vous semble que j'aille trop avant, je veux bien, pour l'amour de vous, faire un effort et en examiner seulement une page.

> Astofe, roi de Lombardie,
> A qui son frère plein de vie
> Laissa l'empire glorieux
> Pour se faire religieux,
> Naquit d'une forme si belle,
> Que Zeuxis et le grand Apelle,
> De leur docte et fameux pinceau
> N'ont jamais rien fait de si beau.

Que dites-vous de cette longue période? N'est-ce pas bien entendre la manière de conter, qui doit être simple et coupée, que de commencer une narration en vers par un enchaînement de paroles à peine supportable dans l'exorde d'une oraison?

> A qui son frère plein de vie...

PLEIN DE VIE est une cheville, d'autant plus qu'il n'est pas du texte. M. Bouillon l'a ajouté de sa grâce; car il n'y a point en cela de beauté qui l'y ait contraint.

> Laissa l'empire glorieux...

Ne semble-t-il pas que, selon M. Bouillon, il y a un empire particulier des glorieux, comme il y a un empire des Ottomans et des Romains; et qu'il a dit l'empire glorieux, comme un autre dirait l'empire ottoman? Ou bien il faut tomber d'accord que le mot de GLORIEUX en cet endroit-là est une cheville, et une cheville grossière et ridicule.

> Pour se faire religieux...

Cette manière de parler est basse, et nullement poétique.

> Naquit d'une forme si belle...

Pourquoi NAQUIT? N'y a-t-il pas des gens qui naissent fort beaux, et qui deviennent fort laids dans la suite du temps? Et au contraire n'en voit-on pas qui viennent fort laids au monde, et que l'âge ensuite embellit?

> Que Zeuxis et le grand Apelle...

On peut bien dire qu'Apelle était un grand peintre; mais qui a jamais dit le grand Apelle? Cette épithète de grand tout simple ne se donne jamais qu'à des conquérants et à nos saints. On peut bien appeler Cicéron le grand orateur; mais il serait ridicule de dire le grand Cicéron, et cela aurait quelque chose d'enflé et de puérile. Mais qu'a fait ici le pauvre Zeuxis pour demeurer sans épithète, tandis qu'Apelle est le grand Apelle? Sans mentir, il est bien malheureux que la mesure du vers ne l'ait pas permis, car il aurait été du moins le brave Zeuxis.

> De leur docte et fameux pinceau
> N'ont jamais rien fait de si beau.

Il a voulu exprimer ici la pensée de l'Arioste, que quand Zeuxis et Apelle auraient épuisé tous leurs efforts pour peindre une beauté douée de toutes les perfections, cette beauté n'aurait pas égalé celle d'Astolfe. Mais qu'il y a mal réussi! et que cette façon de parler est grossière! « N'ont jamais rien fait de si beau de leur pin- « ceau. »

> Mais si sa grâce sans pareille...

SANS PAREILLE est là une cheville; et le poète n'a pas pu dire cela d'Astolfe, puisqu'il déclare dans la suite qu'il y avait un homme au monde plus beau que lui, c'est à savoir Joconde.

> Était du monde la merveille...

Cette transposition ne se peut souffrir.

> Ni les avantages que donne
> Le royal éclat de son sang,...

Ne diriez-vous pas que le sang des Astolfes de Lombardie est ce qui donne ordinairement de l'éclat? Il fallait dire : « ni les avan- « tages que lui donnait le royal éclat de son sang. »

> Dans les italiques provinces...

Cette manière de parler sent le poëme épique, où même elle ne serait pas fort bonne, et ne vaut rien du tout dans un conte, où les façons de parler doivent être simples et naturelles.

> Élevaient au-dessus des anges...

Pour parler français, il fallait dire : « Élevaient au-dessus de ceux « des anges. »

> Au prix des charmes de son corps...

DE SON CORPS est dit bassement pour rimer. Il fallait dire DE A BEAUTÉ.

> Si jamais il avait vu naître...

NAITRE est maintenant aussi peu nécessaire qu'il l'était tantôt.

> Rien qui fût comparable à lui...

Ne voilà-t-il pas un joli vers ?

> Sire, je crois que le soleil
> Ne voit rien qui vous soit pareil,
> Si ce n'est mon frère Joconde
> Qui n'a point de pareil au monde.

Le pauvre Bouillon s'est terriblement embarrassé dans ces termes de PAREIL et de SANS PAREIL. Il a dit là bas que la beauté d'Astolfe n'a point de pareille : ici il dit que c'est la beauté de Joconde qui est sans pareille ; de là il conclut que la beauté sans pareille du roi n'a de pareille que la beauté sans pareille de Joconde. Mais, sauf l'honneur de l'Arioste que M. Bouillon a suivi en cet endroit, je trouve ce compliment fort impertinent, puisqu'il n'est pas vraisemblable qu'un courtisan aille de but en blanc dire à un roi qui se pique d'être le plus bel homme de son siècle : « J'ai un frère plus « beau que vous. » M. de La Fontaine a bien fait d'éviter cela, et de dire simplement que ce courtisan prit cette occasion de louer la beauté de son frère, sans l'élever néanmoins au-dessus de celle du roi.

Comme vous voyez, Monsieur, il n'y a pas un vers où il n'y ait quelque chose à reprendre, et que Quintilius n'envoyât rebattre sur l'enclume.

Mais en voilà assez; et quelque résolution que j'aie prise d'examiner la page entière, vous trouverez bon que je me fasse grâce à moi-même, et que je ne passe pas plus avant. Et que serait-ce, bon dieu! si j'allais rechercher toutes les impertinences de cet ouvrage, les mauvaises façons de parler, les rudesses, les incongruités, les choses froides et platement dites qui s'y rencontrent partout? Que dirions-nous de ces murailles dont les ouvertures bâillent, de ces errements qu'Astolfe et Joconde suivent dans les pays flamands? Suivre des errements! juste ciel! quelle langue est-ce là! Sans mentir, je suis honteux pour M. de La Fontaine de voir qu'il ait pu être mis en parallèle avec un tel auteur; mais je suis encore plus honteux pour votre ami. Je le trouve bien hardi, sans doute, d'oser ainsi hasarder cent pistoles sur la foi de son jugement. S'il n'a point de meilleure cause, et qu'il fasse souvent de semblables gageures, il est au hasard de se ruiner.

Voilà, Monsieur, la manière d'agir ordinaire des demi-critiques, de ces gens, dis-je, qui, sous l'ombre d'un sens commun, tourné pourtant à leur mode, prétendent avoir droit de juger souverainement de toutes choses, corrigent, disposent, réforment, louent, approuvent, condamnent tout au hasard. J'ai peur que votre ami ne soit un peu de ce nombre. Je lui pardonne cette haute estime qu'il fait de la pièce de M. Bouillon; je lui pardonne même d'avoir chargé sa mémoire de toutes les sottises de cet ouvrage; mais je ne lui pardonne pas la confiance avec laquelle il se persuade que tout le monde confirmera son sentiment. Pense-t-il donc que trois des plus galants hommes de France aillent, de gaîté de cœur, se perdre d'estime dans l'esprit des habiles gens, pour lui faire gagner cent pistoles? Et depuis Midas, d'impertinente mémoire, s'est-il trouvé personne qui ait rendu un jugement aussi absurde que celui qu'il attend d'eux?

Mais, Monsieur, il me semble qu'il y a assez longtemps que je vous entretiens, et ma lettre pourrait enfin passer pour une dissertation préméditée. Que voulez-vous? C'est que votre gageure me tient au cœur, et j'ai été bien aise de vous justifier à vous-même le droit que vous avez sur les cent pistoles de votre ami. J'espère que cela servira à vous faire voir avec combien de passion je suis, etc.

IN TUMULUM JOANNIS RACINE.

D. O. M.

Hîc jacet nobilis vir **Joannes Racine**, Franciæ thesauris præfectus, regi a secretis atque a cubiculo, necnon unus e quadraginta gallicanæ academiæ viris; qui postquam tragœdiarum argumenta diu cum ingenti hominum admiratione tractasset, musas tandem suas uni Deo consecravit, omnemque ingeni vim in eo laudando contulit, qui solus laude dignus. Cùm eum vitæ negotiorumque rationes multis nominibus aulæ tenerent addictum, tamen in frequenti hominum consortio omnia pietatis ac religionis officia coluit. A christianissimo rege Ludovico magno selectus unà cum familiari ipsius amico fuerat, qui res eo regnante præclarè ac mirabiliter gestas perscriberet. Huic intentus operi, repentè in gravem atque diuturnum morbum implicitus est, tandemque ab hac sede miseriarum in melius domicilium translatus, anno ætatis suæ quindragesimo-nono. Qui mortem longiori adhuc intervallo rematam valdè horruerat, ejusdem præsentis aspectum placidâ fronte sustinuit, obiitque spe magis et piâ in Deum fiduciâ erectus, quàm fractus metu. Ea jactura omnes illius amicos, e quibus nonnulli inter regni primores eminebant, acerbissimo dolore perculit. Manavit etiam ad ipsum regem tanti viri desiderium. Fecit modestia ejus singularis, et præcipua in hanc Portûs-Regii domum benevolentia, ut in isto cæmeterio piè magis quàm magnificè sepeliri vellet; adeòque testamento cavit ut corpus suum iuxta piorum hominum qui hîc jacent corpora humaretur.

Tu verò, quicumque es, quem in hanc domum pietas adducit, tuæ ipsius mortalitatis ad hunc aspectum recordare; et clarissimam tanti viri memoriam precibus potiùs quàm elagiis prosequere.

ÉPITAPHE DE M. RACINE.

A LA GLOIRE DE DIEU TRÈS BON ET TRÈS GRAND.

Ci gît messire **Jean Racine**, trésorier de France, secrétaire du roi, gentilhomme de la chambre, l'un des quarante de l'académie française. Il s'appliqua longtemps à composer des tragédies, qui firent l'admiration de tout le monde. Mais enfin il quitta ces sujets profanes pour ne plus employer son esprit et sa plume qu'à louer celui qui seul mérite nos louanges. Les engagements de son état et la situation de ses affaires le tinrent attachés à la cour; mais au milieu du commerce des hommes il sut remplir tous les devoirs de la piété et de la religion chrétienne. Le roi Louis-le-Grand le choisit, lui et un de ses intimes amis, pour écrire l'histoire et les évènements admirables de son règne. Pendant qu'il travaillait à cet ouvrage, il tomba dans une longue et grande maladie qui le retira de ce lieu de misère pour l'établir dans un séjour plus heureux, la cinquante-neuvième année de son âge. Quoiqu'il eût eu autrefois des frayeurs horribles de la mort, il l'envisagea alors avec beaucoup de tranquillité; et il mourut, non abattu par la crainte, mais soutenu par une ferme espérance et une grande confiance en Dieu. Tous ses amis, entre lesquels il comptait plusieurs grands seigneurs, furent extrêmement sensibles à la perte de ce grand homme. Le roi même témoigna le regret qu'il en avait. Sa grande modestie et son affection singulière pour cette maison de Port-Royal, lui firent choisir une sépulture pauvre, mais sainte, dans ce cimetière; et il ordonna par son testament qu'on enterrât son corps auprès des gens de bien qui y reposent.

Qui que vous soyez, qui venez ici par un motif de piété, souvenez-vous, en voyant le lieu de sa sépulture, que vous êtes mortel; et pensez plutôt à prier Dieu pour cet homme illustre, qu'à lui donner des éloges.

FIN.

www.ingramcontent.com/pod-product-compliance
Lightning Source LLC
Chambersburg PA
CBHW060512170426
43199CB00011B/1425